KB067915

경제의 속살

경제의 속살

3

불평등 편

이완배 지음

민중의소리

경제의 속살 3

초판 인쇄 2020년 2월 1일
초판 발행 2020년 2월 14일

지은이 이완배
편집 이동권
표지 그림 이동환
교정교열 이정무, 이소희, 강경훈, 최지현
경영지원 김대영

펴낸이 윤원석
펴낸곳 민중의소리
전화 02-723-4260
팩스 02-723-5869
주소 서울시 종로구 삼일대로 469 서원빌딩 11층
등록번호 제101-81-90731호
출판등록 2003년 1월 1일

값 15,000원 ⓒ민중의소리   ISBN 979-11-85253-75-6   03320

경제의 속살 3

불평등 편

민중의소리

염치를 아는 사람의 경제학

돌이켜보면 나에게는 꿈같던 몇 년이 훌쩍 지나갔다. 어느 날 오래된 벗이 나를 찾아와 함께 일을 해보자는 제안을 했고, 나는 무엇에라도 끌린 듯이 그 제안을 받아들였다. 그곳이 내가 지금의 보금자리로 삼은 〈민중의소리〉라는 작은 언론사다.

어느 날 우연한 제안을 받아 팟캐스트에서 방송을 하게 됐다. 그곳에서 우리나라에서 가장 신실하고 유능한 진행자를 만났다. 그리고 무엇보다도 5년이라는 긴 시간 동안, 부족하고 지루한 경제 이야기를 귀담아 들어주셨던 셀 수 없이 많은 고마운 청취자들을 뵈었다. 이 모든 일들이 나에게는 이루 말 할 수 없는 축복이었다.

아무리 복기해도 이 축복은 내가 노력해서 얻은 것이 아니었다. 하나하나가 우연이었고, 하나하나가 큰 행운이었다.

「신성한 경제학의 시대」의 저자 찰스 아이젠스타인(Charles Eisenstein)은 '선물 경제(gift economy)의 옹호자'로 불린다. 그는 우리 사회의 중요한 것들이 마음으로 주고받는 선물로 이뤄졌다고 주장한다. 돈으로 주고받는 거래가 아니라는 것이다.

돈으로 모든 것을 거래하는 세상에서는 선물을 주고받는 따뜻한 마음을 이해하지 못한다. 선물을 주고받는 세상에서는 서로에게 감사하는 마음을 갖는다. 선물을 받은 이는 염치라는 것을 알기에, 자기가 받은 만큼 누군가에게 베풀려 한다. 이게 아이젠스타인이 이야기하는 선물 경제의 세상이다.

아이젠스타인은 말한다. "선물 경제에 관해 읽으며 비웃는 사람도, 좌절감을 느끼는 사람도, 가망 없는 이상주의라고 일축하고 싶은 사람도 있을 것이다. 사실 나 자신도 책을 쓰면서 좀 더 그럴싸하게, 좀 더 책임 있게, 사람들이 이 세계와 삶에 거는 낮은 기대 수준에 맞춰 쓰고픈 유혹을 느꼈지만, 그것은 진실이 될 수 없었다. 나는 머리라는 도구를 이용해 가슴이 하는 말을 하려고 한다. 내 가슴은 우리가 그처럼 멋진 경제와 사회를 이룰 수 있다고, 그보다 못한 것은 이룰 가치가 없다고 말한다. 우리가 감히 신성한 경제를 열망할 수도 없을 만큼 망가진 상태는 아니지 않는가?"

나 역시 오랫동안 협동과 연대의 정신으로 무장한 공동체를 이야기하면서 "가망 없는 이상주의를 꿈꾸는 공상가"라는 비판을 많이 받았다. 하지만 나 또한 그 이야기에 동의하지 않는다.

사람들이 오로지 자기의 이익에 의해 움직인다고? 그렇다면 내가 받은 최근 5년 동안의 이 큰 선물은 무어란 말인가? 나를 따뜻하게 대해준 고마운 이들 중 그 누구도 자기의 이익을 위해 나에게 따뜻함을 선물하지 않았다.

　선물 경제의 세상에서 꼭 필요한 덕목은 염치다. 선물을 받은 사람은 염치를 알기에 자신이 받은 만큼, 혹은 그 이상을 누군가에게 베풀 도덕적 책임을 느낀다.

　내가 과연 수많은 독자분들에게 받은 이 고마운 선물을 다 갚을 수 있을지는 정말 모르겠다. 하지만 나 또한 염치를 아는 사람이어야 하기에, 진심으로 이 감사함을 평생 잊지 않고 살겠다고 다짐한다.

　부족한 「경제의 속살」을 3, 4권까지 끌고 왔다. 독자분들의 연대의 고마운 선물이 아니었으면 불가능했을 일이다. 다시 한 번 진심으로, 마음을 다해 고개를 숙인다.

2020년, 광주민주화운동 이후 40년이 되는 해

안국동에서　이완배 드림

차례

I부

불평등

〈조선일보〉의 손녀는 크게
성공할 것이다

마시멜로 테스트

2018년 겨울, 자칭 국내 1위 신문을 이끄는 방 씨 가문 10살짜리 아이의 갑질이 사회를 한바탕 휩쓸고 지나간 일이 있었다. 미성년자의 육성을 공개하는 것이 바람직하냐는 논란은 있었지만, 당시 10살짜리 아이가 환갑을 바라보는 운전노동자에게 퍼부은 폭언은 실로 끔찍했다.

그 아이의 아버지인 방정오 전 〈TV조선〉 대표이사는 사건 초기 별로 잘못한 것이 없다는 태도로 버티다가 결국 자리에서 물러났다. 아이의 태도는 부모 행실의 거울과도 같은 것이다. 이 사회 지도층이라는 자들이 도대체 자식을 어떻게 교육시켰기에 이런 일이 끊이지 않는지 슬프기조차 하다.

하지만 이 사건이 우리에게 주는 교훈은 그리 간단치 않다. 〈조선일보〉 방 씨 일가의 그릇된 자식 교육관도 이 사건의 본질이 아니다. 이 사건이 실로 슬픈 대목은 따로 있다. 그 버릇없는 10살짜리 아이가 성인이 됐을 때, 그는 분명 매우 성공한 인생을 살 것이라는 점이 이 사건의 본질이다.

노력과 인내가 우리를 성공으로 안내한다고?

어떤 사람이 사회적으로 성공을 거둘까? 이에 대한 많은 연구가 있었지만 가장 유명한 연구 중 하나는 1966년 스탠퍼드 대학교 심리학과 교수 월터 미셸(Walter Mischel)이 실시한 '마시멜로 테스트'라는 것이다. 이 연구 결과는 책으로도 엮여 국내에서도 베스트셀러가 된 바 있다.

연구를 요약하자면 이렇다. 심리학에서는 '만족지연 능력'이라는 용어가 있다. 더 큰 결과를 얻기 위해 지금 뭔가 하고 싶은 욕구를 참는 능력을 말한다. 즉 당장 누릴 만족을 뒤로 지연시킬 수 있느냐 없느냐가 만족지연 능력의 핵심이다.

이 능력은 훈련에 의해서 발달된다. 만족지연 훈련을 받지 못한 서너 살 아이들은 마트에서 사고 싶은 장난감을 보면 그 자리에서 뒹굴어 버린다. "이번에 참으면 어린이날에 두 배 큰 걸로 사줄게"라고 아무리 설득해도 아이들은 설득되지 않는다. 이들에게는 당장의 만족을 어린이날까지 지연시킬 능력이 없기 때문이다.

미셸의 연구는 유아의 만족지연 능력을 확인하기 위한 실험이었다. 미셸은 자신의 딸이 다니던 스탠퍼드 대학교 부설 유치원 소속 원아 90여 명을 모은 뒤 이들을 한 명씩 고립된 방으로 불렀다.

그 방에는 달콤한 마시멜로가 놓여있었다. 선생님은 아이에게 "저거 먹어도 되는데, 15분만 참으면 선생님이 마시멜로를 하나 더 줄게"라고 약속한다. 성인 입장에서 생각해보면 이건 너무 쉬운 테스트다. 당연히 우리는 15분을 참는다. 그러면 마시멜로가 두 개로 늘어나기 때문이다.

하지만 네 살짜리 아이들은 이것을 참지 못한다. 머리로는 15분만 참으면 마시멜로가 두 개로 늘어난다는 사실을 알지만 감정이 조절이 안 된다. 실험에 참여한 아이들 중 15분을 참은 아이들도 있지만, 많은 아이들이 15분을 견디지 못했다. 미셸의 연구에 따르면 네 살 아이들이 보여준 만족지연 능력의 평균은 512.8초, 약 9분 정도였다.

이 연구는 여기서 그치지 않는다. 미셸은 실험에 참가한 딸로부터 당시 친구들이 어떻게 성장했는지를 들을 수 있었다. 15년 뒤 미셸은 이 실험에 참여한 이들을 수소문해 성인으로서 어떻게 살고 있는지를 조사했다.

이 실험이 세계적 실험으로 각광받은 이유가 여기에 있다. 단지 네 살짜리 아이들을 상대로 한 테스트에서 그치지 않고, 만족지연 능력이 성인의 성공 여부에 어떤 영향을 주는지를 끈질기게 조사한 것이다.

그 결과, 네 살 때 15분을 끝까지 참은 아이들은 못 참았던 아이들에 비해 대학수학능력시험(SAT)에서 평균 210점을 높게 받았다. 이들의 비만율과 범죄율은 만족지연 능력이 부족한 이들보다 훨씬 낮았고, 대인관계도 좋았다. 그래서 이 실험은 "만족지연 능력이 발달한 아이들이 성인이 되면 사회적으로 훨씬 성공한다"는 결론을 남겼다.

이 연구 결과가 알려진 이후 국내에서도 만족지연 훈련의 열풍이 불었다. 특히 상류층 부모들이 자녀의 성공을 위해 만족지연 훈련을 집중적으로 시키는 일도 벌어졌다. 참아야 성공한다는데, 참는 훈련을 시켜야 하지 않겠는가?

뒤집어진 마시멜로 테스트의 결론

마시멜로 테스트는 결국 '잘 인내하면 성공한다' 혹은 '인내력을 키우기 위해 노력하면 성공한다'는 결론으로 이어진다. 하지만 이런 결론은 빈곤을 연구하는 경제학 입장에서 보면 매우 부당하다.

빈곤과 결핍 문제를 집중적으로 연구한 하버드 대학교 경제학과 센딜 멀레이너선(Sendhil Mullainathan) 교수에 따르면 인내력은 노력이나 훈련보다 경제적 풍요나 빈곤에 더 큰 영향을 받는다. 훈련을 못 받아서 인내력이 부족한 게 아니라 가난한 사람일수록 인내심이 약하다는 이야기다.

눈앞에 진수성찬을 차려놓고 "1시간 동안 참으면 10만 원을 준다"고 했을 때, 누가 더 잘 참을까? 당연히 평소 배고픔을 몰랐던 부유층이 더 잘 참는다. 이들은 언제든지 내 돈 내고 음식을 사먹을 수 있기 때문이다.

반대로 며칠 쫄쫄 굶은 빈곤층은 그 인내력을 발휘하기 훨씬 어렵다. 이성적으로는 1시간 참고 10만 원 받는 게 이익이라는 것을 알지만, 몸이 따라주지 않는다.

또 한 가지 확인해야 할 것이 있다. 마시멜로 테스트의 결론처럼 과연 노력을 통해 인내심을 기르면 성공할 수 있을까? 이 실험 결과를 뒤집는 새로운 연구가 2018년 6월에 등장했다.

영국의 사회과학 학술지 「세이지 저널(SAGE journals)」에 실린 뉴욕 대학교와 UC 어바인 대학교 심리학과 연구팀의 공동 연구가 그것이다. 이들은 기존의 마시멜로 테스트가 정확한 결론이 아니라고 추정했다.

왜냐하면 일단 표본 숫자가 너무 작았고(90여 명) 그 표본 또한 모두 유명 대학교 부설유치원에 소속된 부유한 아이들이었기 때문이다. 그래서 연구팀은 이를 극복하기 위해 표본 숫자를 900명으로 늘렸고, 표본 대상도 인종, 민족, 부모의 교육수준 등을 고려해 골고루 선정했다.

연구팀은 이들에게 마시멜로 테스트를 실시한 뒤 같은 방식으로 이들이 성인이 됐을 때 성공 여부를 조사했다. 그런데 결과가 놀라웠다. 기존의 마시멜로 테스트와 달리 아이들의 성공 여부는 네 살 때 나타난 만족지연 능력과 아무런 상관이 없는 것으로 나타났기 때문이다.

그렇다면 무엇이 이들의 사회적 성공에 가장 큰 영향을 미쳤을까? 그 답은 바로 부모의 사회적, 경제적 능력이었다. 그러니까 사회적으로 성공하기 위해서는 노력이고, 인내고, 만족지연이고 다 필요 없고, 그냥 부모를 잘 만나야 한다는 이야기다.

노력과 인내가 인생을 바꾸지 못한다

지금부터는 아주 슬픈 우리의 현실 이야기로 돌아오자. 환갑이 다 된 운전 노동자에게 반말로 훈계를 하고, "죽어라"는 처참한 말까지 뱉었다는 〈조선일보〉 사주 집안 열 살짜리 아이의 이야기 말이다.

이 아이는 만족지연 훈련을 전혀 받지 못한 것으로 보인다. 인내심이 극도로 부족해서 할아버지뻘 어른에게 막말을 해댄다. 전통적 마시멜로 테스트에 따르면 이런 아이들은 성인이 됐을 때 성적도 안 좋고 사회적으로 성공을 거두지도 못할 것이다.

하지만 현실은 다르다. 이 아이는 커서 사회적으로 성공할 것이다. 대학도 꽤 좋은 곳을 나올 것이다. 공부를 못 하면 방 씨 일가가 외국에 유학을 보내서라도 꽤 그럴싸한 학벌을 만들 것이다? 왜냐고? 이유는 단 하나다. 부모를 잘 만났기 때문이다. 이게 새로운 마시멜로 테스트의 실증적 결론이다.

대림산업 이해욱 부회장은 '욱해' 선생이라는 별칭을 가지고 있다. 한국 재벌 폭행 계에 한 획을 그은 사람이다. 이 사람은 운전 도중에 운전기사에게 폭행을 가한다. 운전기사가 잘못되면 자신이 죽을 수도 있는데, 이 사람은 순간의 분을 참지 못한다. 역시 만족지연 훈련이 지독히도 안 된 경우다.

하지만 이해욱은 이미 사회적으로 큰 성공을 거뒀다. 심지어 컬럼비아대학교 대학원 응용통계학 석사라는 그럴싸한 학벌도 갖고 있다. 이해욱 씨가 공부를 잘 했는지는 알 수 없지만, 기존의 마시멜로 테스트에 의하면 이런 사람은 성적도 매우 낮아야 한다.

하지만 이해욱 씨는 유학을 다녀와 꽤 그럴싸한 학벌을 얻었다. 그리고 지금은 대림산업 부회장으로 엄청 잘 나가고 있다. 그가 얻은 사회적 지위가 과연 만족지연 훈련이나 인내, 혹은 '노오력'을 통해 얻은 것일까? 천만의 말씀이다. 그가 성공한 이유는 단 하나, 부모를 잘 만났기 때문이었다.

한진그룹 조양호 회장의 아들 조원태 씨는 인하대학교를 졸업했다. 이 사람은 기자들에게 욕설을 퍼붓고, 20대 후반에 운전을 하다 시비가 붙어 아기를 안고 있던 70대 노인에게 주먹을 휘둘렀다. 역시 만족지연 훈련이 전혀 안 돼 있는 사람이다.

그런데 조원태는 인하대를 졸업했다. 공부를 잘 해서? 천만의 말씀이다. 이 역시 아버지를 잘 만났기 때문이다. 그걸 어떻게 단언하냐고? 조원태가 인하대에 부정입학을 한 사실이 드러났기 때문이다. 그게 왜 가능했냐고? 당연히 아버지 조양호가 인하대의 실질적 소유주였기 때문이다. 이 모든 과정을 한마디로 요약하면 조원태의 성공은 오로지 부모를 잘 만난 덕분이었다.

그래서 현실을 직시해야 된다. 민중들에게 "너희들이 못 사는 이유는 인내심이 없고 노오력이 부족하기 때문이다"라고 이야기해서는 안 된다는 이야기다. 새로운 마시멜로 테스트 연구에 의하면 우리가 아무리 만족지연 능력을 길러도, 아무리 인내심을 높여도, 아무리 노오오오력을 해도, 성공은 결국 금수저의 몫이다.

〈조선일보〉 사주 가문의 10살짜리 아이가 보여준 갑질은 그래서 슬프다. 저 아이가 저런 성격으로 성인이 돼도, 반드시 성공할 것이라는 현실이 우리를 더 슬프게 만든다.

민중들에게 "노오오오력을 더 하라" 혹은 "더 인내하라"고 말하기 전에 이 구조를 바꿔야 한다. 폭행과 갑질을 일삼는 성격파탄자들이 금수저를 물었다는 이유로 성공을 독식

대한항공을 이끄는 조원태 회장

하는 시스템이 바뀌어야 한다. 우리에게 지금 절실한 것은 노오오오력이 아니라, 이 불평등한 사회구조를 바꾸는 일이다.

성공의 비결은
'운빨'이다

말콤 글래드웰의 아웃라이어의 비결

물론 새로운 마시멜로 테스트의 결론처럼 오로지 부모 잘 만나는 것만이 성공의 유일무이한 비결은 아닐 것이다. 그렇다면 우리는 이 사회가 신격화하는 성공의 비결에 대해 좀 더 자세히 알아볼 필요가 있다.

2000년대 초반 짐 콜린스(Jim Collins)라는 경영학자가 쓴 「좋은 기업을 넘어…위대한 기업으로(원제 : Good to great)」라는 책이 세계적 베스트셀러가 된 일이 있었다. 우리나라에서도 이 책이 100만 부 가까이 팔렸던 것으로 기억된다.

콜린스는 이 책에서 11개의 위대한 기업을 소개한다. 영광의 주인공은 뉴커, 서킷시티, 애벗, 월그린즈, 웰즈파고, 질레트, 크로거, 킴벌리클라크, 패니마이, 피트니보즈, 필립모리스 등이다. 콜린스에 따르면 이들은 그냥 좋은 기업이 아니고, 무려 '위대한 기업' 반열에 오른 이들이다. 콜린스는 "내가 꼽은 11개 기업의 성공 스토리는 시간을 초월한 기업 경영의 원리다"라고 자신만만해 했다.

그런데 책이 나온 지 10년도 되지 않은 2009년, 서킷시티가 파산했다. 패니마이도 2008년 파산 직전까지 갔다가 미국 정부로부터 거액의 구제금융 지원을 받고 국유화

됐다. 응? 콜린스 씨? 어떻게 된 겁니까? 좋은 기업 정도가 아니라 위대한 기업이라면서요? 시간을 초월한 원리라면서요?

더 웃긴 것은 자기가 꼽은 기업들 중 상당수가 망하는 현장을 목격한 콜린스가 2010년에 「위대한 기업은 다 어디로 갔을까」라는 책을 내서 또 베스트셀러로 팔아먹었다는 사실이다. 지금 우리는 성공의 비결에 관한 경제학적 이야기를 하는 중인데, 가만 생각해보니 뻔뻔한 것도 성공의 큰 비결인 듯하다.

콜린스 씨, 한 수 잘 배웠습니다!

기업의 성공 전략, 그런 게 있기는 한가?

콜린스를 비판하려고 이 이야기를 꺼낸 것이 아니다. 서점에 가보면 경영학 책 서고에 '성공한 기업들의 비결' 따위의 책이 산더미처럼 쌓여있다. 경영학에서는 기업의 성공 전략을 하나의 중요한 주제로 다룬다.

그런데 말이다. 경영 전략 파트를 공부하다보면 도대체 뭘 어쩌라는 건지 이해가 안 가는 대목이 한 둘이 아니다.

예를 들어 기업의 저가(低價) 공세 전략은 좋은 전략인가, 나쁜 전략인가? 적극적인 인수 합병은 좋은 전략인가, 나쁜 전략인가? 전통을 지키는 것이 좋은 전략인가, 끊임없이 변화를 추구하는 것이 좋은 전략인가? 국내시장을 먼저 개척하는 게 좋은 전략인가, 해외시장을 개척하는 것이 좋은 전략인가? 정도경영과 정직경영은 기업을 살리는 좋은 전략인가? 그러면 아직도 살아남은 한국 재벌들은 어떻게 설명을 해야 하나? 여긴 대놓고 범죄자들인데?

이 수많은 질문에 대한 경영학의 대답은 "그때그때 달라요"이다. 어떨 때에는 인수

합병을 통한 다각화가 좋은 전략이고, 어떨 때에는 자기가 잘 할 수 있는 일에 집중하는 것이 좋은 전략이다. 어떨 때에는 과감히 가격을 낮춰서 경쟁자를 제거하는 게 좋은 전략이고, 어떨 때에는 가격을 낮추는 것이 기업 경쟁력과 권위를 낮추는 나쁜 전략이다. 그래서 경영학 전략 파트를 공부하다보면 이런 질문을 마주하게 된다.

"도대체 뭐가 정답이라는 거요?"

다른 예를 들어보자. 우리나라에는 미샤라는 화장품 회사가 있다. 품질 좋은 화장품을 파격적으로 싸게 파는 전략으로 한국 화장품 시장을 완전히 뒤흔든 회사다. 그래서 2005년 〈조선일보〉 경제부 우병현 기자가 「미샤, 3300원의 신화」라는 책을 썼다. 이 책을 보면 미샤는 그야말로 위대한 기업이다. 너무나 훌륭한 전략으로 한국 화장품 시장의 새 역사를 개척했다는 것이다.

그런데 그 책이 나온 지 2년 뒤 더페이스샵, 이니스프리, 토니모리 등 비슷한 후발 주자들이 대거 시장에 진입하면서 미샤의 위상이 바닥으로 추락했다. 콜린스의 위대한 기업 찬양은 7~8년이라도 버텼는데, 우병현 기자의 미샤 찬양은 2년도 채 못 버텼다.

우병현 기자를 뻘쭘하게 하려고 이 글을 쓰는 게 아니다. 내가 하고 싶은 말은 "이것이 바로 성공의 전략이다!"라고 말하기는 쉬운데, 그게 진리일 가능성은 거의 제로에 가깝다는 것이다.

성공한 자들의 유일한 공통점

그렇다면 진짜로 궁금해진다. 성공에 이르는 지름길까지는 아니어도, 적어도 성공에 꼭 필요한 대략적인 무언가는 있지 않을까? 이 궁금증에 대해 꽤 명쾌한 답을 내린 이가 있다.

〈워싱턴 포스트〉 등에서 기자로 활동했고, 2008년 〈월스트리트저널〉로부터 '세계에서 가장 영향력 있는 경영사상가 10인'에 선정되기도 했던 캐나다의 작가 말콤 글래드웰(Malcolm Gladwell)이 그 주인공이다.

글래드웰은 보통사람의 범위를 뛰어넘는 탁월한 성공을 거둔 자들을 '아웃라이어(Outlier)'라고 부른다. 그리고 그는 인류 역사상 이 비범한 성공을 거둔 아웃라이어들의 공통된 비결을 찾아냈는데, 그중 가장 중요한 것이 바로 운빨(!)이었다는 것이다.

물론 글래드웰은 나처럼 이를 '운빨'이라는 천박한 단어로 표현하지는 않았다. "아웃라이어들이 역사를 구분 짓는 대성공을 거둔 진정한 원인은 그들이 지닌 탁월한 재능이 아니라 그들이 누린 특별한 기회다"라고 근사하게 표현했다. 하지만 결국 그게 그거 아닌가?

글래드웰의 분석을 따라가 보자. 철강왕으로 불렸던 앤드루 카네기(Andrew Carnegie, 1835~1919), 석유왕 존 데이비슨 록펠러(John Davison Rockefeller, 1839~1937), 미국에서 '모건 제국'을 건설했다고 평가받는 금융왕 J.P.모건(John Pierpont Morgan, 1837~1913). 이들은 모두 자신의 분야에서 '왕'이라는 칭호를 얻었을 정도의 아웃라이어들이었다. 그래서 경영학에서는 이들의 성공요인을 쉴 새 없이 분석한다.

그런데 글래드웰은 전혀 다른 각도로 이 문제에 접근한다. 이들이 성공한 유일한 이유는 이들이 바로 19세기 중반 미국에서 태어나서 19세기 후반과 20세기 초반에 전성기를 맞았기 때문이라는 것이다.

실제로 인류 역사상 가장 많은 돈을 긁어모은 부자 75명 중 무려 14명이 19세기 중반 미국에서 태어났다. 이 말은 19세기 후반과 20세기 초반 미국이라는 사회가 인류 역사상 돈을 모으기 가

철강왕으로 불렸던 앤드루 카네기

장 쉬운 시대였다는 뜻이다. 미국이라는 드넓은 대륙에 철도가 놓이기 시작했고, 중세 봉건 경제가 아니라 자본주의가 출범하며 대량생산 시대가 도래했다. 그리고 왕 소리 듣는 아웃라이어들은 하필 그때 태어나서 하필 그때 사업을 시작했다. 그래서 글래드웰은 말한다. "카네기나 록펠러가 10년만 늦게 태어났으면 이미 늦어서 부를 축적하지 못했을 것이고, 10년 일찍 태어났으면 너무 나이가 많아서 그 일을 해내지 못했을 것이다"라고 말이다.

스티브 잡스(Steve Jobs, 1955~2011)와 빌 게이츠(Bill Gates, 1955~)도 어마어마한 아웃라이어들이다. 두 사람의 성공 비결을 다룬 책도 수십 권은 된다.

그런데 이들 둘의 공통점이 있다. 둘 다 1955년에 태어났다는 점이다. 개인 컴퓨터 역사에서 혁명적 변화가 일어난 때가 1975년이라고 한다. 그런데 이 혁명의 수혜자가 되려면 1950년대 중반에 태어나 1975년 그 혁명적 시기에 20대 초반인 사람이 가장 유리하다. 게이츠와 잡스는 둘 다 1975년에 20세를 맞았다.

패자를 죽이지 않는 사회를 꿈꾼다

물론 카네기와 록펠러, 게이츠나 잡스의 성공 요인은 여러 가지가 있을 수 있다. 하지만 한 가지 확실한 것은, 그 사람들이 마침 그 시기에 태어나는 운을 가지지 못했다면 절대로 아웃라이어가 될 수 없었다는 점이다. 그래서 글래드웰은 "우리는 사람들에게 너무 성급하게 실패라는 딱지를 붙인다. 또한 우리는 성공한 사람은 지나치게 추앙하는 반면, 실패한 이들은 가혹하게 내버린다"고 말한다. 그의 책 「아웃라이어」에 나오는 한 대목을 읽어보자.

"물론 실리콘밸리의 모든 소프트웨어 제왕이 1955년에 태어난 것은 아니다. 미국 산업계의 모든 거물이 1830년대 중반에 태어나지 않은 것처럼 일부는 그렇지 않다. 하지만 여기에는 분명한 패턴이 있고 놀라운 것은 우리가 그것에 관해 그다지 알려고 하지 않는다는 점이다. 우리는 성공을 개인적인 요소에 따른 결과라고 생각한다. 그러나 우리가 살펴본 모든 사례는 어떤 것도 그렇게 간단하지 않았다. 우리가 발견한 것은 열심히 일할 수 있는 기회를 꽉 움켜쥔 후, 그 특별한 노력이 사회 전체로부터 보상받을 수 있는 시대를 만난 사람들의 이야기였다. 그들의 성공은 그들만의 작품이 아니다. 그것은 그들이 자라난 세계의 산물이다."

무슨 이야기를 하고 싶냐면, 성공에는 여러 이유가 작용했을 수 있지만 그 성공의 배경에는 반드시 운빨이 큰 역할을 했다는 것을 말하고 싶은 것이다.

그래서 성공한 사람들은 겸손해야 한다. 그리고 글래드웰의 이야기처럼 "그들의 성공은 그들만의 작품이 아니고 그들이 자라난 세계의 산물"이라면, 성공한 자들은 사회에 감사할 줄 알아야 한다.

그런데 한국 사회는 어떤가? 성공한 자들은 그게 오로지 자신의 재주 덕이라고 자화자찬한다. 그리고 패자들을 죽음의 구렁텅이로 내몬다. "네가 실패한 것은 전부 네 탓이야"라고 손가락질을 하면서 말이다.

가끔 나에게 "뭐 저런 빨갱이가 다 있냐?"라는 사람들이 있는데, 오해를 풀자면 나는 "승자를 죽이자!"라고 주장하는 사람이 아니다. 나는 "패자를 죽이지 말자!"고 주장하는 사람일 뿐이다.

왜냐고? 승패라는 것이 온전히 사람의 능력과 재능에 의해서 갈리는 것이 아니기 때문이다. 승패에 영향을 주는 요소 중 매우 중요한 것이 운빨이다. 새로운 마시멜로 테스트가 입증했듯이 성공에 가장 큰 영향을 미치는 것은 부모를 잘 만난 운빨이다.

그래서 나는 승자에게 겸손을 가르치고, 패자에게 아량을 베풀자고 주장한다. 그리고 한국 사회가 그 어떤 패자에게도 그 책임을 온전히 개인 탓으로 돌리지 않는 그런 세상이 되기를 꿈꾼다.

성공이 아니라
실패를 분석해야 한다

생존자 편향의 오류

    지금부터 흥미로운 옛날이야기 두 가지를 소개하려 한다. 첫 번째 이야기는 2차 세계대전 때 일이다. 당시 미국 공군은 격추되는 전투기의 숫자를 줄이고 싶었다. 그래서 전장에서 살아 돌아온 전투기들의 외상을 분석하는 작업을 시작했다.

    분석 결과 대부분의 총격이 비행기의 날개 양 끝부분, 날개를 이어주는 본체 부분, 그리고 비행기 꼬리 부분에 집중됐다는 사실을 밝혀냈다. 미군은 이 통계를 기반으로 세 곳에 집중적으로 보호막을 덧댔다. 그런데 다시 출격을 해보니 격추되는 전투기 숫자는 전혀 줄어들지 않았다.

    당황한 미군이 헝가리의 천재 수학자 에이브러햄 발트(Abraham Wald, 1902~1950)에게 이유를 물었다. 발트의 대답은 "완전히 헛짓을 하셨네요. 통계를 전혀 이해를 못하시는군요"라는 것이었다.

    발트의 설명은 이랬다. 미군은 격추되는 비행기를 막고 싶었다. 그래서 살아 돌아온 전투기들의 외상을 분석했다. 벌써 이상하지 않은가? 격추되는 것을 막고 싶었는데, 왜 분석은 살아 돌아온 전투기를 대상으로 했느냐는 것이다.

미군은 "날개끝과 날개 연결부분, 꼬리에 총격이 많았으니 여기를 보완하면 되겠네"라고 생각했다. 하지만 사실 그 세 곳을 얻어맞은 전투기들은 다 살아서 돌아왔다. 이 말은 적군의 총격이 그 세 곳에 집중됐다는 뜻이 아니고, 그 세 곳을 맞은 비행기들은 다 살아 돌아올 수 있었다는 뜻이다. 즉 미군은 보호막이 필요가 없는 곳에 열심히 보호막을 덧댔다는 이야기다.

발트의 조언(미군은 "아, 진짜 그렇군요!"라고 감탄했겠지)을 얻은 미군은 날개끝과 날개 연결부분, 꼬리를 제외한 나머지 부분에 보호막을 덧댔다. 살아 돌아온 전투기에는 나머지 부분에 외상이 거의 없었다. 그렇다면 격추된 비행기들 대부분은 나머지 부분을 맞고 추락했을 것이라는 추정이 가능하다. 이 작업을 거친 결과 미군은 전투기의 생존율을 비약적으로 높일 수 있었다.

높은 곳에서 떨어진 고양이 이야기

이제 두 번째 이야기를 소개한다. 1987년 한 동물학자의 연구에 따르면 고양이가 높은 빌딩에서 떨어졌을 때, 의외로 6층 이하에서 떨어진 고양이보다 6층 이상에서 떨어진 고양이의 부상이 훨씬 가벼웠다는 통계가 나왔다.

이에 대해 물리학자들은 '종단속도'라는 어려운 개념으로 이유를 설명했다. 안타깝게도 나는 문과 출신이어서,

헝가리 출신 천재 수학자 에이브러햄 발트

이 설명을 제대로 전달할 자신이 없다. 대략 내가 이해한 수준으로 이야기해보자면 이렇다. 원래 높은 곳에서 물체가 떨어지면 시간이 지날수록 가속도가 붙는다. 그런데 이는 무중력 상태에서만 그렇다고 한다.

공기의 저항이 있는 곳에서라면 이야기가 달라진다. 물체가 떨어질 때 일정 시점까지는 속도가 빨라지는데, 특정 지점을 지나면 공기의 저항으로 더 이상 속도가 빨라지지 않는다는 것이다. 낙하속도가 더 빨라지지 않고 일정해지는 시점을 물리학에서는 종단속도라고 부른다(무식한 문과 출신인 나는 이렇게 이해했다).

그래서 낮은 곳에서 떨어진 고양이가 높은 곳에서 떨어진 고양이보다 더 심하게 다치는 현상이 벌어진다. 6층 이하에서 떨어지면 가속도가 붙어 낙하 속도가 계속 빨라진다. 고양이는 그 가속도 때문에 더 긴장을 하게 되고, 긴장 탓에 몸이 뻣뻣하게 굳어서 지면과 충돌할 때 큰 부상을 입는다.

반면 아주 높은 곳에서 떨어지면 일정 지점을 지날 경우 더 이상 가속도가 붙지 않는다. 속도가 빨라질 때 고양이는 긴장도를 높이다가, 속도가 일정해지는 순간 정신을 좀 차리고 긴장을 푼다. 그래서 높은 곳에서 떨어진 고양이는 상대적으로 긴장을 푼 상태에서 지면과 충돌하기 때문에 덜 다친다는 설명이다.

그런데 아무리 들어봐도 이건 좀 이상하다. 내가 무식한 문과 출신이어서가 아니라, 그 논리대로라면 사람도 고층 빌딩에서 떨어질 때 덜 다친다는 이야기인가?

그런데 나의 궁금증을 해소해 준 반론이 등장했다. 2008년 세실 애덤스(Cecil Adams)라는 필명을 쓰는 익명의 과학자가 이 주장을 반박한 것이다.

왜 높은 곳에서 떨어진 고양이가 낮은 곳에서 떨어진 고양이보다 덜 다쳤냐고? 세실의 설명은 간단했다. 통계의 대상을 잘못 잡았기 때문이다.

고양이의 낙상을 연구한 연구팀은 어떤 고양이들을 대상으로 분석을 했을까? 일부러 고양이를 고층 건물에서 떨어뜨렸을 리는 없으니, 당연히 동물병원에 치료를 받으러 온 고양이의 데이터를 분석했을 것이다. 그런데 동물병원에 치료를 받으러 왔다는 것은 그 고양이가 살아있었다는 것을 뜻한다. 떨어져서 즉사한 고양이를 병원에 데려왔을 리는 없으니까! 그래서 통계가 이상해진 것이다.

진짜로 건물 높이와 부상 정도의 상관관계를 알고 싶으면 건물에서 떨어져 살아남은 고양이를 분석해서는 안 된다. 죽은 고양이를 연구했어야 했다. 그러면 백발백중 높은 곳에서 떨어진 고양이들이 더 많이 죽었을 것이다.

그렇다면 왜 살아있는 고양이를 연구했을 때, 높은 곳에서 떨어진 고양이들이 덜 다쳤을까? 원래 고양이는 높은 곳에서 떨어져도 잘 안 다치는 놀라운 능력이 있는 동물이다. 나도 고양이를 모시고 사는 애묘인이기 때문에 고양이들의 그 놀라운 능력을 여러 번 목격한 적이 있다.

그런데 7층, 8층 높이에서 떨어졌는데도 고양이가 살아있다? 그 말은 그 고양이의 운동 능력이 매우 탁월하다는 뜻이다. 그러니까 덜 다쳤겠지! 평범한 고양이라면 죽었을 텐데, 죽은 고양이는 분석 대상에 들어가지 않았다. 만약 똑같은 고양이를 5층과 10층에서 번갈아 떨어뜨렸다면 백발백중 10층에서 떨어졌을 때 더 다쳤을 것이다.

생존자 편향의 오류

행동경제학에서는 이 두 이야기에 담긴 잘못을 '생존자 편향의 오류'라는 이름으로 설명한다. 우리가 뭔가를 연구할 때 저지르는 가장 큰 오류 중 하나는 자꾸 살아남은 사람들, 성공한 자들을 연구한다는 것이다.

그런데 정말로 사회의 문제점을 파악하기 위해서는 살아남은 사람들, 성공한 자들을 연구해봐야 별 소용이 없다. 살아남은 사람들은 특별히 뭘 연구하지 않아도 살아남을 것이기 때문이다.

반면 진정으로 사회의 문제점을 알고자 한다면 살아남지 못한 사람들을 연구해야 한다. 살아 돌아온 전투기가 아니라 격추된 전투기를 연구해야 격추를 막을 수 있고, 덜 다친 고양이가 아니라 죽은 고양이를 연구해야 죽음을 막을 수 있다.

한국 교육의 문제점도 마찬가지다. 수많은 사람들이 주입식 교육의 문제점에 대해 알고는 있다. 그런데 정작 성공한 사람들 대부분은 그 주입식 교육에서 두각을 나타내 서울대를 졸업한 이들이 차지한다. 그래서 "아무리 주입식 교육을 비판해본들, 결과가 분명하지 않은가? 결국 국영수와 암기과목을 잘 하는 사람이 사회에서도 성공한다"는 이상한 결론으로 이어진다.

이런 식으로는 아무 문제도 해결하지 못한다. 진짜로 문제점을 알고 싶다면 주입식 교육에서 실패를 경험한 사람들이 왜 사회에서도 실패하는지를 분석해야 한다. 창의적이고, 기품 있고, 능력도 있고, 성실하기까지 한 사람들이 단지 좋은 대학을 나오지 못했다는 이유로 실패의 고배를 마신다. 이 사실을 분석하면 진실이 보인다. 진짜 문제점은 서울대와 스카이를 중심으로 엮인 명문대의 카르텔이 이 사회를 지배하고 있다는 것이다.

나는 이 사회가 성공한 자들을 연구하고 성공한 자들을 칭송하는 곳이 아니라, 어떤 이유로건 소외돼 삶이 고단한 민중들을 연구하는 사회여야 한다고 믿는다. 그래야 민중들의 죽음을 막을 수 있다. 우리가 원하는 미래는 성공한 자들이 숭배 받는 세상이 아니라, 누구나 인간답게 행복하게 사는 세상이기 때문이다.

가끔 던져주는 성공의 유혹이
왜 위험한가?

조작적 조건화와 스키너의 상자

'스키너의 상자.'

이 한마디는 심리학 역사상 가장 강렬한 충격을 던진 실험을 상징한다. 그리고 이 실험은 인간 사회에 "과연 인간은 다른 인간의 행동을 조작할 수 있을까?"라는 묵직한 질문을 던졌다.

이 실험은 행동주의 심리학과 인지주의 심리학의 대립을 낳았고, 이 대립은 아직도 진행 중이다. 행동주의 심리학은 경제학계에도 큰 영향을 미쳐 1978년 노벨경제학상을 수상한 허버트 사이먼(Herbert Simon, 1916~2001)이라는 걸출한 행동경제학자를 탄생시키기도 했다.

행동주의란 쉽게 이야기하면 특정한 훈련과 조작을 통해 인간의 행동을 완벽하게 통제할 수 있다는 견해를 뜻한다. 행동주의 심리학의 창시자로 불리는 존 브로더스 왓슨(John Broadus Watson, 1878~1958)은 "나에게 건강한 아기 12명과 그 아이들을 키울 나만의 특정한 공간을 달라. 그러면 나는 그들 중 한 명을 훈련시켜서 내가 선택한 어떤 전문직 종사자로도 만들 수 있다. 재능, 기호, 성향, 능력, 천직, 인종이 무엇이든 상관없다. 나는 그를 의사, 변호사, 예술가, 상인, 심지어 거지나 도둑으로도 만들 수 있다"고 장담했다.

심리학계에 행동주의 열풍을 불러일으킨 사람 중 한 명이 이 장의 주인공 버러스 프레더릭 스키너(Burrhus Frederic Skinner, 1904~1990)다. 스키너는 동물은 물론 인간의 행동도 훈련(전문 용어로 '강화'라고 부른다)을 통해 얼마든지 통제할 수 있다고 믿었다.

실제 스키너는 훈련을 통해 비둘기 두 마리에게 탁구도 가르쳤다. 물론 비둘기가 부리로 탁구공을 상대에게 굴리는 낮은 수준의 탁구였지만 어쨌든 스키너는 이 일을 해냈다. 스키너는 2차 세계대전 때 "미사일의 유도 임무를 훈련된 비둘기에게 맡기자"는 제안을 하기도 했다. 우리가 동물원에서 흔히 보는 돌고래 쇼도 모두 이런 훈련을 통해 이뤄진다.

문제는 이런 행동 통제가 동물이 아니라 사람을 대상으로 했을 때 시작된다. 만약 사람의 행동도 조작할 수 있다면, 죽음을 두려워하지 않는 군인, 불만을 모르고 일만 하는 노동자도 얼마든지 만들어 낼 수 있을 것이다. 물론 항상 베풀고 나누는 선량한 존재도 만들 수 있을 것이다.

'스키너의 상자'는 스키너가 사람을 훈련시키기 위해 가둔 좁은 공간을 뜻한다. 이 상자 때문에 스키너에 대한 악마적 소문이 무성했다. 자신의 이론을 증명하기 위해 스키너가 딸들을 스키너의 상자 안에서 키웠다는 소문과, 그 영향으로 둘째 딸이 권총으로 자살을 했다는 이야기까지 나돌았다. 물론 이는 사실이 아니다. 기자들의 취재에 따르면 둘째 딸은 아직도 살아있고, 딸들과 아빠 스키너의 관계도 꽤 좋았다고 한다.

조작적 조건화란 무엇인가?

스키너의 이론을 '조작적 조건화'라고 부 르는 이유는 그가 인간 주변의 조건을 변화 시킴으로써 그 사람의 행동을 조작할 수 있 다고 믿었기 때문이다.

스키너가 행동을 통제하기 위해 사용한 두 가지 방법은 처벌과 보상이다. 그런데 실험 결과 처벌보다는 보상이 더 효과가 있

'스키너의 상자'를 만든 심리학자 프레더릭 스키너

었다. 그래서 스키너는 잘못했을 때 처벌하는 것보다 잘 했을 때 보상하는 것이 범죄 를 줄이는 데 훨씬 유용하다고 봤다.

스키너가 실시한 대표적인 보상 실험은 쥐를 대상으로 이뤄졌다. 실험을 위해 일단 쥐를 상자 안에 가둔다. 그리고 상자 안에 쥐가 누를 수 있는 작은 버튼을 설치한다. 쥐는 그 버튼이 무엇인지 전혀 모른다. 그런데 우연히 버튼을 눌렀더니 맛있는 먹이가 상자 안으로 굴러 떨어지는 것이 아닌가? 몇 차례 같은 경험을 한 쥐는 버튼을 누르면 먹이가 나온다는 사실을 알아챘다.

스키너는 이 보상 훈련을 통해 우리가 쥐의 행동을 통제할 수 있음을 입증했다. 여 기까지는 "사육사가 먹이로 돌고래를 잘 훈련 시켰다" 수준의 이야기다.

중요한 이야기는 지금부터 시작된다. 먹이를 보상으로 쥐의 행동을 통제할 수 있다 면, 더 효율적인 통제 방법을 찾아야 한다. 버튼을 누를 때마다 먹이를 준다면 먹이가 너무 많이 들기 때문이다.

스키너는 2단계 실험에서 쥐가 버튼을 누를 때마다가 아니라 버튼 세 번에 먹이 하

나, 혹은 버튼 다섯 번에 먹이 하나 식으로 띄엄띄엄 규칙적으로 먹이를 줬다. 이 방법은 매우 효과가 높았다.

쥐는 버튼을 눌렀는데도 먹이가 안 나오면 잠깐 당황하지만 먹이가 나올 때까지 더 열심히 버튼을 누른다. 버튼 마흔 번에 먹이 하나, 버튼 예순 번에 먹이 하나 식으로 먹이를 주는 빈도를 더 적게 설정해도 쥐는 버튼을 더 열심히 눌렀다. 이제 스키너는 먹이를 아낄 방법을 찾았다.

아예 먹이를 중단하면 어떨까? 성공한다면 먹이를 비약적으로 아낄 수 있는 방법이지만 이 실험은 안타깝게도(!) 실패로 돌아간다. 먹이를 완전히 끊으면 어느 순간에 쥐는 버튼 누르기를 포기한다. 먹이 대신 먹이 굴러가는 소리(또르르)를 들려주는 속임수를 써보기도 했지만 쥐는 속지 않았다. 즉 쥐의 행동을 통제하려면 먹이를 주기는 줘야 한다.

그렇다면 먹이를 불규칙적으로 주면 어떨까? 놀랍게도 이 방법이 대박을 쳤다. 규칙 없이 생각 날 때마다 랜덤으로 먹이를 굴려주면, 쥐는 그 어느 때보다도 버튼을 열심히 눌렀다. 규칙적으로 줄 때보다도 훨씬 더 열정적인 쥐로 변신했다.

그도 그럴 것이 규칙적으로 먹이가 나오면 쥐는 그 규칙을 이용할 수 있다. '다섯 번 버튼을 누르면 먹이 하나가 나온다'는 규칙이 있으면, 쥐는 힘들 때 휴식을 취할 수 있다. 언제건 배가 고프면 버튼을 다섯 번 눌러 먹이를 얻을 수 있기 때문이다.

그런데 먹이를 불규칙적으로 분배하면 쥐는 절대 쉴 수가 없다. 언제 먹이가 나올지 알고 쉰단 말인가? 행여 먹이를 놓칠까봐 쥐는 끝없이 버튼을 누른다. '이번에는 꼭 먹이가 떨어질 거야'를 반복하면서 말이다.

스키너는 이것을 '간헐적 강화'라고 부른다. 가끔, 무작위로 대박을 터뜨려줄 때 쥐는 그 일에 미쳐서 중독이 된다. 당연히 이때가 쥐의 행동을 조작하고 통제하기 가장 쉽다.

우리가 사는 세상은 스키너의 상자를 닮았다

스키너의 연구 덕에 인간이 저지르는 수많은 어리석은 행동이 설명되기 시작했다. 왜 인간은 슬롯머신에 열광할까? 기계에 동전 넣고 막대기 한 번 당기면 5,000원이나 1만 원이 순식간에 사라지는데도!

이유는 두 가지이다. 첫째, 대박이 언젠가 터지기는 터지기 때문이다. 둘째, 이게 정말 중요한 이유다. 대박이 터지기는 터지는데, 언제 터질지 모르기 때문이다. 스키너의 실험에 따르면 이런 환경에서 쥐는 제일 열심히 버튼을 누른다.

연애를 할 때도 마찬가지다. 나쁜 남자, 나쁜 여자 신드롬이라는 게 그런 것이다. 문자를 보낼 때마다 친절하게 규칙적으로 답을 해주는 사람에게는 잘 안 끌린다. 언제든지 내가 연락을 하면 답장이 온다는 보장이 있기 때문이다. 반면 답장을 아주 가끔 해주는, 그것도 랜덤하게 답장을 해주는 사람에게 더 집착하게 된다.

지금부터는 좀 더 처참한 현실을 살펴보자. 나는 지금 우리가 사는 세상이 스키너의 상자와 닮았다고 생각한다. 자본주의는 우리를 스키너의 상자에 가둔 채 우리의 행동을 통제하고 있다.

생각해보라. 우리는 "노오력을 하면 잘 살 수 있어!", 혹은 "경쟁에서 이기면 잘 살 수 있어!"라는 희망에 미친 듯이 자녀를 영어학원에 보낸다. 성인이 돼서도 우리는 미친 듯이 성공에 관한 비결을 공부한다. 이 정도면 거의 성공에 중독된 사회다.

그렇게 열심히 노오력을 하다 보면 성공하는 사람이 분명히 나온다. 아예 안 나온다면 우리는 성공에 중독될 일이 없다. 문제는 나오기는 나오는데, 아주 가끔, 매우 불규칙적으로, 그야말로 랜덤하게 나온다는 데 있다.

열심히 뭔가를 한다고 다 성공할 수 있나? 웃기는 이야기다. 우리 민중들은 대부분 뼈 빠지게 죽어라 노력하는 사람들이다. 그런데도 대부분이 성공과는 거리가 먼 삶을 산다. 물론 그들 중 한두 명이 대박의 행복을 맞보기는 한다. 그런데 그 대박의 비결에는 아무 규칙이 없다.

이러면 사람은 쉴 수가 없다. '내가 쉬는 사이에 저 행운이 나를 비켜 가면 어떡하지?'라는 공포에 사로잡힌다. 그래서 미친 듯이 영어를 하고 수학을 한다. 직장을 잡으면 미친 듯이 상사에게 아부를 한다. 가끔 랜덤하게 터지는 대박이 제발 나에게 오기를 바라면서 말이다.

스키너는 누군가를 상자에 가두고 랜덤하게 먹이를 주면 인간의 행동을 통제할 수 있다고 믿었다. 그리고 그건 실제로 벌어지는 일이기도 하다.

그런데 인간의 내면에는 그런 통제를 벗어나고자 하는 자주성이라는 것이 있다. 그래서 나는 호소한다. "우리, 그러지 말고 힘을 합쳐서 이 상자를 벗어나자!"고 말이다.

누군가가 "버튼을 열심히 누르면 랜덤으로 먹이를 줄게"라고 유혹할 때, 우리의 대답은 "네가 뭔데 우리를 상자에 가두고 우리의 삶을 통제하는 거냐!"라는 저항이어야 한다. 이 차이가 우리를 자본의 통제를 받는 상자 속의 생쥐로 만들 수도 있고, 자본의 통제를 벗어난 자주적 인간으로 승화시킬 수도 있다.

빛이 온전히
개인의 책임인가?

약탈적 대출

　보통 경상남도 언저리에서 자유한국당 소속 누군가가 헛소리를 했다면 주인공은 홍준표 전 경남도지사일 가능성이 높다. 그런데 예상치 못한 복병이 등장했다. 예상치 못한 인물답게 헛소리의 당사자 이름도 '예상원'이다. 경남 밀양2 지역구 소속 도의원 예상원 씨가 영광스럽게도 이번 장의 주인공이다.

　예 의원은 2019년 4월 11일 열렸던 경남도의회 기획행정위원회 회의에서 "대학생이 학자금 대출을 못 갚는 것은 99% 본인 문제다. 대체로 학자금 대출을 안 갚은 학생과 청년들을 유추해보면 본인의 잘못이 더 크다"라고 발언했단다. 이어 그는 "청년들은 PC방에 하루 종일 있다. 아무도 일하지 않는다"면서 "기성세대와 정부가 해야 할 가장 중요한 일은 근면 절약하는 것을 가르쳐주는 것이다"라고 덧붙였다.

　먼저 궁금한 거 한 가지. 이분은 선거운동을 PC방에서만 하셨나? 청년들이 하루 종일 PC방에 있는 걸 어떻게 확인한 건가? 본인도 하루 종일 PC방에서 죽친 경험이 꽤 있었나보다.

　"네가 빛을 진 건 네 탓, 네가 가난한 것도 네 탓"이라는 사고방식은 40년 동안 세상을 지배한 신자유주의의 논리다. 신자유주의는 문제를 개인의 탓으로 돌리는 것도 모자라 그 개인에게 모욕감을 준다. "가난한 것은 네 탓인데, 더 구체적으로 이야기하면 그건 네 머리가 나쁘고 게으르기 때문이야"라고 말이다.

이 전술에 가장 능한 이들이 월가를 중심으로 한 금융자본이다. 그들은 도저히 빚을 안 지고는 못 사는 세상을 만든 뒤, 이자로 민중들의 등골을 빼 먹는다. 그래서 이런 금융을 '약탈적 대출(Predatory Lending)'이라고 부른다.

문제는 출발점이 다르다 것

빚과 가난이 전적으로 개인의 문제일까. 하버드 대학교 경제학과 센딜 멀레이너선 (Sendhil Mullainathan) 교수의 연구를 살펴보자. 멀레이너선은 미국에서도 명문으로 알아주는 프린스턴 대학교 학생들을 실험 대상으로 삼았다.

학생들을 A와 B 두 그룹으로 나눈 뒤 각 그룹에 퀴즈를 풀게 했다. 그런데 A그룹에게는 비교적 넉넉한 50초의 시간을 준 반면 B그룹에게는 문제를 풀기에 턱없이 부족한 15초만을 부여했다.

퀴즈 게임은 한 번으로 끝나지 않고 여러 번 반복됐다. 멀레이너선은 "문제를 풀다가 시간이 부족하면 시간을 대출받을 수 있다"고 귀띔했다. 대신 이 대출에는 대가가 따른다. 1라운드에서 1초를 빌리면 2라운드에서

인도 출신의 천재 행동경제학자 센딜 멀레이너선

갑절(2초)을 차감하는 것이다.

두 그룹 모두 시간을 빌리는 행동은 미친 짓이라는 것을 잘 안다. 1초를 빌리면 2초를 잃기 때문이다. 그래서 50초라는 넉넉한 시간을 받은 A그룹 멤버들은 절대로 시간을 빌리지 않는다.

반면 15초라는 빠듯한 시간을 받은 B그룹은 궁지에 몰리면 결국 시간을 빌리는 길을 선택한다. 이들은 다음 라운드에서 2초가 차감된다는 사실을 알기에, A그룹 멤버들보다 훨씬 더 집중해서 문제를 푼다.

하지만 라운드가 거듭될수록 이들의 집중력은 유지되지 않는다. 앞 라운드에서 1초를 쓰면 다음 라운드에서 2초가 깎인다. 이를 벌충하느라 다시 2초를 빌리면 다음 라운드에서는 4초가 빠져 나간다. 아무리 발버둥을 쳐도 이 개미지옥에서 빠져나올 방법이 없다.

이 실험결과가 알려주는 것은 분명하다. "빚은 개인의 책임이야"라는 예상원 씨의 이야기가 헛소리라는 뜻이다. 청년들이 빚에 쪼들리는 이유는 개인의 노오력이 부족해서가 아니다. 성실하지 않았기 때문도, PC방에서 하루 종일 죽치고 앉아있었기 때문도 아니다. 이유는 단 하나, '풍족한 상태에서 출발했느냐, 부족한 상태에서 출발했느냐'의 차이 때문이었다.

빚과 가난은 개인 탓이 아니다

다른 연구가 있다. 멀레이너선 교수와 영국 옥스퍼드 대학교의 행동경제학자 아난디 마니(Anandi Mani) 교수의 공동 연구다. 이 연구는 「사이언스」에 발표됐다.

연구팀은 쇼핑몰을 찾은 사람들에게 먼저 소득 수준을 물은 뒤 이들을 고소득층과

지소득층으로 분류했다. 그리고 두 그룹에게 간단한 IQ 테스트를 실시했다.

이후 양쪽에 "당신이 타고 온 차가 고장이 났어요. 수리비는 150달러가 듭니다"라고 일러줬다. 사람들은 갑자기 15만 원 남짓을 지출해야 한다는 사실에 당황했다. 이때 연구팀은 다시 두 그룹의 IQ를 측정했다.

측정 결과 두 그룹의 IQ는 별 변화가 없었다. 당연한 이야기다. IQ라는 게 5분 만에 쉽게 바뀔 리가 없기 때문이다.

그런데 두 번째 실험에서 놀라운 결과가 나타났다. 실험팀은 2차 실험에서 사람들에게 "당신이 타고 온 차가 고장이 났어요. 수리비가 1,500달러가 듭니다"라고 일러줬다. 아까와의 차이점은 수리비가 10배(150달러→1,500달러)로 불어났다는 점이다. 엄청난 수리비에 사람들은 1차 실험 때보다 훨씬 큰 충격을 받았다.

실험팀은 이 시점에서 다시 IQ를 측정했다. 고소득층으로 분류된 이들의 IQ는 이번에도 변화를 보이지 않았다. 그런데 저소득층으로 분류된 이들의 IQ는 무려 13포인트나 떨어졌다. 도대체 무슨 일이 있었기에 5분 만에 IQ가 급락했을까?

15만 원 정도 수리비는 고소득층이건 저소득층이건 감내할 수 있는 수준이다. 그런데 150만 원이라면 이야기가 다르다. 고소득층은 150만 원 정도를 쉽게 감당하지만, 저소득층에게 그 돈은 가족의 생계가 걸린 거금이다.

생계 문제가 불거지는 순간, 뇌는 온통 '어떻게 하면 나와 내 가족이 생존할 수 있을까?'에 집중하게 된다. 이 때문에 뇌가 수행해야 하는 다른 기능이 정지된다. 5분 만에 IQ가 급락한 이유가 여기에 있다.

그래서 이런 일이 생긴다. 전직 대통령 박근혜는 경제부총리 최경환을 앞세워 '빚내서 집사라' 정책을 펼쳤다. 그때 많은 사람들이 빚을 내고 집을 샀다. 이들의 대출 상환 기간은 보통 25년~30년이었다. 매월 100만 원 넘는 돈을 25~30년 동안 원리금 상환으로 내야 한다.

그런데 이렇게 무리를 하면 당연히 생활이 쪼들리기 시작한다. 금리가 높아지거나 수입이 감소하면 생계에 큰 충격이 온다. 집값이라도 떨어지면 인생이 무너진다.

그런데 이들에게 "멍청하기는! 박근혜가 빚내서 집을 사란다고 그걸 사? 계획을 세워야지, 계획을! 그렇게 무계획적으로 사니까 망하는 거야"라고 말해서는 안 된다. 왜냐하면 그때 빚을 내서 집을 산 사람들은 정말로 절박했기 때문이다.

대통령과 부총리가 짝짜꿍이 돼 한 목소리로 "빚을 내서라도 집을 사라"고 부추긴다. '지금이 아니면 평생 내 집 마련에 실패할 것 같다'는 공포가 생긴다. 이 상황에서 '과연 내가 25년 장기대출을 받아 매월 100만 원 넘게 상환할 능력이 있을까?' 혹은 '그렇게 하는 것이 합리적일까?'라는 판단을 제대로 할 사람이 몇이나 되겠나?

이렇게 판단을 제대로 못하게 만든 뒤 빚을 내도록 꼬드겨 이자를 뜯어가는 게 바로 자본의 특기, 즉 약탈적 대출이다. 이 기술은 절대 쉽게 벗어날 수 있는 게 아니다.

학자금 대출도 마찬가지다. 대학을 안 나오면 사람 구실을 못 하게 만들어놓고, 학자금을 대출받아 빚이 생기면 "그건 네가 불성실한 탓이지"라고 말하면 뭘 어쩌라는 건가? 예상원을 비롯한 신자유주의자들은 "빚을 갚을 능력이 없으면 빌리지 말아야지. 그 정도 머리도 안 돌아가니까 가난한 거야!"라고 목소리를 높인다.

하지만 절대로 그렇지 않다. 오늘 죽을 위기에 처하지 않았다면 누구나 미래에 대해 현명한 판단을 내릴 능력이 충분히 있다. 하지만 우리는 오늘 죽을 위기에 처했기에 그 능력을 박탈당한 것이다. 신자유주의는 이 사실을 너무나 잘 안다. 그래서 민중들에게 미래를 고민할 여유를 주지 않는다.

그래서 말인데, 예상원 씨. 남의 인생이라고 그렇게 막 지껄이지 말라! 당신들은 퀴즈 푸는데 50초씩 받아서 대출 안 받고 잘 살 수 있을지 모르겠지만, 우리가 받은 시간은 애초부터 15초였다.

가난과 부채를 개인 탓으로 돌리는 약탈적 금융자본주의에 대한 인식이 바뀌어야 한다. 이 문제가 개인의 책임이 아니라 사회적 책임이라는 인식이 절실하다. 예상원의 헛소리는 휴지통에 던져버리고, 학자금 대출에 내몰린 청년들을 위한 기성세대의 연대와 사회적 책임을 발휘해야 한다. 그것이 이 따위 세상을 그들에게 물려준 기성세대의 책임과 도리 아니겠는가?

우리는 상상 이상으로
불평등한 세상에서 산다

최고임금제와 펜스 퍼레이드

'살찐 고양이법'이라는 것이 있다. 최고경영자(CEO)들의 과도한 연봉을 제한하자는 취지의 법이다. 정식 명칭은 '최고임금법'이지만 20세기 초 미국에서 '살찐 고양이법'이라는 별칭이 붙었다. 1920년대 독점자본을 형성하며 엄청난 부와 권력을 쥔 자본가들의 디룩디룩한 모습이 마치 살찐 고양이와 같다며 비꼰 말이다.

우리나라에서도 정의당 심상정 의원이 2016년 살찐 고양이법을 발의한 적이 있다. 내용은 "임원 및 직원의 최고임금 상한을 최저임금의 30배(당시 기준으로 연봉 4억 5,000만 원 정도)를 넘지 말도록 하자"는 것이었다. ①사장이라고 너무 많이 받지 말고 ②정 많이 받고 싶으면 최저임금부터 높이라는 취지다.

나는 이 법안에 대체로 공감하는 편인데, 한 가지 동의하지 못하는 것이 있다. 애묘인의 한 사람으로서, 또 고양이를 모시고 사는 집사로서, 살찐 고양이를 비하하는 듯한 표현에 동의하지 못한다. 내가 고양이님을 모시고 살아봐서 안다. 통실통실한 고양이가 얼마나 귀여운데!

당시 정의당이 만든 포스터를 보면 통실통실한 고양이 그림을 그려놓고 "나비야 적당히 먹자"라는 대사를 적어 놓았다. 고양이는 "냐옹"하고 웃으면서 화답한다. 이런 식이면 곤란하지! 나비가 왜 적당히 먹어야 되나? 나비는 많이 드셔도 되는 존재다.

연봉이 시장에서 결정된다는 허접한 논리

이 법에 대해 시장주의자들은 게거품을 물며 반대의 목소리를 높인다. 그들의 논리는 "임원 연봉이 수십 억 원이건 수백 억 원이건 그것은 정당하게 시장에서 수요와 공급에 의해 결정된 것이니 건드려서는 안 된다"는 것이다.

웃기는 이야기다. 진짜로 임원의 연봉이 시장에서 수요와 공급에 의해서만 결정되나? 경험을 바탕으로 이야기하자면 인맥, 학벌, 지연, 정치적 성향 등 기업 실적과 아무 상관도 없는 별의별 요소들이 훨씬 더 큰 영향을 미친다.

게다가 재벌 총수들의 연봉은 어떤가? CJ그룹 이재현 회장 연봉이 2018년 160억 원이었다. 이게 수요와 공급에 의한 결정이려면 CJ그룹 이사회가 회장 공모를 내고, 여러 후보의 응모를 받은 뒤, 회의를 열어 "누가 우리 CJ를 가장 잘 이끌 것인가"를 토론하고 결정해야 된다. 그래서 여러 명의 지원자 중 이재현 씨가 제일 높은 점수를 받아 그룹 회장이 됐다면 그 말을 믿겠다.

그런데 그랬냐고? 이재현 씨가 회장인 이유는 그가 재벌 2세였기 때문이다. 이재현 씨 연봉이 160억 원이었던 이유는 그의 노동이 그만한 가치를 시장에서 인정받아서가 아니라 이재현 스스로가 "나 160억 원 받아 갈래"라고 결정했기 때문이다. 게다가 이재현 씨는 1,600억 원대 횡령 혐의로 기소돼 감옥살이까지 한 전과자다. 이게 무슨 수요와 공급의 법칙이냐?

2018년 공식 석상에 한 번도 모습을 드러낸 적이 없는 정몽구 현대자동차 그룹 회장도 그 해 95억 8,300만 원의 급여를 받았다. 뭔 놈의 수요와 공급 법칙이 일을 한 시간도 안 한 사람에게 100억 원에 가까운 연봉을 안기나?

2019년 초 세상을 떠난 대한항공 조양호 전 회장의 자식들은 대한항공에서만 아버지의 퇴직금으로 400억 원을 받았다. 대한항공 외 나머지 8개 계열사에서 퇴직금을 다 받으면 그들이 챙기는 퇴직금은 2,000억 원에 육박할 것이란다. 이게 시장 원리라고? 천만의 말씀. 이들이 거액을 챙길 수 있는 이유는 단 하나, 그들이 재벌 가문에서 태어났기 때문이다.

미국과 오스트레일리아, 독일 등에서 설문조사를 해보면 "저소득자와 고소득자의 평균 임금 격차는 2~4배가 적당하다"는 대답이 주류를 이룬다. 하지만 현실에서 임금 격차는 적게는 수백 배, 많게는 1,000배를 넘는다.

우리나라도 마찬가지다. 이재현 회장이 받은 연봉은 2018년 최저임금 노동자의 연소득 보다 800배가 많다. 이게 효율적 시장이고, 수요와 공급의 마술인가? 야부리도 이렇게 털면 많이 곤란한 거다.

우리는 얼마나 불평등한가?

그러면 지금부터 이런 엄청난 임금격차를 조금 실감나게 설명해보겠다. 이재현 씨의 2018년 연봉은 160억 원이었고, 같은 해 최저임금은 7,530원이었다. 연봉으로 환산하면 1,900만 원에 못 미친다. 이재현 씨는 혼자지만, 약 1,900만 원의 연봉을 받은 사람이 적게는 140만 명에서 많게는 415만 명 정도 된다.

이렇게 숫자로 이야기를 해도 실감이 잘 나지 않는다. 그래서 보다 실감나는 설명을 위해 소득불평등을 그림으로 묘사한 경제학자가 있었다. 네덜란드 흐로닝언 대학교

경제학과 교수였던 독일의 경제학자 얀 펜
(Jan Pen, 1921~2010)이 그 주인공이다.

펜은 국민들의 소득수준을 각 국민의 키
로 나타낸 뒤 이들을 쭉 일렬로 세워 퍼레
이드를 벌인 그림을 그렸다. 이 그림이 펜
스 퍼레이드(Pen's parade)라는 것이다.

이 아이디어를 우리나라에 적용해보자.
퍼레이드 맨 앞에는 최저임금 노동자들이

독일의 경제학자 얀 펜

행진을 한다. 그 뒤에는 조금 높은 연봉을 받는 사람, 그 뒤에는 그보다 조금 높은 연
봉을 받는 사람이 선다. 맨 뒤에는 가장 많은 연봉을 받는 사람이 서게 된다. 2018년
기준으로 최후방에 선 사람은 이재현 씨다.

이 퍼레이드의 특징은 사람들의 키를 그들의 연소득과 1대 1로 대응을 시켰다는 점
이다. 예를 들어 우리나라 노동자들의 평균 연봉이 약 3,500만 원 정도 되는데, 이 사
람들의 키는 우리나라 국민들의 평균 키인 약 165㎝ 정도로 그린다. 맨 앞에 선 최저
임금 노동자의 키는 1m에 좀 못 미친다.

지금부터 이 퍼레이드를 상상해보겠다. 맨 앞에 1m도 채 안 되는 작은 사람들이
옹기종기 걷는다. 그런데 이 행렬이 무지하게 길다. 10명도 아니고 100명도 아니다.
1,000명을 넘어 만 명이 지나간다. 50만 명, 100만 명을 넘어 얼추 150만 명을 넘어서
자 겨우 1m에 간당간당한 사람이 나온다. 200만 명, 300만 명, 400만 명을 넘어도 이
단신들의 행렬은 끝나지 않는다.

그렇게 한참 행진이 진행되면 평균 키인 165㎝쯤에 해당하는 사람들이 나온다. 그

뒤로 180㎝, 190㎝를 넘는 거구들이 등장한다. 2m, 3m를 넘어 10m짜리 거구가 등장했을 때, "와, 저 사람 진짜 크다"라는 생각이 든다. 10m짜리 거구의 연봉은 약 2억 원이다.

그런데 이게 끝이 아니다. 그 뒤로 20m, 30m짜리 거인들이 속속 등장한다. 마침내 행렬 뒤쪽 어딘가에 100m짜리 거인이 두둥~ 하고 나타난다. 여기서부터는 공포 그 자체다.

그런데 이게 끝이 아니다. 그 뒤에 250m짜리 거인이 모습을 드러낸 것이다. 이는 여의도 63빌딩 높이에 해당한다. 눈앞에 63빌딩 높이의 거인이 서있다고 상상해보라. 그야말로 아찔하다.

하지만 호러 영화는 아직도 끝나지 않았다. 그 거인 뒤로 300m, 400m짜리 거인이 등장하더니 무려 500m짜리 거인이 성큼성큼 나타난다. 이 높이는 123층짜리 잠실 롯데타워와 맞먹는다. 이 어마어마한 거인의 이름이 누구일까? 바로 공식 석상에 1년 내내 모습을 드러낸 적이 없는데도 95억 원의 연봉을 챙긴 정몽구 씨다.

이제 거의 끝이 보인다. 마침내 행렬 맨 마지막의 거인 이재현 씨가 등장했다. 그의 키는 무려 850m다. 이재현 씨의 키는 세계에서 제일 높은 빌딩인 163층짜리 부르즈 할리파(Burj Khalifa)보다도 크다. 영화 〈미션 임파서블4〉에서 톰 크루즈가 그렇게 열심히 그 건물을 기어올랐는데, 사실 그 건물의 이름은 이재현이었던 셈이다.

숫자로 보면 실감이 나지 않지만 그

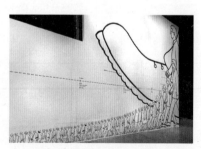

펜스 퍼레이드를 묘사한 사진 ⓒmagnatic declinaion

림을 그리면 비로소 이 불평등한 현실이 눈앞에 다가온다. 1m 키로 살아가는 사람이 400만 명인데, 횡령 전과자 출신 재벌총수의 키는 부르즈 할리파를 넘는다. 이 퍼레이드를 그린 펜은 이렇게 말한다.

1m 사람끼리는 서로 대화가 된다. 2m 정도 되도 장신이 고개를 숙이면 1m 단신과 이야기를 나눌 수 있다. 그런데 100m, 500m, 800m 거인들은 절대로 1m짜리 사람과 대화를 나누지 못한다. 대화는커녕 그들의 눈에 1m짜리 단신은 보이지도 않는다. 그래서 단신들의 삶은 거인의 안중에도 없다.

우리가 사람이 사는 사회에서 살고 있다면, 부자건 가난하건 서로 소통하고 살아야 한다. 그런데 뭐라도 보여야 소통을 할 것 아닌가? 800m짜리 거인이 1m 단신의 민중들 목소리를 어떻게 듣겠나? 이러니 재벌들이 민중들을 사람 취급을 하지 않는다. 대화나 소통의 창구는 완전히 닫혀버린다.

한국 자본주의는 800m짜리 거인 한 명과 1m짜리 민중 400만 명을 섞어놓고 "참 살만한 사회다"라고 억지를 부린다. 800m짜리 거인이 유능하기라도 하면 덜 억울할 텐데, 알고 보니 횡령 범죄자란다. 이런 환장할 노릇이 있나?

부디 이 사회가 상식적인 사회라고 착각하지 말기를 바란다. 우리가 사는 세상은 우리가 상상하는 것보다 훨~~~~씬 더 불평등하다.

경제 위해 재벌 풀어줘야 한다는
비도덕적 논리

채찍 유인의 역효과

2015년과 2016년 최태원 SK그룹 회장과 이재현 CJ그룹 회장이 잇따라 광복절 특별사면으로 출소했다. 두 사람 다 천문학적인 규모의 회사 돈을 횡령한 파렴치범들이었다. 그런데 박근혜 정권은 그들을 풀어줬고 그 논리는 "총수가 풀려나야 경제가 살아난다"는 것이었다.

상식적으로 생각해보자. 당시 CJ그룹은 "이재현 회장은 진짜로 아프다"는 전술을 사용했다. 그러면서 언론을 이용해 "이 회장이 CJ그룹의 총수로서 정부의 국정기조인 문화융성 발전에 기여할 수 있다"는 논리를 펼쳤다.

이것들이 진짜 장난하나? 당시 CJ그룹은 "이재현 회장은 단 며칠도 옥살이를 하기 힘든 상태"라고 주장했다. 그런데 그런 사람이 사면되면 무슨 수로 문화융성 발전에 기여한다는 말인가? 곧 죽을 것 같다던 사람이 사면이 돼 문화융성에 기여한다면 그거야말로 진짜 웃기는 코미디다. 아, CJ가 주장하던 문화융성이 코미디를 발전시키겠다는 이야기였나?

SK그룹 최태원 회장도 마찬가지다. 2015년 당시 최태원 회장의 사면에 발 벗고 나

선 이는 박용만 대한상공회의소 회장이었다. 박 회장은 "SK는 첨단업종으로 아침저녁으로 바뀌는 업종인데 (최 회장은) 그룹의 수장이고 중요한 의사결정을 할 수밖에 없는 위치"라는 논리를 펼쳤다. 즉 최 회장이 풀려나야 SK그룹의 의사결정이 원활히 이뤄지고, 그래야 한국 경제가 발전한다는 이야기였다.

그래서 최 회장이 풀려나 한국 경제가 얼마나 발전했나? 요즘 보수 언론의 보도를 보니 한국 경제가 최악이라던데? 최 회장 사면이 거론될 때 인상 깊었던 댓글 중 하나는 "최태원을 사면했는데 경제가 안 살아나면 다시 감옥에 넣는 걸로 하자"는 것이었다. 최태원 씨, 인간적으로 다시 감옥에 갑시다!

사실 "재벌 총수가 풀려나야 그룹도 살고 나라 경제도 발전한다"는 개그는 애초부터 일고의 가치도 없는 헛소리였다. 제대로 정신이 박힌 사람들이라면 "경제 범죄자를 풀어줘야 경제가 활성화된다"는 말도 안 되는 소리를 믿을 리가 없다.

그런데도 이 어처구니없는 논리가 한국 사회를 지배한다. 이 책이 발간되는 2020년 2월 기준으로 삼성전자 이재용 부회장은 재심을 받는 중이다. 삼성과 보수 언론은 그를 지키기 위해 또 이 따위 논리를 펼 것이다.

채찍 유인의 역효과

지금부터는 좀 다른 이야기를 해보자. 이스라엘 출신의 행동경제학자 유리 그니지(Uri Gneezy) 캘리포니아 대학교 교수는 자녀가 어렸을 때 특이한 경험을 했다. 자녀가 다니던 어린이집 원장이 매우 온화한 사람이었던 모양이다. 원장이 항상 온화한 표정을 짓는 바람에 그니지는 원장이 화가 났는지, 아니면 기분이 좋은지를 당최 구분하기 어려웠다고 한다.

하루는 그니지가 아이를 데리러 가다 사정이 생겨 그만 지각을 하고 말았다. "차가 막히는 바람에 늦었습니다. 미안합니다"라고 사죄를 했는데 원장은 예의 그 온화한 미소를 짓고 있더란다.

유리 그니지

그니지는 '원장님이 화가 많이 나지는 않은 모양이구나'라며 안도했다. 그런데 이게 웬 걸. 몇 주 뒤 어린이집에서 가정통신문이 날아왔다. 내용인 즉 "앞으로 아이들을 데리러 올 때 10분 이상 늦으면 벌금 10세켈(약 3,500원)을 물리겠다"는 내용이었다. 그니지가 지각을 했을 때 원장님은 매우 화가 나 있었던 것이다.

그런데 이 경험이 그니지에게 새로운 연구에 대한 영감을 주었다. 행동경제학자인 그니지는 인센티브가 노동의 효율을 얼마나 높이는지에 대해 큰 관심을 보인 학자다. 가정통신문을 본 그니지의 머리에 번개처럼 떠오른 아이디어는 '원장님의 벌금 시스템은 얼마나 효과가 있을까?'였다. 인센티브뿐 아니라 체벌(벌금)이 사람들의 행동을 어떻게 변화시킬지가 궁금해진 것이다.

그래서 그니지는 이스라엘 하이파 시내에 있는 11개 어린이집을 대상으로 20주에 걸친 실험에 돌입했다. 이곳의 어린이집은 대부분 아침 7시 반부터 오후 4시까지 운영을 한다. 조사를 해보니 아이를 데리러 오는 부모들 중 일주일에 평균 7, 8명 정도가 지각을 했다.

그니지는 이들 어린이집에 벌금 시스템을 도입할 것을 제안했다. 11개 어린이집 중

7곳에서 부모가 10분 이상 지각을 하면 10세켈(약 3,500원)의 벌금을 물리도록 했다. 나머지 네 곳의 어린이집은 벌금 제도를 도입하지 않았다. 과연 벌금은 부모의 지각을 줄이는 데 성공했을까?

20주 동안 진행된 실험의 결과는 정반대였다. 벌금을 도입한 7개 어린이집에서 부모의 지각이 줄기는커녕 오히려 엄청나게 늘어난 것이다. 이전에는 일주일에 7, 8명의 부모가 지각을 했는데 벌금 도입 첫 주에 지각이 11건으로, 둘째 주에 14건으로 각각 증가했다. 한 달이 지나자 이 수치는 20건으로 폭증했다. 12주 동안 지각 건수는 평균 14~18건이었다. 벌금 도입 이전에 비해 갑절 이상 늘어난 것이다. 반면 지각 벌금 제도를 도입하지 않은 네 곳의 어린이집 지각 건수는 과거와 마찬가지로 일주일 평균 7, 8건을 유지했다.

왜 이런 일이 벌어졌을까? 종전에 부모들은 그니지가 그랬던 것처럼 지각을 하면 어린이집에 미안한 마음을 가졌다. 그런데 벌금을 내는 순간부터 부모들은 더 이상 미안해하지 않았다. 왜냐고? 돈 냈으니까!

부모들은 벌금을 내면 '나는 지각에 대한 정당한 대가를 치렀어'라고 생각한다. 그래서 벌금은 되레 역효과를 유발한다. 그니지의 이론 명칭이 '채찍 유인의 역효과'인 이유가 여기에 있다.

도덕의 문제를 돈의 문제로 바꾸지 말라

그래서 그니지는 "도덕의 문제를 돈으로 대체하면 매우 위험한 일이 벌어진다"고 지적한다.

예를 들어보자. 시민단체가 상근 활동가들에게 평등한 임금을 지급하고 있었다. 그런데 이 단체의 지도자가 노동의 효율을 높인다며 인센티브-체벌 제도를 도입하기로 했다. 일을 잘 하면 월급을 많이 주고, 일을 못하면 월급을 깎기로 한 것이다.

그래서 이렇게 하면 월급이 깎인 활동가들은 돈을 더 많이 받기 위해 열심히 일을 할까? 천만의 말씀이다.

시민단체의 활동가들은 공익을 위해 일을 한다는 도덕심으로 무장한 이들이다. 그 도덕의 가치를 돈으로 환산하는 순간 황당한 일이 벌어진다. 월급이 깎인 활동가들은 일을 더 열심히 하지 않는다. 왜냐고? 월급 깎였으니까!

이전까지 도덕을 위해 일을 한다고 생각했던 이들은 월급이 깎이는 순간 자신의 노동이 도덕이 아니라 돈을 위한 것이었다는 사실을 새삼 깨닫는다. 이제 그들에게는 도덕을 위해 더 열심히 일을 할 동기가 사라졌다. '쥐꼬리만큼 받았으니 일도 쥐꼬리만큼만 하면 되지'라는 생각이 뇌를 지배한다. 이런 식으로 도덕이나 사회적 책무의 영역에 돈을 개입시키면 매우 비효율적인 일이 벌어진다.

이 실험의 놀라운 점이 또 있다. 12주 동안 벌금을 물렸더니 지각이 두 배로 늘었다. 그래서 그니지는 나머지 8주의 실험 기간 동안 벌금 제도를 다시 없앴다. 그니지는 '벌금을 없앴으니 지각도 당연히 과거처럼 일주일에 7, 8건으로 줄어들 것이다'라고 예상했다.

하지만 놀랍게도 벌금을 폐지한 이후에도 늘어난 지각 건수는 줄어들지 않았다. 왜냐하면 벌금을 없애도 부모들 머릿속에는 '지각? 그거 3,500원 내면 해도 되는 거 아냐?'라는 인식이 자리를 잡았기 때문이다. 도덕의 영역이 돈으로 환산되면 도덕이 사라진다. 그리고 사라진 도덕은 웬만해서는 회복되지 않는다.

재벌의 범죄를 다룰 때, 한국 사회가 오랫동안 저지른 치명적 잘못이 이것이다. "경제를 살리기 위해 재벌을 풀어주자"는 논리는 법과 도덕의 문제를 돈으로 환산해버렸다.

물론 나는 재벌 총수가 풀려난다고 경제가 발전할 것이라 조금도 생각하지 않는다. 오히려 그들을 구속하는 게 경제 발전에 훨씬 도움이 될 것이라고 믿는다.

하지만 백만의 하나, 재벌이 풀려나 경제가 발전한다고 쳐도, 그런 짓은 절대 해서는 안 된다. 도덕의 영역에 돈을 끼워 넣으면 도덕이 붕괴되기 때문이다.

생각해보자. 범죄를 저질러도 돈으로 해결할 길이 있다면 범죄가 줄어들까, 늘어날까? 당연히 늘어난다. 왜냐고? 재벌들은 "내가 경제 발전에 기여했잖아? 대가를 치렀으니 범죄를 저지르는 건 내 권리지"라고 주장할 수 있기 때문이다.

게다가 이런 문제는 바로 잡기도 어렵다. 벌금 제도를 없애도 지각이 줄어들지 않는 것과 마찬가지로 이재용을 구속하는 데 성공해도 재벌들은 도덕성을 회복하지 못한다. 그들은 '경제 발전시켜줬으면 됐지, 왜 나를 구속하고 난리야?'라며 억울해한다. 지금 한국 재벌들의 태도를 보라. 죄책감이 아예 없다. 이게 바로 그런 이유 때문이다.

그래서 법과 도덕의 영역은 함부로 돈의 영역으로 대체해서는 안 된다. 한번 무너진 도덕은 진짜로 회복하기 어렵기에 우리는 지금부터 진심을 다해 법과 도덕의 영역을 바로 세워야 한다. 이 영역을 회복하지 못하면 나라의 뿌리가 흔들린다.

이재용 구속을 막기 위해 삼성과 보수언론은 도덕을 돈의 영역으로 대체하려는 공세를 멈추지 않을 것이다. 그 공세에 맞서 한국 사회가 의연하게 도덕의 영역을 지켜 나가야 한다.

지금도 이미 한참 늦었다. 더 늦으면 도덕은 영원히 회복되지 않을지도 모른다.

II부

사람, 생각, 심리

호남 차별의 심리학과
광주 모독

기억 왜곡

개인적인 경험담 하나.

〈동아일보〉 기자 3년차쯤 때 일이다. 당시 같은 회사에서 일했던 윤영찬 기자(전 청
와대 국민소통수석)가 전화를 걸어 은밀한 목소리로 "오늘 저녁 7시까지 모 술집으로
조용히 와라. 방이 예약돼 있을 테니 그리로 오면 된다"고 말했다. 윤 기자는 "아무도
모르게 은밀히 와야 한다"고 신신당부했고, 나는 영문도 모른 채 조용히 그 술집을 찾
았다.

예약된 방에 들어섰더니 양기대(전 광명시장) 기자, 이명재(전 국가인권위원회 위
원) 기자, 윤영찬 기자, 그리고 또 한 명의 기자 등 그야말로 기라성 같은 네 명의 선배
기자가 자리를 잡고 있었다. 모두 〈동아일보〉에서 후배들의 존경을 한 몸에 받던 에이
스들이었다.

좌장이었던 양기대 기자가 모임의 취지를 설명했다. "이 모임은 앞으로 〈동아일보〉
를 바로 세우고, 사주의 전횡으로부터 언론 독립을 쟁취하는 지하조직 같은 역할을 할
것이다. 모두 함께 이 길을 가자. 무엇보다도 이 조직은 비밀결사이니만큼 보안을 생

명으로 여겨야 한다. 회사가 우리를 방해하기 위해 무슨 짓을 할지 모른다"는 게 취지였다.

나머지 네 명의 선배는 사전에 이야기가 된 듯 했다. 네 명의 선배가 일제히 내 얼굴을 쳐다보며 동의를 구했으니까.

나는 정말 1초도 망설이지 않고 "하겠습니다"라고 답했다. 언론정의가 필요하다는 등의 거창한 목적 때문이 아니었다. 그 네 사람이 너무 멋진 선배들이었기 때문이었다. 그런 선배들이 나 따위의 후배에게 뭔가를 같이 하자고 하는데 그걸 거절하는 건 미친 짓이다. 가문의 영광 아닌가?

그런데 허무하게도 그 비밀결사 조직은 이틀 만에 해체됐다. 그들 중 한 선배가 전화를 걸어 다급한 목소리로 "야, 들통났다. 일단 해산하고 조용히 있어라"라고 말했다. 얼마나 어이가 없던지. 아니, 무슨 지하조직이 이틀 만에 적발이 되냐고!

2년쯤 지나 양기대 기자와 술을 마실 때 "선배, 그때 그 지하조직이요. 저를 불러주셔서 영광이긴 했는데, 저는 왜 부르신 건가요?"라고 물었다. 나머지 네 기자는 평소에도 친했고 다들 에이스들이었다. 하지만 나는 당시 고작 3년차 햇병아리였던 데다 그 선배들과 친분도 없었다. 게다가 나는 인사고과도 매일 꼴찌 근처에서 놀던 누가 봐도 하위권의 기자였다.

그때 양기대 기자의 대답이 정말 충격적이었다. "진실을 이야기해줄까?"라고 뜸을 들이더니 "원래 우리 넷이서 하려고 했는데, 모였더니 공교롭게도 네 사람 다 고향이 다 전라도더라고. 그래서 지역 안배 차원에서 영남 출신인 너를 끼워 넣은 거야"가 그 답이었다. 이런 제기랄!

내 고향을 이야기하지 못하는 슬픔

당시 〈동아일보〉 총수 일가는 "호남 출신들이 반란을 도모해 신문을 망치려 한다"는 이야기를 입에 달고 살았다. 나는 실제로 회장으로부터 "너는 고향이 어디야? 싸가지 없는 거 보니까 분명히 너도 전라도 출신이지?"라는 이야기를 면전에서 들었다.

그 와중에 선배들이 지하조직을 만들었는데, 구성원들이 공교롭게도 전부 다 호남 출신이었다는 거다. 조직이 적발됐을 때 총수 일가로부터 공격(전라도 출신들이 회사를 말아먹는다!)을 당할 소지가 커서 나를 불렀다는 이야기다. 내가 정의롭거나 믿음직해서가 아니고 순전히 지역 안배 차원에서 말이다.

분통이 터진 나는 "선배, 저는 본적이 서울이고요, 평생 서울에서 자랐어요. 저는 서울 사람이라고요!"라고 항변을 했지만 "어쨌든 너는 어렸을 때 잠깐이라도 영남에서 살았으니 앞으로도 영남 사람인 척을 해야 한다. 그래야 우리가 오해를 피할 수 있어"라는 황당한 이야기만 들었다. 그래서 말인데 선배들, 아무리 대의가 중요해도 웬만하면 후배 고향은 왜곡하지 맙시다.

다른 이야기를 하나 더 해보자. 이것도 참 슬픈 이야기인데, 나는 어렸을 때 진짜로 "호남 사람과 절대 동업하지 마라. 반드시 뒤통수를 맞는다"는 이야기를 듣고 살았다. 물론 이 따위 이야기는 젊은 정치인 김대중을 견제하기 위해, 그리고 독재 체제를 공고히 하기 위해 박정희가 만들어놓은 완벽한 허구의 이야기다.

그런데 이 어처구니없는 이야기가 지금까지도 이어진다. 이건 농담이 아니다. 2018년 부천에 있는 한 편의점에서 직원 모집 공고를 냈는데 거기에는 "주민등록번호 중 8번째 9번째 숫자가 48~66 사이에 해당하시는 분은 죄송합니다만 채용이 어렵습니다. 이 점 확인하시어 지원 바랍니다. 가족 구성원도 해당될 경우 채용이 어렵습니다"라고 적혀 있었다.

주민번호 8, 9번째 숫자는 지역코드다. 그리고 그 숫자가 48~66 사이면 고향이 호남 출신이라는 뜻이다. 즉 편의점주는 "호남 출신은 안 뽑을 테니 지원할 생각을 마라"고 엄포를 놓은 것이다.

이 사실이 언론에 보도되자 후속 보도가 이어졌다. 그런데 놀라운 사실이 밝혀졌다. 공고를 낸 편의점주의 부모도 호남 출신이었다는 거다. 황당하지 않은가? 호남인의 자녀로 태어난 사람이 호남인을 차별하는 슬픈 현실이 눈앞에서 벌어진다.

더 웃긴 이야기가 있다. 앞에서 "호남 출신들이 회사를 말아먹으려 한다"고 목소리를 높였던 〈동아일보〉 사주 일가들 말이다. 그들도 사실 호남 출신이다. 〈동아일보〉 창업주 김성수는 호남에서 땅 부자로 재산을 축적했던 인물이었다.

작은 충격에도 왜곡되는 기억

왜 우리는 호남에 대해 이토록 근거 없는 오해를 갖게 됐을까? 이 질문에 대한 해답을 기억 전문가인 인지심리학자 엘리자베스 롭터스(Elizabeth Loftus, 캘리포니아 대학교 교수)의 연구로부터 찾아보자.

롭터스는 인간의 기억은 얼마든지 조작할 수 있다는 사실을 입증한 심리학자다. 그의 '쇼핑몰에서 길을 잃다' 실험은 심리학 역사에서 기억에 관한 한 가장 충격적인 실험 중 하나로 기

엘리자베스 롭터스

억된다. 이 실험은 다른 기회에 소개하기로 하고 이 책에서는 다른 실험을 살펴보자.

롭터스는 "기억은 위키피디아와 같다"고 주장한다. 즉 기억이란 컴퓨터 하드디스크처럼 원본을 정확히 저장하는 것이 아니라 끊임없이 보태지고 각색돼 새로운 무엇으로 재구성된다는 뜻이다.

그래서 사람은 자신이 본 어떤 장면을 100% 온전하게 저장하지 못한다. 위키피디아처럼 기억은 자꾸 수정된다. 이렇게 재구성이 이뤄지면 원래 일어났던 사건과, 내가 갖고 있는 기억은 전혀 딴판이 된다.

이를 입증하기 위해 롭터스가 실험에 나섰다. 참가자들을 다섯 그룹으로 나눈 뒤 그들에게 차량 충돌 사고 동영상을 보여줬다. 그리고 각 그룹에게 "충돌 당시 자동차의 속도가 얼마였나?"를 물었다. 그런데 다섯 질문의 뉘앙스가 조금씩 달랐다.

첫 번째 그룹에게는 "자동차가 접촉했을 때(When they contacted each other) 차가 얼마나 빨리 달리고 있었죠?"라고 물었다. 충돌을 '접촉(contact)'이라고 순화해서 표현한 것이다.

두 번째 그룹에게는 "자동차가 부딪쳤을 때(When they hit each other) 차가 얼마나 빨리 달리고 있었죠?"라고 물었다. 접촉(contact) 보다 부딪힘(hit)은 조금 더 강한 표현이다.

세 번째 그룹에게는 접촉(hit)보다 조금 더 강한 '약한 충돌(bump)'이라는 단어를 썼고, 네 번째 그룹에게는 충돌(collide)라는 단어를 썼다. 그리고 마지막 그룹에게는 "충돌해서 박살이 났을 때(when they smashed into each other)"라는 강력한 단어를 사용했다.

똑같은 충돌사고 상면을 본 사람늘에게 똑같은 질문을 던졌다. 단지 질문에 한 단어

씩만 바꿨을 뿐이다. 그런데 이 작은 변화에 응답자들의 기억이 왜곡되기 시작했다.

"접촉(contact)"이라고 물었을 때 응답자가 기억한 충돌 당시 차의 속도는 평균 31.8마일이었다. 반면 "부딪힘(hit)"이라는 단어로 물었을 때 차의 속도는 34마일까지 올라갔다. "가벼운 충돌(bump)"에서 속도는 38.1마일, "충돌(collide)"이라는 단어에서 이 수치는 39.3마일로 높아졌다. 그리고 마지막 단계인 "박살(smash)"이라는 강력한 단어로 물었을 때 기억 속의 속도는 무려 41마일로 치솟았다. 단지 단어 하나 바꿨을 뿐인데, 기억의 차이가 최대 30% 넘게 벌어진 것이다.

심지어 "박살(smash)"이라는 질문을 받은 이들은 묻지도 않았는데 "충돌 당시 깨진 유리 파편이 엄청 많았어요"라고 답을 했다. 그 동영상에는 깨진 유리 파편이 한 조각도 없었는데 말이다.

호남에 대한 처참한 기억 왜곡

기억이란 이런 것이다. 나는 어렸을 때 내 앞에서 "호남 사람들은 거짓말을 많이 한다"는 헛소리를 너무 자신 있게 늘어놓는 사람들을 수없이 봤다. 웃기는 헛소리다.

사람이 살면서 자기한테 거짓말을 하는 사람을 왜 안 만났겠나? 그리고 장담컨대 통계를 내보면 그들 중 거짓말을 가장 많이 한 사람은 단연 수도권 출신들이다. 왜냐고? 인구 통계적으로 수도권 출신이 제일 많으니까!

하지만 사람들은 호남에 대해 심각하게 왜곡된 기억을 갖고 있다. 이유는 간단하다. 박정희가 열어젖힌 비열한 지역차별 이데올로기가 전두환, 노태우, 김영삼을 거쳐 수십 년 동안 이어졌기 때문이다.

호남을 고립시키기 위해 한국 사회는 끝없이 호남에 대해 불편한 단어들을 사용했다. 우리도 모르는 사이 공영방송 드라마를 통해서, 영화를 통해서, '호남 사람들은 거짓말을 많이 한다'는 이미지를 끊임없이 주입받았다. 이게 아무 일도 아니라고 말해서는 안 된다. '접촉'이라고 물어보느냐 '충돌'이나 '박살'이라고 물어보느냐의 간단한 차이만으로도 우리의 기억은 30% 이상 왜곡된다.

그러면 이 이야기를 조금 더 묵직한 현실로 끌고 와 보자.

1990년대 광주민주화운동 기념일 즈음이 되면 학생들이 운동을 기념하기 위해 광주로 향했다. 그런데 전주쯤에서 전경들이 기차로 뛰어 들어와 학생들을 다 잡아갔다. 아니, 뭔 놈의 나라가 이동의 자유를 제한하냐고! 군사정부는 이런 식으로 광주를 외딴 섬으로 만들어놓고 끊임없이 폭도 프레임을 씌워 이곳을 고립시켰다.

우리는 지금 1980년 광주의 일을 '5.18 광주민주화운동'이라고 부른다. 하지만 한국 사회는 이날을 오랫동안 '광주사태'라고 불렀다. 심지어 전두환 때에는 '광주폭동'이라는 처참한 단어를 사용했다. 이날이 법정기념일로 제정된 때는 민주화운동이 벌어진 지 무려 17년이 지난 1997년 5월 9일이었다.

그렇다면 그 일을 사태, 혹은 폭동이라고 불렀던 그 처참한 한국의 문화가, 그리고 5.18 당일 광주로 향하는 민중들의 발걸음마저 막았던 군부독재의 비열함이, 우리의 기억을 얼마나 왜곡했을까? 이 기억 왜곡은 한국 현대사에 가장 끔찍하고 가장 심각한 것이었다.

왜 자유한국당 무리들이 지금도 광주에 대해서 망언을 할까? 그래야 국민들의 기억이 왜곡되기 때문이다. 북한군 개입설을 보라. 이 말도 안 되는 개소리를 지만원이라는 자가 "사실이다"라고 반복적으로 말하니 진짜 믿는 사람들이 생긴다.

심지어 "내가 그 시절에 북한으로부터 남파된 간첩을 봤다는 사람을 만났다는 사람으로부터 직접 이야기를 들었다는 소문을 옆 동네에서 들었어"라는 미친 소리들이 가스통 굴리는 사람들 사이에서 퍼진다. 그러니 제1야당이라는 자유한국당도 "역사적 사실에 대해 다양한 해석은 존재할 수 있다"는 헛소리를 남발한다.

그렇게 해야 국민들의 기억이 왜곡되기 때문이다. 그래야 악랄한 군사정권에 항거했던 광주 시민들의 위대한 투쟁에 대해 전국의 민중들이 연대하는 것을 막을 수 있기 때문이다. 그래야 그 투쟁을 지역감정의 소재로 사용할 수 있기 때문이다. 나는 저들의 망언이 정교하게 계산된 것이라고 확신한다. 그건 온 국민의 기억을 어떻게든 조작하려는 끔찍한 파시즘의 망령이다.

그래서 우리는 매년 광주를 진심으로 아프게 기억해야 한다. 이 책이 출간되는 2020년, 광주의 그 위대했던 투쟁이 40주년을 맞는다.

우리는 광주를 찾을 것이다. 그리고 광주의 위대했던 영령들 앞에서 열사들의 죽음을 모독하는 자들을 용서하지 않겠노라 다짐할 것이다. 그게 살아남은 자들의 마땅한 도리다. 1980년 그 위대했던 광주 영령들 앞에 다시 한 번 뜨거운 마음으로 고개를 숙인다.

아픈 역사를 잊지 않으려
노력해야 하는 이유

설계된 망각과 스트라이샌드 효과

앞 장에서 우리는 심리학자 엘리자베스 롭터스의 지혜를 빌려 기억이 어떻게 왜곡되는지 살펴봤다. 이번 장과 다음 장에서는 기억이 어떻게 제거되고, 또 어떻게 리셋되는지 살펴볼 것이다.

그 전에 '스트라이샌드 이펙트'라는 간단한 마케팅 이론을 하나 검토해 보자. 이 이론을 설명하기에 매우 적절한 사례가 있다.

2017년 일본에서 개봉됐던 〈침묵〉은 일본군 위안부 사건을 다룬 다큐멘터리 영화다. 재일동포 2세인 박수남 감독이 30년 동안 찍은 생생한 영상이 영화에 고스란히 담겨 있다.

그런데 영화가 개봉되자 뜻밖의 상황이 벌어졌다. 일본 극우파들이 영화관 주변에서 10여 대의 차량을 동원해 확성기로 고래고래 소리를 지르며 영화 상영을 비난한 것이다. 실제로 일본 극우파들은 상영장에 난입해 난동을 부린 적도 있었다. 영화 제작사 측이 소송을 벌인 끝에 극우파들의 상영장 접근을 막아 겨우 영화를 상영할 수 있었다.

하지 말라면 더 하고 싶은 사람의 심리

그런데 민족감정 다 빼고 이야기해서, 이런 행동은 마케팅 관점에서 절대 해서는 안 될 짓이다. 경제학 이론 중 스트라이샌드 효과(Streisand effect)라는 것이 있다. 이 이론은 미국의 유명한 가수이자 배우인 바브라 스트라이샌드(Barbra Streisand)의 사연으로부터 유래된 것이다.

2003년 케네스 아델만(Kenneth Adelman)이라는 사진작가가 캘리포니아 해안을 사진으로 찍는 프로젝트를 진행했다. 이 프로젝트는 캘리포니아 해안이 얼마나 침식되는지를 기록으로 남기기 위한 작업으로 캘리포니아 주 정부의 지원을 받았다. 아델만은 해안 사진을 1만 2,000컷가량 찍어 픽토피아닷컴이라는 웹사이트에 올렸다.

그런데 스트라이샌드가 아델만과 사이트를 상대로 소송을 걸었다. 사이트에 올라온 사진 중 하나에 자신의 저택이 찍혀 사생활이 침해됐다는 이유였다. 아델만은 "공익을 목적으로 찍은 사진이기에 내릴 수 없다"고 버텼고, 결국 이 다툼은 5,000만 달러(560억 원)짜리 초대형 소송으로 번졌다.

스트라이샌드의 불만은 충분히 이해가 가고도 남는다. 그의 집은 엄연한 그의 사적 공간이기 때문이다. 하지만 사생활을 보호하려 했던 스트라이샌드의 꿈은 박살이 났다. 왜냐하면 소송 직후 그 사진에 대한 조회 숫자가 폭발적으로 늘었기 때문이다.

애초 픽토피아닷컴에 올라왔던 그 사진의 다운로드 횟수는 고작 여섯 건에 불과했다. 심지어 그 여섯 건 중 두 건은 스트라이샌드 변호사가 소송 준비를 위해 다운을 받은 것이었다.

그런데 소송을 걸었다는 소식이 전해지자 "도대체 집이 얼마나 으리으리하기에 5,000만 달러짜리 소송까지 벌이며 감추려고 하느냐?"는 궁금증이 폭발했다. 한 달

아델만의 카메라에 잡힌 스트라이샌드의 저택, 2002 Kenneth & Gabrielle Adelman, California Coastal Records Project, www.californiacoastline.org

만에 사진 다운로드 횟수가 42만 건으로 폭증했다.

결국 스트라이샌드는 소송에서도 패해 아델만의 변호사 비용 15만 5,567달러(약 1억 7,000만 원)까지 물어줬다. 소송이 진행될수록 사진은 더 널리 유포됐다. 지금 그 사진은 위키피디아 '스트라이샌드 효과(Streisand effect)' 항목에 버젓이 올라와 있는 상태다.

그래서 '스트라이샌드 효과'라는 이론이 탄생했다. 자기에게 불리한 콘텐츠를 삭제하려고하면 할수록 온라인에서는 그 콘텐츠가 더 큰 이슈가 된다는 뜻이다. 하지 말라고 하면 더 하고 싶고, 보지 말라면 더 보고 싶은 청개구리 심보라고나 할까?

사람들에게는 가치가 있는 정보를 보존하려고 하는 심리가 있다. 힘 센 사람이 정보 유통을 막으려 한다면, 사람들은 '이 정보가 아예 사라질 수도 있겠구나'라는 걱정에 더 열심히 그 정보를 유통시킨다.

일본 극우파가 영화 〈침묵〉에 난동을 부린 게 바로 이런 아둔한 짓이다. 보통 이런 다큐멘터리 영화는 큰 인기를 끌기 어렵다. 게다가 일본 한복판에서 일본의 치부를 드러내는 영화이니 더욱 그랬을 것이다.

그런데 극우파가 상영을 막겠다며 난동을 부리는 바람에 영화 개봉 소식이 언론을 타기 시작했다. "도대체 무슨 영화기에 극우파들이 난동을 부리냐?"는 궁금증도 폭발했다. 뜻 있는 사람들은 "이런 훌륭한 영화가 극우파들에 의해 상영이 안 되는 일을 막아야 한다"며 더욱 열심히 영화를 홍보했다.

결국 이 영화는 20만 명이라는 기대 이상의 관람객을 동원하는 데 성공했고, 2019년에는 뉴욕, 워싱턴 등 미국 주요 도시에서도 개봉을 할 수 있었다. 그래서 극우파 짓을 하더라도 머리가 좀 좋아야 한다. 무식하면 이런 뻘짓을 한다. 하지만 일본 극우파에게 그런 소양을 기대할 수는 없는 노릇이다. 그냥 지금처럼 하던 대로 계속 뻘짓이나 하며 살기 바란다.

아픈 기억을 잊으려는 본능

지금부터 이번 장의 주제인 '기억'으로 돌아오자. 「경제의 속살 1」에서도 다룬 바 있는데 인간의 뇌는 애초부터 매우 낙관적인 생각을 하도록 설계가 돼 있다. 미국 럿거스 대학교 인류학과 라이오넬 타이거(Lionel Tiger) 교수는 "인간이 진화할 수 있었던 이유는 낙관적인 환상 덕분"이라고 단언하기도 했다.

인간은 낙관하기에 모험을 하고 이동을 한다. 숱한 실패를 겪지만 '다음에는 반드시 성공할 거야'라고 믿는다. 이런 낙관주의 덕에 인류는 도전과 성취를 계속하고(물론 실패는 그보다 훨씬 많이 했지만) 역사의 진보를 만들어 낼 수 있었다.

그렇다면 인간의 뇌가 낙관주의를 유지하기 위해 피해야 할 가장 큰 적은 무엇일까? 바로 기억이다. 과거에 도전을 했는데 엄청난 실패를 겪었다. 그런데 그 기억이 뇌에 강하게 남아있으면 사람은 절대 낙관주의자가 되지 못한다. 예를 들어 어떤 부족이 사냥을 시도했다가 동물은 한 마리도 못 잡고 부족원들 목숨만 잃었다고 하자. 이 기억이 뇌에 남으면 그 부족은 두려움 때문에 다음에 절대 사냥에 도전하지 못한다.

그래서 뇌는 새로운 방법을 찾는다. 기억을 제거해 버리는 것이다. 이 주장을 정립한 인지신경과학자 탈리 샤롯(Tali Sharot) 칼리지런던 대학교 교수는 "인류는 살아남기 위해 망각이라는 기법을 사용한다"고 주장한다.

지금부터가 중요하다. 만약 망각이 생존을 위한 인류의 선택이라면, 좋은 기억과 나쁜 기억 중 무엇을 먼저 제거해야 할까? 당연히 나쁜 기억부터 제거를 해야 한다. 그래야 낙관주의가 보호받을 수 있기 때문이다. 반면 좋은 기억은 낙관주의에 긍정적 영향을 미치기 때문에 뇌는 그 기억을 오히려 보존하려 한다.

이를 입증하기 위해 샤롯이 실험에 나섰다. 실험 주제는 '미국 국민들이 2001년 9.11 테러를 얼마나 잘 기억하느냐?'이다.

샤롯은 실험 참가자들의 뇌를 촬영해서 그들의 기억이 어떻게 작동하는지 정교하게 살폈다. 실험 내용이 좀 전문적이어서 자세한 소개는 생략하지만 결론은 간단하다. 사람들은 놀라울 정도로 9.11 테러를 정확하게 기억하지 못한다는 것이다. 심지어 응답자 중 절반 정도는 9.11 테러의 아픈 기억을 작년 여름의 기억보다도 더 기억하지 못했다.

왜 그럴까? 9.11 테러가 너무 아픈 기억이기 때문이다. 그리고 뇌는 낙관주의를 보호하기 위해 이런 아픈 기억을 빨리 제거해버린다.

그렇다면 우리는 어떨까? 우리도 역시 인간의 뇌를 가지고 있기에 아픈 기억을 제거하려는 속성이 있기는 마찬가지다. 그래서 그런 일이 절대 벌어지지 않으리라 믿지만, 믿음과 달리 우리는 얼마 지나지 않아 세월호를 조금씩 잊을지도 모른다. 40년 전 광주도 잊을지 모른다. 일본군 성노예 피해자 할머니들이 모두 세상을 떠나면 그 일도 잊을지 모른다. 우리가 나쁜 사람이어서가 아니라, 그것이 기억하기에 너무나 고통스러운 일들이기 때문이다.

그렇기 때문에 우리는 아픈 역사를 기억하기 위해 진심을 다해 노력해야 한다. 나도 개인적으로 사석에서 세월호 이야기를 잘 하지 못한다. 그 기억을 꺼내는 순간 심장을 난도질당하는 듯한 고통을 느낀다.

하지만 그 고통을 감내하고라도 우리는 세월호를 이야기해야 한다. 광주를 추모해야 한다. 다큐멘터리 〈침묵〉은 제작돼야 하고, 마음이 아파도 관람해야 한다.

우리의 뇌는 나쁜 기억을 자꾸 잊으려 한다. 그래서 잊지 않기 위해 우리는 발버둥을 쳐야만 한다. 그래야 역사를 제대로 기억할 수 있다. 그리고 그것을 기억해야만 우리는 역사의 아픔을 딛고 더 나은 세상을 만들 수 있다.

왜 재난은
시장이 아닌 공공이 담당해야 하나

쇼크 독트린

사람의 뇌를 리셋(reset)할 수 있을까? 만약 사람의 뇌를 리셋할 수 있다면 어떤 일이 벌어질까?

뇌는 기억을 저장하고 경험을 축적하는 장치다. 기억과 경험은 한 사람의 인격을 만들어낸다. 그런데 만약 뇌를 리셋할 수 있다면, 그 사람은 기존의 인격을 완전히 잃는다. 백지처럼 하얗게 변한 뇌는 그 위에 무엇을 그리느냐에 따라 지금과는 완전히 다른 인격을 가진 사람이 된다.

그래서 뇌의 리셋은 새로운 인간을 만들어내는 과정이기도 하다. 이것만 가능하다면 공상과학 영화에서나 볼 수 있었던 두려움을 모르는 인간 병기도 만들어낼 수 있고, 특정 신념에 집착하는 추종자들도 생산할 수 있다. 그리고 1부 스키너의 상자 실험에서도 살펴봤듯이 이는 결코 불가능한 일이 아니다.

이번 장에서는 스키너의 실험과 또 다른 측면에서 충격요법(Shock Therapy)이라는 방식으로 뇌 리셋 과정을 시도한 연구를 소개한다. 캐나다의 정신의학자 도널드 이웬 카메론(Donald Ewen Cameron, 1901~1967)이 그 주인공이다.

CIA의 지원을 받은 뇌 리셋 실험

뇌의 신경을 잘못 건드리면 심각한 부작용이 발생한다. 기억을 잃거나 뇌의 수준이 유아기로 돌아가는 퇴행 현상을 겪는 것이다. 하지만 카메론은 기억상실과 뇌의 퇴행을 부작용이라고 생각하지 않았다. 그는 뇌를 유아기 상태로 되돌리는 것이야말로 뇌의 리셋 과정이라고 믿었다. 유아기의 뇌는 백지와 비슷하기 때문이다.

충격요법 실험의 주인공 도널드 카메론

카메론은 이를 확인하기 위해 자신을 찾은 환자들에게 무지막지한 전기 쇼크를 가했다. 실험이 성과(!)를 내지 못하자 그는 다양한 약물까지 동원했다.

그의 실험은 마침내 성공을 거뒀다. 엄청난 쇼크로 뇌가 리셋된 사람들에게 새로운 사상을 주입하는 데 성공한 것이다. 카메론은 우울증 환자에게 "당신은 좋은 어머니이자 아내입니다. 사람들은 다 당신과 친해지고 싶어 합니다"라는 테이프를 반복해서 들려주었다. 환자는 백지화된 뇌에 새로운 긍정 마인드를 빨아들여 완전히 새로운 사람으로 재탄생했다.

카메론이 실험을 진행했던 때는 1950년대, 동서냉전이 극에 달했던 시기였다. 그렇다면 이 실험에 누가 가장 큰 관심을 보였을까? 바로 미국 CIA였다. 냉전시대를 배경으로 한 영화 중에는 두려움을 모르는 인간 병기를 만들어내는 공상과학 스토리가 꽤 있다. 그런데 그 영화 같은 일이 실제 벌어진 것이다.

CIA는 새로운 고문 기법을 개발하기 위해, 혹은 자본주의에 충실한 새로운 인간형을 조작하기 위해 카메론 박사의 연구를 지원했다. 열렬한 반공주의자였던 카메론은 기꺼이 CIA의 손을 잡았다. 이 끔찍한 사실은 미국에 정보공개법이 만들어지면서 마침내 온 세상에 알려졌다.

세계적 저술가이자 진보적 사상가인 나오미 클라인(Naomi Klein)은 이 이야기를 자신의 책 「쇼크 독트린」에 소개하면서 신자유주의가 쇼크를 이용해 사람들을 개조한다고 주장했다. 사람의 뇌를 백지로 만들기 위해 먼저 필요한 것은 엄청난 강도의 쇼크를 주는 것이다. 그런데 쇼크를 주는 가장 쉬운 방법이 바로 초대형 재난이다. 그래서 자본은 엄청난 재난을 이용해(혹은 일부러 유발해) 민중들의 뇌를 백지 상태로 만든다. 그 다음 백지가 된 뇌에 신자유주의 사상을 주입한다. 클라인의 이야기를 잠시 들어보자.

쇼크 독트린 신봉자들이 보기에 마음껏 그릴 수 있는 백지를 만들어내는 위대한 구원의 순간은 홍수, 전쟁, 테러 등의 공격이 일어날 때다. 우리가 심리적으로 약해지고 육체적으로 갈피를 못 잡는 순간이 오면, 이 화가들은 붓을 잡고 자신들이 원하는 세상을 그려나가기 시작한다. 재난자본주의 복합체는 군산복합체보다 활동반경이 넓다.

재난을 이용하는 신자유주의

2005년 미국 뉴올리언스에 허리케인 카트리나가 덮치는 바람에 엄청난 피해가 발생했다. 그런데 이 재난이야말로 대통령 부시와 신자유주의자들에게는 민중들의 뇌를 백지로 만들 절호의 기회였다.

미국 언론은 즉각 "뉴올리언스에 약탈과 강간이 횡행한다"며 공포를 조장했다. 대통령 부시는 공포를 배가시키기 위해 뉴올리언스에 주 방위군을 투입했다. 허리케인이 할퀴고 간 도시에 주 방위군이 총을 들고 돌아다니면, 비로소 사람들의 머리는 쇼크와 공포로 하얗게 변한다. 이때 자본은 이곳에 자신들이 원하는 그림을 그려 나간다.

"이곳을 빨리 복구해야 공포와 혼란이 끝난다. 가장 빨리 도시를 복구하는 방법은 자본에게 복구를 일임하는 거다. 그러니 주저하지 말고 자본에 모든 것을 팔아라!"라는 목소리가 울려 퍼진다.

실제 복구단에서 가장 눈부신 활동을 한 이들은 부동산 업계의 거물들이었다. 당시 부통령 딕 체니(Dick Cheney)는 자신이 회장을 맡았던 할리버튼의 계열사에 수백 만 달러의 재건 공사를 안겨주기도 했다.

더 놀라운 것은 재난 이후에 뉴올리언스의 공립학교가 대부분 사라졌다는 점이다. 폐허가 된 공립학교 자리는 자본을 앞세운 사립학교의 차지가 됐다. 신자유주의를 열렬히 칭송하는 미국기업연구소(AEI, American Enterprise Institute)는 "루이지애나의 자유주의자들이 몇 년이나 열망했던 일(공교육을 무너뜨리고 사립학교 세력을 확장하는 일)을 허리케인 카트리나가 하루만에 해냈다"며 감격해 했다.

2004년 12월 인도네시아 수마트라 섬 인근 해상의 쓰나미로 22만 명의 희생자가 발생했다. 당연히 이 재난은 인류의 큰 슬픔이다. 하지만 신자유주의자들에게

허리케인 카트리나가 남기고 간 참상

이 재난은 민중들의 머리를 백지로 만들 절호의 기회였다.

아시아개발은행(ADB)은 "쓰나미로 200만 명이 빈곤에 빠질 것이다"라며 공포를 조장했다. 당연히 사람들의 뇌는 쇼크에 빠져 백지 상태가 돼버렸다. 신자유주의는 이 백지 위에 "재건 투자에 적극적으로 나서야만 지역경제가 회복된다"는 테이프를 틀어댔다. 그 결과 스리랑카 해변의 어민들은 고향에서 쫓겨났고, 그 땅은 세계적인 리조트 회사의 손에 넘어갔다.

심지어 클라인은 1998년 한국이 겪은 외환위기도 쇼크 독트린의 일환이었다고 주장한다. 미국 월가가 인위적으로 한국과 아시아 국가의 금융시장을 박살냈다는 것이다. 즉 클라인에 따르면 신자유주의자들은 자연 재해를 이용하기만 하는 것이 아니라, 사람들의 뇌를 리셋하기 위해 인위적으로 엄청난 재난을 조장한다.

당시 한국은 역사상 처음으로 국가 부도 사태라는 쇼크를 경험했다. 국민들의 머리는 백지가 됐고, 신자유주의는 곧바로 한국을 장악했다. 자본시장 완전 개방과 금융 자유화가 이뤄진 때가 바로 이 시기였다.

재난을 시장의 손에 맡길 수 없는 이유

재난은 벌어지지 않아야 하고, 우리는 재난을 예방해야 한다. 하지만 불행히도 재난이 벌어졌다면! 우리는 그야말로 혼신의 힘을 다해 정신줄을 꽉 잡아야 한다. 한 사회의 미래가 쇼크 상태에서 극적으로 변하기 때문이다.

재난이 모든 사회에 신자유주의적 재앙만을 가져온 것은 아니다. 1929년 미국의 대공황은 전 세계 민중들의 머릿속을 하얗게 만들었다. 하지만 이 시기에는 보다 평등하고 보다 민주적인 세상을 꿈꿨던 이들의 헌신이 있었다. 미국은 대공황이라는 재난을 딛고, 백지 상태가 된 사람들의 머릿속에 복지국가라는 찬란한 미래를 그려 나갔다.

최저임금제도 등 놀라운 복지제도가 속속 도입됐다. 미국은 이런 새로운 사상 덕에 베트남 전쟁 직전까지 역사상 가장 풍요롭고 평등한 대번영의 시기를 일궈냈다. 유럽도 대공황을 계기로 시장만능주의를 버리고 탄탄한 복지 시스템을 도입함으로써 '영광의 30년'을 만들어 냈다. 재난 이후 어떤 세상이 만들어지느냐는 재난을 돈벌이에 이용하고자 하는 자본의 힘이 강하냐, 아니면 평등하고 민주적인 세상을 건설하고자 하는 진보의 힘의 강하냐에 따라 달라진다.

우리에게도 엄청난 재난이 있었다. 2014년 세월호 참사는 온 국민을 충격과 공포, 감당하기 힘든 슬픔으로 내몰았다. 하지만 우리는 그 참사의 충격 위에 촛불혁명이라는 새롭고 위대한 길을 열었다. 백지의 뇌 위에 무엇을 그리느냐는 순전히 우리의 자주적 의지에 달렸다.

그래서 재난을 극복하고 새로운 세상을 건설하는 일은 시장이 아닌 공공의 힘에 맡겨야 한다. 돈벌이가 아니라, 보다 평등하고 보다 안전한 세상을 향한 우리의 의지가 세상을 이끌어야 한다는 이야기다.

그들은 왜 혐오를 조장하며,
혐오는 왜 위험한가?

혐오의 경제학

"와~ 우리 영국이 드디어 유럽연합(EU)에서 탈퇴했어요!…그런데 EU가 뭔가요?"

2016년 6월 24일 영국에서 역사적인 사실 하나와 웃지 못할 코미디 하나가 동시에 벌어졌다. 역사적인 사실은 영국 국민들이 EU 탈퇴를 결정하는 국민투표를 가결했다는 점, 이른바 '브렉시트(Brexit)'가 그것이다.

웃지 못할 코미디는 당일 영국인들이 구글에서 가장 많이 검색한 문장 중 하나가 "EU가 뭔가요?(What is the EU?)"였다는 점. 이 문장은 영국인 검색어 2위에 올랐고, 1위는 "EU를 탈퇴하는 것이 무슨 의미인가요?(What does it mean to leave the EU?)"였다.

이 코미디에서도 알 수 있듯이 영국인들의 표심을 좌우한 것은 이성이 아닌 혐오였다. EU를 탈퇴하면 삶이 얼마나 나아지는지, 혹은 경제가 얼마나 좋아지는지를 고민한 것이 아니다. 그들은 "EU를 탈퇴해야 저 꼴도 보기 싫은 중동과 아프리카 난민들이 영국에 들어오는 걸 막을 수 있다"라는 선동에 열광했을 뿐이다.

그 결과 현대사에서 가장 아둔한 선택이라는 브렉시트가 결정됐다. 영국인들은 난민을 쫓아내고 희희낙락했지만, 정작 EU가 뭔지, EU를 떠나는 것이 자신들에게 어떤 의미인지도 몰랐다.

그런데 이게 남의 나라만의 이야기가 아니라는 게 문제다. 2019년 6월 19일 자유한국당 황교안 대표는 대놓고 외국인 이주노동자를 차별하겠다고 나섰다. 황 대표는 "외국인은 우리나라에 그동안 기여해온 바가 없기 때문에 산술적으로 똑같이 임금 수준을 유지해줘야 한다는 건 공정하지 않다고 생각한다. 법 개정을 통해 당에서 개선해나가겠다"라고 밝혔다.

당연히 정치권과 노동계에서 황 대표의 무식함을 꾸짖는 비판이 한 다발 쏟아졌다. "외국인 노동자들의 인권문제는 차치하고, 이주노동자의 임금을 낮게 책정하면 한국 노동자의 일자리가 크게 줄어들 것"이라는 문제제기도 나왔다. 더불어민주당 김태년 의원은 "무식하면 용감하다더니"라며 황 대표의 발언을 비난했다. 전문가들 사이에서는 "도대체 무슨 생각으로 한 말인지 모르겠다"거나 "황 대표가 아무 생각이 없는 것 같다"는 평가가 쏟아졌다.

실제 황 대표의 이 발언은 말도 안 되는 명멍이 소리였다. 일단 근로기준법은 당연히 위반이고, 이주노동자에 대한 차별을 금지한 ILO(국제노동기구) 협약도 위반이다. "내국인은 국가에 세금을 내 우리나라에 기여했지만 외국인은 우리나라에 기여한 바가 없다"는 주장은 헛웃음마저 짓게 한다.

그 논리대로라면 황교안 대표는 사우디아라비아에서 건설 노동자로 일한 경험이 있는 김성태 의원부터 질타해야 한다. 황 대표가 "왜 사우디에서 아무 기여도 안 하고 돌아왔어요?"라고 다그치면 김성태 의원이 "그러게요. 제가 사우디에 아무 기여도 안

이주노동자들의 노동권 보장 촉구

해서 정말 죄송합니다"라고 퍽이나 동의하겠다.

혐오는 인간의 생존 전략이다

하지만 이 발언을 웃고 넘겨서는 안 되는 이유가 있다. 혐오란 인간이 생존하기 위한 본능에 가까운 감정이기 때문이다.

예를 들어보자. 우리는 남이 쏟아놓은 배설물이나 토사물, 남의 몸에서 흐르는 고름이나 콧물을 보면 혐오스러운 감정을 느낀다. 그런데 냉정히 생각해보면 그게 그렇게 혐오스러운 것들인가 의심스럽다.

왜냐하면 내 몸 안에도 똑같은 것들이 있기 때문이다. 심지어 남이 뱉은 침은 매우 혐오스러운데, 지금 내 입 안에는 그 침이 끊임없이 분비되고 있다. 배설물도 마찬가지다. 우리 모두 매일 상당한 양의 배설물을 쏟아낸다. 그게 내 몸 속에 있을 때에는 전혀 혐오스럽지 않은데, 왜 남의 몸에서 나온 것은 그토록 혐오스러울까?

혐오 전문가이자 실험 심리학자인 폴 로진(Paul Rozin) 펜실베이니아 대학교 교수는 "모든 혐오의 밑바닥에는 인간 자신의 오물과 악취에 대한 혐오가 깔려있다"라고 말한다. 그렇다면 왜 인간은 오물과 악취를 혐오할까? 그것들이 바로 감염과 관련이 돼 있기 때문이다. 즉 인류는 감염으로부터 자신을 보호하기 위해 본능적으로 세균이 번식하기 좋은 물질을 혐오한다.

타인의 토사물이나 배설물, 콧물이나 침을 혐오하는 이유가 이것이다. 내 몸 안에 있는 것은 괜찮지만 그게 남의 몸에서 나오면 감염의 원인이 된다. 동물에서 분비되는 끈적끈적한 액체는 대부분 감염을 유발하기 때문이다. 불과 5분 전까지 맛있게 먹던 음식이 음식물 쓰레기통에 들어가는 순간 혐오스러운 감정이 생기는 이유도 마찬가지다. 음식이 썩는다는 것은 곧 병균이 창궐한다는 신호이기 때문이다.

그래서 키스는 매우 적극적인 사랑의 표식이다. 키스는 서로의 타액을 교환하는 위험한(?) 행위이기 때문이다. 이는 "나는 감염을 각오하고서라도 당신을 사랑합니다"라는 분명한 신호다. 운명 공동체를 각오한 강력한 사랑이 아니라면 타인의 타액을 내 입에 넣을 수 있는 사람은 아무도 없다.

가난하게 하고, 혐오를 조장한다

그래서 혐오는 매우 강력하고 원초적인 감정이다. 물론 교육을 통해 얼마든지 혐오를 줄일 수는 있다. 하지만 인간은 너무나 오랫동안 살아남기 위해 혐오라는 감정을 사용해왔다. 그 본능을 꺾는 것이 절대 쉬운 일이 아니다.

다시 브렉시트를 생각해보자. EU가 뭔지도 모르면서 탈퇴를 결정한 이 아둔한 선택의 본질은 무엇일까? 난민에 대한 혐오? 물론 맞는 말이다. 그런데 더 정확히 이야기하자면 난민에 대한 혐오가 영국 민중들의 생존본능을 자극했기 때문이다.

40년 가까이 신자유주의가 진행되면서 영국 민중들의 삶은 박살 났다. 투표 당시 영국의 소득불평등은 세계 최상위권이었다. 〈BBC〉에 따르면 당시 영국 상위 10%가 가진 재산이 국가 전체 재산의 절반을 넘는(54%) 지경에 이르렀다. 반면 인구의 5분의 1을 차지하는 하위 20%가 보유한 재산은 전체 국가 재산의 고작 0.8%에 머물렀다.

이때 누군가가 "난민을 죽여 버리자"고 부추긴다. 생존의 위협을 느낀 인간은 '내가 저걸 혐오해야 살아남을 수 있어'라는 본능을 발동한다. 미국 민중들이 "멕시코 국경에 장벽을 세우자"는 황당한 주장을 한 트럼프를 대통령으로 뽑은 것도 마찬가지 이유에서다. 사람은 생존의 위기를 느낄수록 더 많은 혐오를 사용하기 마련이다.

서구 사회에서 극우 포퓰리즘이 득세하면서 인류의 지식 사회는 완전히 멘탈이 나가버렸다. '이성의 시대가 열린지 300년이 지났는데 인류의 지성 수준이 이것밖에 안되다니! 도대체 어찌하여 인종 혐오 세력이 집권을 한단 말인가?'라는 후회와 한탄이 서구 지성 세계에서 쏟아졌다.

하지만 그런 한탄은 문제의 본질을 제대로 파악하지 못한 것이다. 민중을 가난하게 만든 뒤 혐오를 조장하면, 그건 정말 막기 어려운 문제가 된다. 이성의 시대가 열린지 300년이 아니라 3,000년이 지나도 그건 변하지 않는다. 혐오는 생존 본능이기 때문이다.

그래서 ①가난하게 만들고 ②혐오를 조장하는 포퓰리즘은 사악하지만 영리하고, 매우 위험하기까지 하다. 황교안 대표의 이주노동자에 대한 혐오도 마찬가지다. 그 발언은 이성적으로 생각하면 그야말로 멍멍이 소리다.

그런데 그 발언이 안 먹힐 것 같은가? 그렇지 않다. 한국 민중들이 생존 위기에 내몰리면 아무리 그 앞에서 "이주노동자들이 국내 경제에 기여한 바가 크다"라거나, "황 대표의 선동은 근로기준법 위반이다"라거나, "그렇게 하면 한국 노동자들이 더 큰 피해를 본다"고 설명해도 소용이 없다. 선동이란 그런 것이고, 지금은 그런 선동이 먹히는 시대다.

황 대표의 발언이 계산된 것이라면 실로 악랄하다. 그것은 약자 혐오를 부추기는 극우 포퓰리즘과 손을 잡겠다는 공식 선언이기 때문이다. 이 사태가 현실화된다면 한국 사회는 유럽과 마찬가지로 실로 험난한 싸움을 해야 한다. 그리고 이 싸움은 절대 간단치 않을 것이다.

그래서 이성의 힘으로 혐오를 제어하는 것 못지않게 민중들에게 안전한 생존권을 보장하는 복지가 시급하다. 사람들을 죽음 직전으로 내몬 뒤 "혐오를 지지하다니, 당신 미쳤습니까?"라고 질타하는 것은 무책임하다.

어쩌면 황교안 대표가 이끄는 자유한국당은 다음 대선에서 우리가 생각했던 것보다 훨씬 더 사악한 악마의 모습으로 나타날지도 모른다. 우리는 이성과 복지라는 두 개의 검으로 이에 맞서야 한다. 우리에게는 이성의 검도 필요하고, 복지의 검도 반드시 필요하다는 이야기다.

"나 젊었을 때는!"을 주장하는 꼰대의 경제학

불우한 어린 시절 효과

크래프톤이라는 게임 회사 창업자이자 2017년 9월부터 2019년 11월까지 대통령 직속 4차산업혁명위원회를 이끈 장병규라는 사람이 있다. 이 사람이 2019년 11월, 임기 만료를 앞두고 〈중앙일보〉 및 〈조선일보〉와 잇따라 인터뷰를 가졌다. 인터뷰 요지는 "내가 정부에서 일을 해보니 현 정부의 기업 정책이 형편없다"는 쓴소리였다.

〈중앙일보〉 인터뷰 제목은 '내일 당장 망할지 모르는데 벤처가 어떻게 52시간 지키나-고양이 목에 방울 단 장병규 4차산업혁명위원장'이었고, 〈조선일보〉 인터뷰 제목은 '친기업·반기업 아닌 문정부는 無기업'이었다.

정부에서 일을 하는 사람이어도 정부가 잘못한다고 생각하면 얼마든지 비판할 수 있다. 심지어 이런 비판은 바람직하기도 하다. 그런데 비판 내용이 실로 한심해서 한마디 안 할 수가 없다.

장 씨의 비판은 주 52시간제에 집중됐다. 그런데 장 씨는 〈중앙일보〉와의 인터뷰에서 "나는 20대 때 2년 동안 주 100시간씩 일했다. 누가 시켜서 한 게 아니다. 내 인생을 위해서 한 거다. 스타트업에는 그런 사람들이 꽤 있다. 이런 스타트업에 주 52시간을 적용하는 것은 그야말로 국가가 나서서 개인의 권리를 뺏는 거다"라고 주장했다. 이 대목을 읽은 나의 소감은 이랬다.

'와, 이런 꼰대가 4차산업혁명위원장이었다고?'

꼰대 역사에 길이 남을 명문장

본격적으로 이 문제를 논하기 전에 "나 젊었을 때는 말이야"로 시작하는 꼰대짓의 전범(典範)을 먼저 소개한다. 몇 년 전부터 자유한국당 근처에서 기웃거리며 보수 경제학의 대변인을 자처하는 이병태 카이스트 교수가 2017년 자신의 SNS에 남긴 글이다.

개인적으로 평가하자면 이 글은 대한민국 꼰대 역사에 길이 남을 명문장이다. 매우 긴 글인데 지면 사정상 3분의 1로 발췌했다. 원문의 감동(!)을 느끼고 싶은 독자들께서는 포털에 검색하면 원문을 찾을 수 있으니 꼭 한번 완독하시길 권한다.

이 땅을 헬조선이라고 할 때 한번이라도 당신의 조부모와 부모를 바라보고 그런 이야기를 하라. 초등학교부터 오뉴월 태양 아래 학교 갔다오자마자 책가방 팽개치고 밭으로 가서 김을 매고…, 저녁이면 쇠먹이를 거두려고 강가로 가고, 겨울이면 땔감을 마련하려고 산으로 갔던 그런 분들을 쳐다보면서 그런 이야기를 하라.

대기업이 착취를 한다고요? 한국에 일자리가 없어서 대학을 나오고도 독일의 광산 광부로 갔고 간호사로 갔던, 그래서 국제 미아가 되었던 당신의 할아버지 할머니 시대의 이야기를 물어 보고 그런 이야기를 하라.

나는 부모 모두 무학으로 농부의 아들이고, 그 것도 땅 한 평 없던 소작농의 아들로 자랐다. 중학교 때까지 등잔과 호롱불로 공부했다. 나는 대학 4년 내내 아르바이트로 내 생활비를 마련하며 다녔고, 때로는 부모님께 도움을 드리면서 다녔다.

그렇게 야근하는 날은 세상에서 제일 맛있는 음식이 삼겹살인줄 알고 살았다. 그렇게 살아 왔기에, 무책임한 노조가 망가뜨리는 회사를 보아왔기에, 우리보다 잘 사는 것으로 알았던 많은 나라들이 꼬꾸라지는 것을 보았기 때문에, 그리고 미국과 일본이 어떻게 잘 사는 사회인지 보았기 때문에, 나는 당신들처럼 아프다고 못하고 힐링해야 한다고 응석을 부리지 못한다.

어떤가? 감동이 물밀듯이(!) 밀려오지 않나? 자신은 너무나 어려운 삶을 살았고, 청년들의 아픔은 응석이고…. 쇠먹이 나오고, 호롱불 나오고, 소작농 나오고, 누가 읽으면 현대사 대하드라마 찍는 줄 알겠다. 장담하는데 꼰대 능력을 토익(TOEIC)처럼 테스트하면 이병태 교수는 900점을 훌쩍 넘길 실력자임이 분명하다.

"나는 어렸을 때 불우했어"라는 심리

도대체 이들은 왜 "나 어렸을 때는 말이야"라면서 꼰대짓을 할까? 행동경제학과 심리학에서는 이를 불우한 어린 시절 효과(Hard-knock life effect)라고 부른다. 이 연구가 장병규 씨와 이병태 교수에게 부디 위안이 되기를 바란다. 이런 연구가 있다는 사실은 꼰대짓이 글로벌하게 퍼진 현상이라는 뜻이기 때문이다.

2015년 「실험사회심리학저널(Journal of Experimental Social Psychology)」에 소개된 스탠퍼드 대학교 테일러 필립스(Taylor Phillips) 경영학과 교수의 실험을 살펴보자. 필립스 교수는 백인들을 실험 대상으로 삼은 뒤 이들을 두 그룹으로 나눴다. 두 그룹에게 모두 다음의 다섯 문장을 제시했다.

① 내 인생은 어려움으로 가득 찼어요(My life has been full of hardships).

② 나는 수많은 고난을 겪었어요(There have been many struggles I have suffered).

③ 내 인생에는 수많은 장애물이 있었어요(My life has had many obstacles).

④ 내 인생은 매우 쉬웠어요(My life has been easy).

⑤ 내 인생에는 도저히 극복하지 못할 어려움이 있었어요(I have had many difficulties in life that I could not overcome).

응답자는 각 문장에 1~7점 사이의 점수를 매겼다. 예를 들어 "내 인생은 어려움으로 가득 찼어요"라는 문장에 완전히 동의하면 7점, 전혀 동의하지 않으면 1점을 주는 식이다. 단 ④번 문장은 다른 문장들과 반대로 "내 인생은 매우 쉬웠어요"였기 때문에, 집계할 때 이 문항에 대한 점수만 거꾸로 계산했다. 이 말은 다섯 항목 모두 점수가 높을수록 응답자가 스스로의 삶을 고단했다고 생각했다는 뜻이다.

집계 결과 백인들의 고난 수치는 중간쯤인 3.8점이 나왔다. 백인들은 자기의 삶을 평범하게 생각했다는 이야기다.

이번에는 새로운 백인들에게 똑같은 다섯 문장을 제시했다. 그런데 이번에는 점수를 매기기 전에 한 문단을 소리 내서 읽도록 지시했다. 그들이 읽은 문단의 내용은 이랬다.

최근 반세기 동안 인종차별 문제에 관심이 매우 높아졌지만, 그럼에도 오늘날 미국 사회에서는 여전히 백인들이 여러 면에서 혜택을 받고 있습니다. 연구에 따르면 주거, 의료, 구직, 학업 등 거의 모든 영역에서 백인이 흑인보다 혜택을 더 많이 받는다고 조사됐습니다.

이 한 문단을 읽은 백인들에게 아까와 마찬가지로 다섯 문장에 대한 점수를 매겨달라고 요청했다. 그랬더니 이들의 고단함 숫자는 4.4점으로 집계됐다. 첫 팀의 평균 3.8점보다 수치가 훨씬 높아진 것이다.

왜 이런 현상이 벌어졌을까? 사람들은 "어렸을 때 어렵게 살았어요?"라고 평범하게 물으면 그냥 솔직하게 대답을 한다. 그런데 "백인이 모든 면에서 흑인보다 훨씬 유리해"라는 문장을 읽으면, 백인들은 '사람들이 우리 백인들의 기득권을 공격하려 하는구나'라는 위협을 느낀다.

이때부터 백인들은 자기가 어렸을 때 얼마나 어렵게 살았는지를 과장하기 시작한다. "비록 내가 백인이고, 지금 꽤 괜찮은 직장을 다니고 있고, 집도 한 채 보유하고 있지만 그건 절대 백인의 기득권 덕분이 아니다. 다 내가 고생한 덕분이지"라는 말을 하고 싶어진다. 그래서 이들은 "내가 어렸을 때 얼마나 어렵게 살았냐면!"이라는 장황한 설명을 시작하는 것이다.

왜 꼰대짓을 할까?

이 연구를 한국 사회에 적용해보자. 이병태 교수의 꼰대짓은 이 연구에 너무나 잘 들어맞는다. 왜냐하면 이 교수가 "나 어렸을 때에는!"을 읊은 시기가 2017년 7월, 즉 정권교체가 막 이뤄진 직후였기 때문이다.

성인이 된 이후 평생 기득권을 누리며 잘 살았는데 촛불 혁명으로 정권이 바뀌었다. 적폐청산의 목소리도 높아진다. 이러면 당연히 자신의 기득권이 위협을 받는다는 생각이 든다. 그래서 "내가 어렸을 때 얼마나 어려웠냐면" 이런 꼰대 소리가 나오는 것이다.

장병규 씨도 비슷할 것이다. 자본가로 살면서 초과노동 착취로 잘 살아왔는데, 주 52시간제로 그 기득권이 위험해졌다. 그러니 "나 젊었을 때에는 주 100시간씩 일했어"라는 꼰대 소리가 등장한다. 결국 이런 꼰대짓은 기득권을 지키기 위한 반항이라는 이야기다.

말이 나온 김에 장병규 씨한테 한마디만 더 하겠다. 지금 선진국의 노동 시간이 어떨 것 같은가? 프랑스 법정 노동시간은 주 35시간, 최대 44시간이다. 독일은 주 5일 노동을 기준으로 40시간 노동에 연장 노동 8시간이 가능하다. 영국도 주 48시간 제도를 채택했다.

미국은 사무직에 한해 주 40시간을 넘겨 자유롭게 연장 노동을 할 수 있긴 하지만, 이는 연봉 13만 4,004달러(약 1억 6,000만 원) 이상을 받는 노동자들에게만 적용된다. 장병규 씨, 당신 회사 노동자들에게 연봉 1억 6,000만 원씩은 당연히 주고 그런 말을 하는 거겠죠?

노벨경제학상을 받은 폴 크루그먼(Paul Krugman) 교수가 2018년 전경련 초청으로 한국을 방문한 적이 있었다. 그때 주 52시간제에 관한 질문을 던지자 크루그먼은 "한국 같은 선진국에서 노동자들이 아직도 주 52시간을 일한다고요?"라고 깜짝 놀랐다는 일화가 있었다. 당시 〈머니투데이〉의 기사 제목은 '선진국인데 주 52시간요?…

韓 근로시간에 깜놀한 크루그먼'이었
다.

　　장병규 님! 잘 들으세요! 크루그먼이
반(反)기업적 경제학자라서 저런 이야
기를 하는 게 아니다. 프랑스, 영국, 독
일이 4차 산업혁명에 관심이 없어서 저
런 제도를 운영하는 것도 아니다. 자기
생각이 옳다고 고집할 수는 있는데, 그
게 유일한 진리인 줄 알고 〈중앙일보〉

폴 크루그먼

나 〈조선일보〉에 꼰대 소리를 하는 건 좀 많이 곤란하다.

　　4차산업혁명은 인공지능을 바탕으로 인간의 노동을 대체하는 방향으로 진행 중이
다. 이 속도가 너무 빨라 미국 실리콘밸리에서는 "기본소득을 도입해 일자리를 잃은
사람의 소득을 보장하자"는 목소리가 높아진다.

　　실리콘밸리에서는 이런 선진적 논의가 진행되는 판에 한국의 4차산업혁명위원장
은 노동시간 감축은커녕 "나 젊었을 때에는 주 100시간씩 일했어"라는 꼰대 소리나
하고 있다. 이런 젠장! 4차산업혁명위원장 생각이 2차산업혁명 시대에 머물러 있으니
그게 될 일이었겠나?

자본은 왜
우리에게 쉴 틈을 주지 않을까?

스트레스 호르몬과 타임 푸어

한국 꼰대 이야기를 살펴봤으니 이번에는 중국 꼰대 이야기를 해 보자. 다시 말하지만 장병규 씨나 이병태 교수에겐 이번 장 내용도 많은 위안을 줄 것이다. 세계는 넓고 꼰대는 많다. 자고이래로 꼰대는 결코 외롭지 않은 법이다.

중국에 '알리바바(Alibaba)'라는 인터넷 거대 그룹이 있다. 중국 기업이라고 얕잡아 봐서는 안 된다. 알리바바는 중국 정부의 비호 아래 엄청난 성장을 거듭했기 때문이다. 뉴욕 증시에 상장된 이 기업의 가치는 우리 돈으로 500조 원에 이른다. 기업가치가 300조 원인 삼성전자를 훌쩍 뛰어넘은지 오래다.

이 회사의 창업주는 마윈(馬雲)이라는 인물이다. 1964년 생으로 아직 50대의 젊은 나이에 40조 원이 넘는 재산을 모았다. 그런데 마윈이 2019년 4월 알리바바 내부 행사에서 "만일 당신이 젊었을 때 996을 하지 않으면 언제 하겠느냐? 996을 해 보지 않은 인생을 자랑스럽다고 말 할 수 있겠는가?"라는 발언을 했다.

996이란 오전 9시에 노동을 시작해서 밤 9시에 마치는 일을 주 6일 동안 반복하는 중국 특유의 노동 문화를 뜻한다. 마윈은 이 996을 중국 경제 성장의 원동력이라고 굳게 믿는 모양이다. 그러면서 마윈이 덧붙이는 말이 "알리바바와 함께 하려면 당신은 하루에 12시간을 일할 준비가 되어 있어야 한다. 우리는 하루에 편안하게 8시간 일하려고 하는 이들을 필요로 하지 않는다"고 강조했단다.

장병규 씨, 봤죠? 너무 외로워 마세요. 당신 같은 꼰대가 중국에도 있다니까요!

마윈 ⓒWorld Economic Forum

스트레스 호르몬의 득과실

다른 이야기를 해보자. 격투기 경기에서 피투성이가 된 선수들이 용맹스럽게 싸우는 모습을 종종 볼 수 있다. 나라면 겁도 나고 아파서 죽을 것 같은데, 그 사람들은 고통을 모르는 전사처럼 쉴 새 없이 주먹을 뻗는다.

이유가 있다. 사람의 몸은 일정 정도의 스트레스를 능히 극복하도록 설계돼 있다. 뇌는 공포나 스트레스를 느끼면 몸속에 아드레날린 혹은 코르티솔이라는 이름의 호르몬을 분비한다. 아드레날린은 특정 근육의 혈관을 확장시킨다. 혈관이 확장되면 그쪽으로 몸의 에너지가 확 쏠려서 비정상적인 힘이 발휘된다. 일시적인 슈퍼맨이 되는 셈이다.

원시 인류는 매우 연약한 포유류였지만 스트레스 호르몬 덕에 살아남을 수 있었다. 사자가 나타나면 스트레스 호르몬 덕에 비정상적인 힘으로 빨리 달려 달아날 수 있었다. 격투기 선수들이 철창 안에서 피투성이로 싸우면서도 고통을 거의 못 느끼는 이유도 아드레날린 때문이다. 온몸의 신경이 싸우는 일에만 집중돼 고통을 인식하는 기능이 일시적으로 정지된 것이다.

'와, 그거 참 멋진 이야기인데?'라고 함부로 말해서는 안 된다. 스트레스 호르몬은 인간을 일시적인 슈퍼맨으로 만들긴 하지만, 심각한 부작용을 유발하기 때문이다.

사람은 고통을 느껴야 하는 동물이다. 몸이 아프다는 것은 '더 이상은 무리야. 이제 그만 둬야 해!'라는 몸의 신호다. 그런데 아드레날린은 이 신호를 무시하고 몸의 힘을 계속 한곳에 집중시킨다. 이 때문에 다른 영역의 기능이 정지된다. 아드레날린이 많이 분비되면 소화나 배변, 사색 등의 기능이 현저히 떨어지는 이유가 여기에 있다.

근육을 키우는 보디빌더들은 스테로이드라는 불법 약물을 많이 사용한다. 스테로이드는 아드레날린과 유사한 기능을 한다. 약물을 복용하면 몸은 근육운동에 힘을 집중한다. 통증과 피로도 거의 느끼지 못한다. 이렇게 하면 당연히 근육이 커진다. 대신 몸의 다른 기능이 거의 정지된다. 스테로이드를 복용한 사람들이 성기능 장애 등 각종 부작용에 시달리는 이유다.

그래서 이런 '일시적 슈퍼맨'을 멋지다고 생각해서는 안 된다. 일시적 슈퍼맨 상태가 오래 지속되면 몸은 다른 방식으로 서서히 죽어간다. 사자한테 물려죽지는 않지만, 소화 장애로 몸이 약해져서 죽는 것이다.

이 문제를 어떻게 해결할 수 있을까? 유일한 해법은 어쩔 수 없이 스트레스 호르몬을 분비했다면 반드시 그에 준하는 휴식을 취하는 것이다.

사자한테 쫓기다 안전한 동굴에 들어오면 사람의 몸에는 스트레스 호르몬이 줄어들고, 휴식 호르몬 혹은 보상 호르몬이 온 몸에 퍼진다. 심장 박동이 느려지고 근육도 이완된다. 소화기능이 다시 돌아오고 면역 기능도 활성화된다. 이때가 되면 비로소 사람은 긴장을 풀고 주변과 소통을 시작한다. 사랑도 하고, 추억도 나눈다. 이 모든 것들은 스트레스 호르몬이 분비됐을 때에는 불가능했던 일들이다.

이 두 과정이 반복돼야 인간은 인간답게 살아남을 수 있다. 그래서 잠을 잘 자는 것은 매우 중요하다. 스트레스 호르몬 수치는 잠을 자는 동안 뚝 떨어졌다가 아침부터 서서히 올라가기 시작해 낮에 최고조에 이른다. 생존을 위해 몸이 긴장을 하는 것이다. 그리고 해가 떨어지면 스트레스 호르몬 분비는 다시 줄어든다. 사람은 이때 사랑하고, 소통하고, 생각하고, 추억을 한다.

누가 더 효율적으로 일할까?

장병규 씨나 마윈 같은 꼰대들은 "나 젊었을 때에는 주 100시간씩 일했어"라고 자랑하고 다닌다. 장담하는데 그런 사람들은 휴식의 중요성을 알지 못했기 때문에 머리가 나빠져 꼰대가 된 것이다. 긴장과 이완을 적절히 반복해 뇌가 정상적으로 가동된 사람은 그런 꼰대가 쉽게 되지 않는다.

이에 관한 연구를 하나 살펴보자. 하버드 대학교 경영대학원 레슬리 펄로(Leslie Perlow) 교수의 실험이다.

컨설팅 회사에서 일하는 컨설턴트들을 두 그룹으로 나눴다. 첫 번째 그룹에게는 주 50시간 이상 일을 시키고 휴가도 일절 못 쓰게 막았다. 또 각종 통신기기를 이용해 24시간 내내 회사와 연결된 상태로 일을 하도록 했다.

두 번째 그룹에게는 주당 40시간만 일을 시켰고 휴가도 남김없이 쓰도록 장려했다. 퇴근 후에는 고객과 통화를 일절 못 하도록 막아 업무와 완전히 단절된 온전한 휴식을 누리도록 했다.

어느 쪽이 더 높은 업무 효율을 보였을까? 이 질문을 잘 봐주시기 바란다. '어느 쪽 노동자들의 업무 만족도가 높았을까?'를 물은 게 아니다. 업무 만족도는 당연히 두 번째 그룹이 높다. 펄로 교수는 업무 만족도를 측정한 게 아니라 업무 효율성을 측정한 거다. 그런데 두 그룹의 업무를 점수로 평가한 결과, 업무 효율성마저 압도적으로 두 번째 그룹이 더 높았다.

펄로 교수는 광범위한 후속 연구를 통해 주 5일이라면 하루 7시간, 하루 8시간이라면 주 4일 노동이 노동자들의 효율을 최대로 높이는 적절한 노동 시간임을 밝혀냈다. 이 연구에 따르면 어떤 방식이건 오후 6시 이후에는 무조건 노동을 중단해야 한다. 장시간 끝없이 일하는 것보다 적절한 휴식이 동반돼야, 즉 긴장과 이완이 적절히 반복돼야 노동의 효율이 높아진다는 것이다.

타임 푸어는 자본의 전략

펄로 교수의 연구는 빨갱이들이 만든 사회주의 잡지에 실린 이야기가 아니다. 전 세계 경영자들이 참고하는 「하버드 비즈니스 리뷰(Harvard Business Review)」에 실린 내용이다. 그런데 꼰대들은 이런 실증적 연구까지 무시하고 헛소리를 한다. 도대체 왜? 그 이유를 구조적으로 살펴볼 필요가 있다.

타임 푸어(Time poor)라는 용어가 있다. 우리말로 번역하면 '시간빈곤층'쯤 된다. 현대 사회에서 민중들은 단지 돈만 부족한 것이 아니라 시간도 턱없이 부족하다. 그래서 늘 쫓기듯 살아간다.

민중들을 경제적으로 가난하게 만드는 것은 자본의 오랜 전략이다. 가난한 민중들이 득실대야 훨씬 낮은 임금으로 노동자들을 착취할 수 있기 때문이다. 최저임금 일자리 하나 툭 던져주면, 그걸 차지하기 위해 민중들끼리 서로 치고받을 때 자본은 착취를 극대화한다. 게다가 자본 입장에서 보면 가난한 민중들이 풍요로운 민중들보다 훨씬 통제하기 쉽다.

이 관점에서 보면 우리가 왜 늘 시간에 쫓기는지 이해가 된다. 우리가 타임 푸어로 사는 이유는 자본이 우리의 시간을 통제하기 때문이다. 자본주의가 구조적으로 민중들의 시간을 박탈하고 있다는 이야기다.

시간이 부족해 바쁘게 사는 사람의 몸에는 늘 스트레스 호르몬이 분비된다. 휴식 호르몬과 보상 호르몬은 점차 몸에서 사라진다. 휴식 호르몬이 분비돼야 사람의 몸은 긴장을 늦추고 주변과 소통을 시작한다. 하지만 스트레스 호르몬이 몸을 지배하면 소통? 연대? 협동? 그런 건 개나 줘버리고 오로지 팽팽한 긴장 속에 하루 일과를 마치는 일에만 몸이 집중한다. 정상적인 사람으로 사는 방법을 점점 잊는다.

이게 바로 자본이 우리에게 바라는 바다. 자본은 인간적인 노동자를 원하는 게 아니라 시키는 일만 열심히 하는 로봇 같은 노동자를 원한다. 그래서 그들은 민중들의 시간을 박탈해 스트레스 호르몬으로 가득 찬 일꾼으로 만든다.

구글의 길과 마윈의 길

하지만 이는 자본 입장에서조차 2차산업혁명 시대에나 먹히는 아둔한 전략이다. 아무런 생각 없이 시키는 대로 일만 하는 노동자를 양산하는 것이 자본의 배를 불린 때가 분명히 있었다. 하지만 4차산업혁명 시대에 그런 전략은 자본에게조차 전혀 이득이 아니다.

인공지능과 자율주행차량 산업에서 선두를 달리는 구글은 마윈의 알리바바와는 전혀 다른 전략을 사용한다. 구글에는 '150피트(약 45미터) 법칙'이라는 게 있다. '노동자들이 회사 안 어디에 있더라도 45미터 이내에 반드시 무료로 간식이 공급되는 장소가 있어야 한다'는 법칙이다.

미국 캘리포니아 주에 위치한 구글 본사는 대학 캠퍼스나 공원이라고 해도 믿을 만큼 아름다운 외관을 자랑한다. 이곳 노동자들은 회사 어디에 있건 최대 45미터만 이동하면 스낵바, 푸드 트럭, 카페테리아를 이용할 수 있다.

회사 안에는 '요시카 카페'라는 곳도 있다. 요시카는 구글 부사장이 기르던 반려견 이름이고 요시카 카페는 구글 노동자들의 반려견을 위한 공간이다. 노동자들은 언제든지 반려견과 함께 출근할 수 있고, 반려견들은 요시카 카페나 반려견 센터에서 안전하고 자유롭게 노동자들과 생활한다. 노동자들이 노동 시간에 반려견과 산책을 하는 모습을 상상해보라. 장병규 씨나 마윈이 보면 "저런 쳐 죽일 놈들을 보겠나"라며 분개하겠지?

본사 안에는 볼링장과 당구장, 수영장도 있다. 이곳은 직원들이 일과시간을 마친 뒤 이용하라고 만들어놓은 공간이 아니다. 일과시간 도중에도 언제든지 자유롭게 이용할 수 있는 공간이다. 회사 안 곳곳에는 수면 의자가 마련돼 있어 노동자들은 아무 때나 그곳에서 편하게 잠을 잘 수 있다.

자, 여기 두 개의 세상이 있다. 마윈이나 장병규 씨가 창조하는 꼰대의 세상이 있고, 구글이 열어젖힌 창조적 경영의 세상이 있다. 어느 쪽이 미래의 승자가 될 것 같은가? 이건 해보나마나한 싸움이다. 혁신을 위해 노동자의 뇌에 휴식을 주는 기업과, 창업주가 996 문화를 강조하며 꼰대짓을 하는 기업과, 싸움이 제대로 될 리가 없다.

구글을 칭찬하기 위해 이 글을 쓰는 게 아니다. 구글 또한 더 많은 이윤을 창출하기 위해 이런 전략을 사용할 뿐이다. 하지만 이 이야기에는 중요한 교훈이 있다. 경제적 풍요를 얻기 위해 투쟁하는 것만큼 우리의 시간을 되찾는 투쟁도 중요하다는 점이다.

경제적 빈곤과 시간 빈곤은 절대 떨어져 있는 것이 아니다. 시간을 통제하며 인간을 끝없는 스트레스 상황으로 내모는 쌍칠년대 착취에 우리는 굳건히 맞서야 한다. 우리의 몸과 뇌는 충분한 휴식을 취할 권리가 있다. 그리고 그게 자본 너희들한테도 더 좋은 일이다. 이 말을 알아들을 자본가가 매우 드물다는 게 문제이긴 하지만 말이다.

자유한국당은 왜
광주 망언을 뭉개고 지나갔나?

지불분리의 오류

놀이동산에서 우리는 대부분 자유이용권을 구입한다. 요즘은 자유이용권만 파는 놀이동산도 꽤 많다. 그런데 가끔 이런 생각이 들 때가 있다. 과연 자유이용권을 이용한 게 현명한 행동이었을까?

예를 들어 사람이 엄청 많은 날 아무 생각 없이 자유이용권을 구입했더니 막상 놀이기구는 두, 세 개밖에 못 탄 거다. '그냥 입장권만 끊고 들어가서 탈 때마다 돈 내는 게 더 싸게 먹혔겠는데?'라는 후회가 밀려온다.

패키지 해외여행도 마찬가지다. 우리나라 패키지 여행은 약간 사기성이 있어서 매우 싼 가격에 여행상품을 판 다음 관광객들을 쇼핑센터로 끌고 다니면서 돈을 벌기도 한다. 그런데 그런 거 말고, '올 인클루시브(All Inclusive)'라는 이름으로 팔리는 여행상품이 있다.

'올 인클루시브'란 '나 포함됐음'이라는 뜻인데 주로 대형 리조트들이 이런 상품을 많이 판다. 출발하기 전 여행경비 전액을 한꺼번에 내는 것이다. 이러면 비행기를 포함한 교통편은 물론 숙박, 식사, 리조트 안 모든 놀이기구를 모두 무료로 쓸 수 있다.

리조트 안에서 아무 식당에나 들어가 밥을 먹어도 돈을 안 낸다.

그런데 이것도 끝나고 보면 의심이 든다. 이게 과연 더 쌌던 걸까? 그때그때 돈을 내는 게 더 싸지 않았을까? 하지만 대부분은 그런 의심을 버리고 과감히 올 인클루시브 상품에 몇 백만 원을 덜컥 낸다.

이런 현상을 마케팅에서는 '정액제의 마술'이라고 부른다. 상품을 구입한 뒤 돈을 지불하는 방식은 정액제와 종량제로 나뉜다. 정액제는 올 인클루시브나 자유이용권처럼 돈을 한 번에 낸 뒤(미리 내건 나중에 내건 상관없다) 마음껏 소비를 하는 방식이다. 반면 종량제는 그때그때 쓴 만큼 지불을 하는 방식이다.

그렇다면 소비자 입장에서 어떤 방식이 유리할까? 일반화하기는 어려운데 한 가지 장담할 수 있는 것이 있다. 평균적으로 보면 정액제가 소비자에게 결코 유리하지 않다는 점이다.

만약 정액제가 소비자한테 유리하다면 에버랜드나 롯데월드가 왜 자유이용권만 팔겠나? 설마 소비자들을 위해서? 아이고, 퍽이나 그렇겠다!

때로는 정액제가 유리하기도 하고, 때로는 종량제가 유리하기도 하지만 결국 전체적으로 평균을 내보면 정액제는 기업에 유리하고 소비자에게 불리하다. 그래서 이를 '정액제의 마술'이라고 부르는 것이다.

고통을 분리하고 싶은 심리

그렇다면 소비자들은 왜 이런 손해 보는 짓을 할까? 행동경제학에서는 이를 '지불 분리(Payment decoupling)의 오류'라는 다소 어려운 용어로 설명한다.

쉽게 이야기하면 이렇다. 사람이 돈을 내고 물건을 살 때에는 행복과 불행이 교차하기 마련이다. 원했던 물건이 내 손에 들어오는 것은 매우 큰 행복이다. 하지만 그것을 손에 넣기 위해 지갑에서 돈이 나가는 것은 매우 큰 불행이다.

인간이 만약 합리적 소비자라면 돈을 쓸 때마다 행복과 불행의 크기를 꼼꼼히 비교해야 한다. 물건을 얻는 행복이 돈을 내는 불행보다 크면 물건을 사는 거고, 반대라면 물건을 사지 않는다.

그런데 안타깝게도 인간은 그렇게 합리적이지 않다. 사람의 마음에는 지불분리 심리라는 게 존재한다. 행복을 얻기 위해서는 돈을 지불하는 불행을 감수해야 하는데, 그 불행이 만약 시간차를 두고 나중에 다가온다면? 사람은 그 불행을 대충 잊어버린다.

예를 들어 100만 원짜리 핸드폰을 살 때, 당장 내 지갑에서 100만 원이 나가면 100만 원만큼 불행하다. 그런데 100만 원을 지불하는 불행을 지금이 아니라 1년 뒤로 미뤄놓으면 돈을 지불하는 시점이 행복을 얻는 시점과 분리가 된다. 이때 사람들은 지불의 고통을 훨씬 덜 느낀다. 뇌가 일종의 착각을 하는 셈인데, 이런 착각 탓에 사람에게는 지불을 자꾸 행복과 분리하려는 심리가 생긴다.

놀이동산에서 자유이용권을 끊는 이유도 그런 거다. 모처럼 놀이동산에 갔는데 기구를 탈 때마다 돈을 낸다고 생각해보라. 한 시간에 한 번씩 불행을 맛봐야 된다. 이러면 즐거울 수가 없다.

그런데 입장할 때 목돈을 한 번 확 쓰면(물론 그때는 많이 불행하다) 그 뒤로는 탈 때마다 돈을 내지 않아도 된다. 행복과 지불을 분리했기 때문에 놀이동산에서는 매우 행복하게 즐길 수 있다.

가족들 데리고 난생 처음 해외여행을 갔는데 밥 먹을 때마다 돈을 내야하고, 어디

갈 때마다 입장료를 내야한다. 행복해야 할 여행이 매 시간 돈을 내면서 불행해진다. 이걸 피하는 방법은 한 번에 돈을 왕창 내버리는 것이다.

이렇게 소비와 지불을 분리하면 사람은 마취된 듯 여행을 행복하게 즐긴다. 행동경제학자들이 소비자에게 "종량제와 정액제 중 무엇을 선택할 것인가?"를 물으면 백발백중 정액제 상품에 대한 선호도가 훨씬 높게 나타난다. 사실 그게 돈을 더 쓰는 불합리한 소비인데도 말이다.

소비자들의 지불분리 경향을 이용해 더 많은 돈을 쓰게 하는 대표적 기술이 신용카드다. 소비를 할 때마다 지갑에서 돈이 빠져나가면 사람들은 그 고통을 잘 이겨내지 못한다. 그래서 절약을 선택한다.

하지만 신용카드를 쓰면 소비의 행복과 지불의 고통이 분리된다. 카드를 긁어도 당장 지갑에서 돈이 나가는 게 아니니까!

그러다가 월말에 카드 명세서가 날아오면 땅을 치고 후회를 한다. 하지만 후회도 잠시, 다음 달이 되면 또 지불분리의 오류에 빠져 열심히 카드를 긁는 내 모습을 발견할 수 있다.

언젠가는 청구서를 받는다

2019년 2월 이종명 자유한국당 의원이 '5.18 진상 규명 대국민 공청회'에서 "사실에 기초해 북한군이 개입한 폭동이었다는 것을 밝혀내야 한다"는 망언을 내뱉었다. 같은 당 김순례 의원은 "종북 좌파들이 판을 치며 5.18 유공자라는 괴물 집단을 만들어 세금을 축내고 있다"는 끔찍한 헛소리를 했다. 공청회를 공동 주최한 김진태 의원은 영상 메시지에서 "5.18 문제만큼은 우파가 결코 물러서면 안 된다"고 주장했다.

이게 2019년 봄을 뜨겁게 달군 자유한국당 무리들의 5.18 광주민주화운동 모독 사건이다. 그런데 이들의 헛소리는 그렇다 치고, 이해할 수 없었던 대목이 있었다. 자유한국당 비상대책위원회(위원장 김병준)와 당대표 후보로 출마했던 황교안 씨 등의 태도였다.

김진태, 이종명, 김순례 의원이야 저런 짓을 할 이유가 충분히 있다. 김진태 씨는 그 짓으로 정치적 생명을 연장한 사람이고, 이종명, 김순례는 저 짓으로 자신의 이름을 전국에 알렸다. 말이야 바른말이지 막말 파문이 아니었으면 이종명이나 김순례를 아는 국민들이 얼마나 됐겠나?

하지만 김병준 비대위원장이나 황교안 당시 당대표 후보, 오세훈 후보 등은 달랐다. 이 자들의 목적은 중도층의 표심을 얻어 당의 외연을 확장하는 것 아니었나? 그런데도 김병준 비대위는 솜방망이 징계로 이들에게 면죄부를 줬다. 황교안 씨도 애매한 태도로 이들을 감쌌고 비교적 깨끗한 이미지를 자랑했던 오세훈 씨도 마찬가지 태도로 일관했다.

'원래 그런 나쁜 놈들이다'라는 해석은 좀 위험하다. 원래 나쁜 인간들이긴 한데, 저 망언을 뭉개고 지나간 것은 정치적으로 너무나 큰 손실을 각오해야 하기 때문이다.

그렇다면 이게 과연 지지율 유지에 도움이 된다는 판단에서 내려진 조치일까? 당연히 그렇지 않다. 솜방망이 징계 이후 자유한국당 지지율은 곧바로 20% 밑으로 깨졌다.

김병준, 황교안, 오세훈 등의 정치인에게 뭘 기내해서 하는 말이 아니라, 이처럼 국민 저항이 불을 보듯 뻔한 일을 왜 이렇게 처리하는지가 궁금하다는 이야기다.

이 문제를 경제학적으로 해석하면 이렇다. 김진태, 이종명, 김순례의 망언은 자유

김진태-이종명-김순례 의원 제명 피켓

한국당 입장에서는 지불해야 하는 어마어마한 비용이자 불행이다. 이들 때문에 지지율도 다 깎아먹었다. 오세훈 씨는 이때 태도를 분명히 하지 않은 것이 본인의 정치 인생에 평생 약점으로 남을 것이다.

그렇다면 이들이 이 사태를 뭉갬으로써 얻는 행복이 있을 것이다. 그것은 바로 얼마 남지 않은 전당대회(2월 27일)에서 '가스통'으로 불리는 극우파들의 표심을 얻는 것이다.

이때 지불분리의 오류가 등장한다. 전당대회에서 가스통의 표를 얻는 대가로(만족 획득), 여론 악화를 감수한다(비용 지불). 그런데 만족을 얻기 위한 비용을 바로 그 시점에 지불토록 했다면 이들은 절대 이런 헛짓을 하지 못했을 것이다.

그런데 만족을 얻는 순간과 비용을 지불하는 순간이 분리됐다는 게 문제다. 만족은 당장 닥친 전당대회에서 '가스통'들의 지지를 얻음으로써 누릴 수 있다. 하지만 지불해야 하는 비용, 즉 여론 악화는? 아직 선거가 한참 남아있었다! 2019년 2월 기준으로 총선은 14개월이나 남았고, 대권을 노리는 황교안, 오세훈 등에게 대선은 3년이나 시간이 있었다. 비용을 한참 뒤에 지불해도 된다는 뜻이다.

이렇게 만족 획득 시점과 비용 지불의 시점이 분리되면 사람은 막 나가기 시작한다. 한 달 뒤 신용카드 명세서가 날아오건 말건, 당장의 쾌락에 눈이 멀어 카드를 긁는다. 장담하는데 당시 총선이 2개월 앞으로 다가왔다면 저들은 절대 저런 솜방망이 처벌을 내리지 못했을 것이다.

총선이 멀찍이 남아있으니 '나중 일은 될 대로 되라. 나는 당장 가스통의 지지에 행복해 할란다'는 지불분리 심리가 작용한 것이다.

하지만 시간은 지나기 마련이고, 청구서는 결국 날아오게 돼 있다. 그때는 가스통들 열광하는 모습을 보니까 좋았을 거다. 하지만 그 사건으로 자유한국당은 많은 시민들에게 '이 땅에서 절대 같은 하늘 아래 살 수 없는 괴물들'이라는 이미지를 구축했다.

이후 자유한국당은 어떤 국면에서도 민주당을 지지율로 역전하지 못했다. 중도층 외연 확장도 물 건너갔다. 저 당은 영원히 전국정당이 될 수 없을 것이다. 어떤 선거에서도 역사 문제로부터 자유로울 수 없을 것이다.

공당으로서는 어마어마한 비용을 치른 셈인데, 그들은 아직도 이유를 모른다. 광주의 영령들을 모독하는 그 참혹한 일을 저지르고도 나중에 청구서가 안 날아올 거라고 생각한 건가?

당장 먹기에 사탕이 달콤할지 몰라도 미래에 청구서를 받으면 '아, 그때 좀 아껴서

쓸 걸'이라는 후회가 물밀듯이 밀려올 거다. 그 날이 멀지 않았다. 이런 멍청한 자들

같으니라고!

III부

노동

그들은 어떻게
노동조합을 악마로 만들었나?

노조 악마화

2009년 12월 철도노조가 파업을 벌인 일이 있었다. 그런데 12월 4일 〈중앙일보〉가 1면 톱으로 충격적인 기사를 보도했다. 기사 제목은 '파업으로 열차 멈춘 그날, 어느 고교생 꿈도 멈췄다'였다. 기사의 소제목은 '20분 늦게 도착, 서울대 면접 볼 기회 잃은 소래고 1등 이 모 군', '교장의 분노, "이 군 인생에 대한 손배소송 내고 싶다"', '부모의 한탄, "자가용도 못 태워준 못 가진 부모가 죄인"' 등이었다. 기사 첫 문단은 "'그날 아침 열차만 멈추지 않았더라면….' 경기도 시흥시 소재 고등학교 3학년 이 모 군은 망연자실한 표정으로 이렇게 한탄했다. 그는 철도파업으로 대학 진학의 꿈을 접어야 할 위기에 몰렸다'라고 시작됐다.

이까지만 읽어도 어떤 내용인지 충분히 짐작이 간다. 〈중앙일보〉에 따르면 이 학생은 서울대학교 면접을 보기 위해 오전 7시에 소사역에서 전철을 기다렸다. 그런데 철도파업으로 기차가 늦게 도착하는 바람에 면접에 20분 늦었다는 이야기다. 그래서 그 학생은 면접을 보지 못했고, 이렇게 또 한 청춘의 꿈이 사라졌다. 이 모든 게 저 사악한 철도노동자들의 파업 탓이다.

〈중앙일보〉는 이 기사뿐 아니라 '파업으로 멈춘 이 군의 꿈, 철도가 책임져야', '파업으로 멈춘 서울대 진학, 이 군 대학에 보내자는 각계 성원 이어져', '철도 파업으로 대학 꿈 멈춘 이 군 구제 방법 없나요?' 등의 기사를 퍼붓다시피 쏟아냈다.

사회적 파장도 만만치 않았다. 어떤 장학재단은 "이 군이 대학에 진학하면 4년 장학금을 대겠다"고 나섰고, 철도공사 허준영 사장은 "열차 운행 차질로 한 젊은이의 인생이 바뀔 위기에 놓인 것을 안타깝게 생각한다. 철도 파업으로 멈춘 이 군의 꿈을 위해 국민의 철도로서 책임을 져야 한다"고 변죽을 울렸다. 심지어 허 사장은 철도공사 임원들을 독려(!)해 이 군의 입학금과 등록금을 마련하는 모금운동까지 펼쳤다. 실제 이 청년은 며칠 뒤에 연세대학교에 입학했는데, 연세대가 이 청년에게 위기극복장학금을 주기도 했다. 이 모든 이야기를 한 줄로 요약하자면 '노조는 악마다'라는 것이었다.

철도파업이 앗아간 꿈, 진실은?

그런데 이 보도는 전혀 사실이 아니었다. 철도노조가 소사역 폐쇄회로TV를 확인했더니 이 청년이 소사역에 도착했을 때는 이미 오전 7시 20분이었다. 〈중앙일보〉의 주장("7시에 도착해서 20분 넘게 기다리다가 지각했다")은 시작부터 사실이 아니다.

게다가 당시 출근시간에는 필수유지 업무를 담당할 인력이 파업에 참여하지 않고 현장에 있었다. 열차도 조금도 지연되지 않았다. 이 청년이 20분 지각을 한 것은 본인이 20분 늦어서였지, 열차 파업 때문이 아니었다는 이야기다.

이듬해 철도노조가 이 악의적 보도에 대해 언론중재위원회에 제소를 했다. 이명박의 전성기였던 2010년, 언론중재위원회는 절대로 노동조합에 우호적인 기관이 아니었다. 하지만 그런 중재위조차 명백한 사실을 왜곡할 수는 없었다. 그래서 중재위는 〈

중앙일보〉에 정정보도 결정을 내렸다. 〈중앙일보〉는 정정보도를 하지 않겠다고 버텼다. 이 사건은 결국 소송으로 번졌다.

소송 결과는 당연히 노조의 승소였다. 〈중앙일보〉는 사법부의 판결에 따라 정정보도를 하지 않을 수 없었다. 결국 〈중앙일보〉는 정정보도를 했다. 사건이 터진 뒤 무려 2년 뒤의 일이었다. 게다가 그 정정보도는 잘 보이지도 않는 30면 구석에 처박혔다. 정정보도 전문이 이것이다.

알려드립니다. 본지는 2009년 12월 4일 1면과 인터넷 조인스닷컴에서 '파업으로 열차 멈춘 그날, 어느 고교생 꿈도 멈췄다'라는 제목으로 열차 파업으로 발생한 철도 사고로 소래고 1등 이 모 군이 면접 시각에 늦어 서울대 면접을 볼 기회를 잃었다는 기사를 게재한 바 있습니다. 이에 대해 전국철도노조는 이 군이 소사역에 도착한 7시 20분경까지 열차는 정상적으로 운행되고 있었고, 전국철도노조는 노동관계법에 따라 필수유지 업무를 담당할 근로자를 한국철도공사에 통보하고, 철도 운행에 필수적인 업무를 정당하게 유지하면서 쟁의행위를 하였으며, 대체인력 투입과 인력 배치는 한국철도공사의 결정에 의한 것이었으므로, 철도 사고의 발생과 이 군이 면접에 늦은 것이 노조의 파업 때문이라고 볼 수 없다는 반론을 제기하여 왔으므로 이를 알려드립니다.

이게 전부다! 1면 톱으로 그 난리를 쳐서 2년 동안 철도노조를 죽일 놈 만들었는데, 정정보도는 2년 뒤 고작 30면에 실린 이게 전부라는 이야기다.

이 일을 당한 철도노조의 심정을 상상해보라. 말 그대로 미치고 환장하는 거다. 그런데 더 이상 쓸 수 있는 방법이 없다. 이것이 지금 우리나라 보수언론이 노조를 악마화하는 전형적인 방법이다.

슈렉은 사실 노조원이었다?

드림웍스의 걸작 〈슈렉 2〉에 이런 장면이 있다. 슈렉과 동키가 마녀의 성을 방문했다. 문을 지키던 경비원이 무지하게 귀찮은 표정으로 "마녀님은 오늘 아무도 안 만나신답니다"라며 슈렉을 쫓아내려 한다. 슈렉이 당당하고 편안한 표정으로 속삭인 말.

"괜찮아요. 우리는 노조에서 나왔거든요."

사실 우리 정서로는 이 대사가 무슨 뜻인지 전혀 이해가 가지 않는다. '저기서 노조가 왜 나와?' 싶은 생각이 든다.

그런데 놀라운 장면이 이어진다. 그 말을 들은 경비원이 깜짝 놀라는 것이다(응? 도대체 왜?). 슈렉은 놀란 경비원에게 "우리는 마법 산업계에서 일하는 노동자들을 대표해요. 혹시 여기서 일하면서 부당한 탄압 같은 거 받은 적 있어요?"라고 묻는다. 나는 이 장면에서 '설마 저 말이 먹힌단 말이야?'라며 숨을 죽였다.

그런데 이게 정말로 먹힌다! 경비원 또한 은밀한 표정으로 "몇 개 있어요. 사실 우리는 치과 보험이 없거든요"라며 슈렉에게 고자질을 한다. 슈렉은 "치과 보험이 없다니, 그게 말이 돼?"라고 화난 척을 하며 "우리가 한번 둘러볼 테니 우리가 왔다는 사실은 비밀로 해주세요"라고 속삭인다. 슈렉 일당을 들여보낼 생각이 전혀 없던 경비원은 "어서 돌아보시라"며 슈렉의 출입을 허용한다.

웃자고 하는 이야기가 아니다. 이 장면이야말로 선진국과 우리나라가 노조를 대하는 극명한 시각의 차이를 보여준다. 슈렉이 사는 나라의 노동자들에게 노조는 언제나 믿을 수 있는 벗이었다. 그리고 이 사실이 너무도 당연해서, 슈렉은 태연히 "노조에서 나왔거든요"라는 거짓말을 한다. 우리나라에서 이런 일이 벌어진다고 생각해보자. 어떤 장면이 연출될까?

"어디서 오셨습니까?"

"노조에서 왔는데요."

"야, 노조에서 쳐들어왔대. 뭐해! 경비원 불러. 경찰에 신고해!"

뭐 이런 장면이 떠오르는 게 우리의 상식 아닌가?

선진국의 노동조합

조금 더 나아가보자. 우리나라에서는 "교사가 무슨 노동자냐? 우리는 스승을 원하지 노동자를 원하지 않는다"라는 주장이 판을 친 적이 있었다. 그런데 복지강국 핀란드에서는 교사들이 노조에 가입하는 게 문제가 아니고, 교장선생님들이 노조에 가입을 한다. 교장도 당연히 노동자이기 때문이다. 영국에서는 아예 교장노조가 따로 결성돼있다.

경찰노조는 어떤가? "경찰노조? 노조를 때려잡아야 할 경찰이 뭔 노조야? 빨갱이 나라를 만들자는 거야?"라는 반발이 눈에 보이는 듯하다. 그런데 캐나다, 미국, 독일, 프랑스, 네덜란드에는 진짜로 경찰노조가 있다. 그리고 잘 알다시피 이 나라들은 빨갱이 나라들이 아니다.

소방관노조는 어떨까? 2018년 경제사회노동위원회에서 "소방관의 노조 가입을 허용해야 한다"는 권고안을 내놓은 적이 있었다. 나라가 그야말로 난리가 났다. "소방관이 파업을 하면 불은 누가 끄냐?"는 거다.

그런데 애초에 소방관노조의 권리를 인정해달라고 한 쪽은 파업권을 갖겠다고 한적도 없었다. 단체교섭권까지만 허용해달라고 헌법소원을 낸 것이다. 그런데도 여기다 대고 "소방관이 파업을 하면 불은 누가 끄냐"는 헛소리를 한다. 그야말로 아무 말 대잔치다. 그리고 이런 말도 안 되는 선동이 보수언론을 통해 사회에서 설득력을 얻는다.

진짜 말도 안 되는 예가 있다. 무려 군인노동조합이 있는 나라가 있다! "군인이 노조를 해? 나라는 누가 지키냐?"라는 반발이 가스통 위에서 울려 퍼질 것이다. 그 가스통 굴리는 분들, 백발백중 해병대 전우회 군복 입었다.

그런데 진짜로 군인 노동조합이 있는 나라가 있다. 독일, 스웨덴, 덴마크, 네덜란드, 벨기에가 그런 나라들이다. 이 선진국들이 나라를 지킬 줄 몰라서 군인노조를 허용한 줄 아는가? 군인도 국방을 위해 노동하는 노동자라는 너무나 당연한 사실을 받아들였을 뿐이다.

이 장의 제목이 '노조의 악마화'다. 악마라는 단어가 과장인 것 같은가? 천만의 말씀이다. 이 장 내용의 대부분은 평생을 노동운동에 바친 성공회대학교 하종강 교수의 저서 「우리가 몰랐던 노동 이야기」에 나온 것들이다. 이 책 93페이지에 나오는 하종강 교수의 절절한 경험담을 그대로 옮긴다. 과연 노조를 악마 취급한다는 우리의 주장이 과장인지 아닌지 확인해 보기 바란다.

가톨릭 계통의 한 병원 식당에서 조리 노동자 30여 명이 한꺼번에 해고된 적이 있습니다. 가톨릭 내 웬만한 사업장들의 경영 책임자를 두루 거쳤고 자타가 인정하는 유능한 CEO인 원장 수녀는 당 대표급 국회의원들, 검찰 수뇌부 간부들, 청와대 요직 인사들과 직접 통화하는 사이라고 소문이 자자했습니다. 지방 관청의 공무원들이 쩔쩔 매는 걸 보면 그 말이 사실인 것 같았습니다. 사건을 처리하는 검찰, 경찰, 노동부의 공무원들은 위의 높은 분들 눈치를 보는 기색이 역력했습니다. 여성 노동자 30여 명이 대한민국의 거대한 국가권력 전체와 맞서고 있는 형국이었습니다. 노동부에서 나온 관리가 원장 수녀를 만나 "노동조합과 좀 협상을 해보시지요"라고 권유했을 때, 그 원장 수녀는 뭐라고 답했을까요. "예수님도 마귀와 협상하지는 않았습

니다"라고 답했다는 것입니다.

그렇다. 그들의 눈에 노동조합은 마귀, 사탄이다. 이건 농담이 아니라 진지한 현실
이다. 그리고 이런 나라에서 노동자로 살아간다는 것이 얼마나 힘든 일인지 생각해보
면 참으로 끔찍하다.

우리는 '노동자'라는 단어 뒤에 '계급'이라는 말을 붙인다. 왜 우리를 '노동자 계급'
이라고 부를까? 계급은, 세습이 되기 때문에 계급인 것이다. 내가 노동자이기에 내 자
식들도 십중팔구 노동자로 자란다. 내 손주들도 십중팔구 노동자로 자란다.

자본가 계급이 계급인 이유도 그 계급이 세습되기 때문이다. 이재용이 대한민국을
대표하는 자본가인 이유는 그의 아버지가 이건희였기 때문이고, 그의 할아버지가 이
병철이었기 때문이다.

이변이 없는 한 우리는 대대손손 노동자로 살아갈 것이다. 그런데 그 삶이 이렇게
처연하게 슬퍼서야 되겠나? 나는 내가 노동자임을 자랑스럽게 생각하고 살고자 한
다. 그래서 당당히 말할 수 있다. 노동자인 나는 악마가 아니라고, 그리고 나의 권리를
보호해주는 노동조합 역시 사탄이 아니라고 말이다. 우리는 노동자로서 자부심과 긍
지를 갖고 살아갈 권리가 있다. 나의 자녀들도, 나의 손주들도 그런 삶을 살아갈 자격
이 있다.

노동교육이
조기교육이어야 하는 이유

초기값 선택

2007년 10월 5일, 한나라당 대선 후보 이명박이 교육정책을 발표하는 자리에서 "초등학교 때부터 국어나 국사 등 일부 과목을 영어로 가르치자"는 황당한 제안을 한 적이 있었다. 나는 그때 진짜 이 인간이 돌았나 싶었다.

아니, 국어와 국사를 어떻게 영어로 가르치자는 건데? "나랏말싸미 듕귁에 달아 문자와로 서르 사맛디 아니할쎄"를 "더 코리안 랭귀지 이즈 디퍼런트 프롬 차이니스" 뭐이러자는 거냐? "전하, 소신에게는 열 두 척의 배가 남아 있사옵니다"를 "마제스티, 아이 해브 투웰브 터틀십 비하인드" 뭐 이러자는 거냐고? 말 같은 소리를 해야 대꾸를 해 줄 것 아닌가?

이런 마인드가 머리(대가리라고 쓰려다가 참았다)에 박혀 있으니 대통령 당선 이후 인수위원회에서 오렌지를 '오렌지'라고 써야 하느냐 '아륀지'라고 써야 하느냐로 논쟁을 한다. 나라의 5년을 설계해야 하는 그 중요한 회의에서 오렌지냐 아륀지냐로 다투고 자빠져 있는데, 이 인간들은 뭐가 잘못됐는지도 모른다.

이명박 영어 이야기가 나왔으니 하나만 덧붙인다. 이명박은 인수위 시절 대불공단에 박힌 전봇대 때문에 트럭 운행이 불편하다며 탁상행정을 질타한 일이 있었다. 이것도 내용을 잘 들여다보면 진짜 웃기는 헛소리인데, 그 헛소리가 이번 장의 주제는 아니므로 넘어가기로 하자.

그런데 이명박이 전봇대가 문제라며 회의에서 한 말이 "그 왜 있잖아, 폴(pole)! 그 폴이 문제야" 이랬다는 거다. 진짜 폴 같은 소리 하고 자빠졌다. 전봇대를 '폴'이라고 하면 국제 경쟁력이 생기냐?

이명박 씨, 내가 장담하는데 회의에 참석한 사람들은 속으로 '폴이 뭐야?'라며 어리둥절했을 겁니다. 잉글리시 레벨이 매치가 안 되면 다이얼로그가 언더스탠드가 안 되는 법이에요. 잉글리시를 그렇게 오버유즈하면 킹 세종이 베리베리 새드하십니다. 코리안을 러브하고 유즈합시다. 제발 좀 플리즈요~.

초기값이 중요하다

행동경제학에서는 디폴트 옵션(default option), 혹은 '초기값 선택'이라고 불리는 이론이 있다. 누차 강조하지만 사람은 주류경제학이 주장하는 것처럼 매우 이성적이고 매우 합리적인 존재가 아니다. 때로는 아둔한 선택도 하고 때로는 실수도 한다.

그래서 행동경제학에서는 사람의 이런 실수를 어떻게 바로잡을 것인가에 관심이 많다. 이 방법으로 매우 유용하게 사용되는 전략이 '초기값 선택'이다.

사람들은 대부분 컴퓨터를 쓸 때 마이크로소프트에서 만든 'MS윈도우'라는 운영체제를 사용한다. 하지만 세상에는 MS윈도우 외에도 많은 운영체제들이 있다. 그런데 왜 사람들은 압도적으로 MS윈도우를 많이 사용할까? 소비자들이 정말 합리적이어서 MS윈도우와 다른 운영체제를 사용한 뒤 가격과 만족을 비교해 그런 선택을 한 것일까?

당연히 아니다. MS윈도우를 많이 쓰는 이유는 컴퓨터를 사면 그게 깔려 있기 때문이다. 이게 바로 초기값 설정, 디폴트 옵션의 위력이다. 사람의 뇌는 복잡한 선택을 싫어한다. 그래서 애초에 그렇게 하도록 초기값을 설정해놓으면 별 거부감 없이 그 일을 그냥 받아들인다.

어떤 정부가 국민들의 저축률을 높이고 싶다고 해보자. 어떤 방법이 가장 효율적일까? 고령화 사회의 심각성에 대해 대대적으로 홍보를 하고, 저축이 얼마나 미래의 삶을 위해서 중요한지 캠페인을 벌인다. 교육 프로그램도 열심히 운영하고 공영방송에서 특집 프로그램도 방송한다. 그런데 아무리 해봐도 저축률은 별로 높아지지 않는다.

저축률을 비약적으로 높일 간단한 방법이 있다. 노동자들이 월급을 받으면 국민연금이나 세금을 떼어 가듯 자동적으로 얼마를 떼서 저축하도록 초기값을 설정하는 거다. 물론 사람들은 "나한테 묻지도 않고 왜 내 월급에서 지들 멋대로 저축을 하는 거야?"라며 반발을 한다. 이때 정부는 "원하지 않으시면 언제든지 해지하셔도 됩니다"라고 안내를 한다.

그런데 이 방법의 효과가 생각보다 엄청나다. "내 돈을 왜 떼가?"라고 길길이 뛰던 사람들이 의외로 해지 신청을 많이 안 하기 때문이다. 해지하는 게 귀찮기 때문이다.

그래서 노동조합을 처음 만들 때 유니온샵을 관철하는 게 매우 중요하다. 유니온샵이란 누군가 회사에 입사를 하면 무조건 자동적으로 노조에 가입하도록 하는 제도다. 물론 사람에게는 선택의 자유가 있기 때문에, 본인이 원하면 언제든지 노조에서 탈퇴할 수 있다.

하지만 초기값을 '입사하면 자동적으로 노조에 가입'으로 설정하면 노조원 숫자가 비약적으로 늘어난다. 사람들은 노조에 불만이 있어도 어지간해서는 탈퇴하지 않는다. 귀찮으니까!

노동교육의 중요성

그래서 어렸을 때 교육이 중요하다. 조기교육이야말로 인간의 두뇌에 입력되는 최초의 초기값이기 때문이다. 어린 시절부터 영어학원, 수학학원 다니는 것을 자연스럽게 접한 아이들은 커서도 매우 경쟁적인 사람이 된다. "남을 이기는 게 좋은 거야"라는 초기값이 설정됐기 때문이다. 초기값에서 벗어나려면 많은 생각과 행동을 해야 하는데 뇌는 그것을 매우 귀찮게 생각한다.

반면 어렸을 때부터 협동과 공감, 배려를 배운 아이들은 커서도 대부분 협동적인 사람이 된다. 협동과 공동체에 대한 철저한 철학이나 신념이 있어서가 아니다. 초기값으로 그렇게 배웠기 때문이다. 이런 사람들의 뇌도 협동과 공감, 배려의 삶에서 쉽게 벗어나지 못한다. 벗어나려면 그것도 매우 귀찮기 때문이다.

2019년 5월 30일 경기도에서 '청년·청소년 노동권익증진 토론회'가 열린 적이 있었다. 특성화고등학교 졸업 예정 학생들을 대상으로 열악한 노동현장과 노동자의 인권에 대해 토론하는 자리였다.

그런데 토론회는 45분 만에 파행으로 끝났다. 학생들을 인솔한 선생님들이 위험의 외주화나 산업재해, 노동 현장에서의 사망사고 등을 다룬 토론회 내용에 반발했기 때문이었다. 선생님들은 "학생들에게 희망적이고 긍정적인 이야기를 해줘야지 사망이나 산업재해와 같은 부정적인 교육을 받아서야 되겠느냐"거나 "정신적으로 미성숙한

2019년 경기도에서 열린 청년·청소년 노동권익증진 토론회에서 교사들의 반발로 학생들이 퇴장한 모습

학생들이 참담한 내용을 들으면 오히려 역효과가 나서 취업률에 찬물을 끼얹을 수 있다"라고 목소리를 높였다.

이게 우리 교육의 참담한 현실이다. 고등학교를 졸업하고 바로 노동 현장에 투입돼야 하는 청소년들의 머리에 '중요한 것은 취업률이지 노동인권이 아니다'라는 초기값을 설정해 놓는다.

이런 일도 있었다. 2011년 특성화고 3학년에 재학 중이던 한 학생이 광주 기아자동차 공장에 실습을 나갔다가 과로로 목숨을 잃었다. 이 학생은 토요일에도 공장 특근을 했는데, 퇴근 후 기숙사 앞에서 뇌출혈로 쓰러졌다. 수술을 했지만 1년 뒤 안타깝게도 목숨을 잃었다.

당시 이 학생은 무려 주 58시간이라는 과도한 노동에 시달렸다. 당시 법정 노동시간이 주 46시간이었고, 근로기준법에도 15세 이상 18세 미만 청소년에게는 1일 7시간, 1주일 40시간 이상 일을 시킬 수 없도록 되어 있었다. 하지만 기아자동차는 평일은 물론 주말에도 청소년들에게 특근과 야근을 강요했다. 주 58시간은 성인도 감당이 잘 되지 않는 과도한 노동시간이다. 그러니 당연히 사람이 쓰러진다.

그런데 만약 학교에서 이 학생에게 주 58시간 노동을 강요하는 것은 근로기준법 위반이고, 그럴 때에는 어떻게 저항해야 하는지를 가르쳤다면 어땠을까? 그랬다면 이 학생은 목숨을 건질 수 있었을 것이다.

학생들에게 "긍정적이고 희망적인 이야기만 들려줘야 한다"고 주장하는 선생님들은 명심하라. 바로 당신들이 이 학생을 죽였다. 그러고도 감히 스승을 자처하는가? 도대체 어느 나라 스승이 제자가 죽음의 위기에 내몰렸는데도 "세상은 참 희망적이고 긍정적이야" 따위를 교육이랍시고 가르친단 말인가?

이 처참한 일이 벌어진 이후 곽노현 당시 서울시 교육감이 "학생들에 대한 노동교육과 인권교육의 필요성에 100% 동감한다. 특히 특성화고교에서는 이 교육이 정말 중요하다"라며 문제를 제기했다. 그러자 나라가 그야말로 한바탕 난리가 났다.

'스승'을 자처하는 한국교원단체총연합회는 "교육과정에서 노동자의 권리를 강조하면 부작용이 나타난다"고 주장했다. 한국경영자총협회(경총)는 "그런 교육을 하면 예비 노동자들에게 반(反)기업정서를 부추긴다"고 반발했다. 한나라당은 "노동자들의 계급의식을 고취시키는 시대착오적인 이념 교육이다"라고 난리를 쳤다. 이게 우리나라에서 노동을 대하는 교육의 현실이다.

선진국의 교육 초기값

교육에서 노동을 이 따위로 취급하면 학생들은 성인 노동자가 돼서도 내 안전, 내 권리, 내 생명을 중요하게 생각하지 못한다. 부당한 착취에 투쟁도 하지 못한다. 노동 현장이 얼마나 처참한지 직접 눈으로 봤지만, 이미 뇌에는 초기값으로 '여기에 반발하는 것은 계급의식을 고취시키는 시대착오적 발상이야'라는 악마의 속삭임이 자리를 잡았기 때문이다. 이 악마의 속삭임에서 빠져 나와야 하는데 그게 쉽지가 않다. 뇌가 귀찮아하기 때문이다. 그래서 '세상 별 거 있어? 그냥 살던 대로 살자'라는 유혹에 몸을 맡긴다.

그렇다면 선진국은 어떨까? 선진국에서는 노동교육이 너무나 당연하고도 중요한 초기값이다. 독일은 아예 초등학교 때부터 특별활동 시간을 이용해 1년에 무려 여섯 차례나 모의 노사 교섭을 한다.

그런데 이 모의 노사 교섭이 정말로 장난이 아니다. 학생들은 자신의 주장을 관철하기 위해 동맹을 형성하고, 편지나 요구서를 작성하고, 서명운동을 전개하고, 항의 문건을 만들고, 플래카드를 내걸고, 벽보를 붙인다. 이게 초등학교 정규 교육 과정에 진짜로 들어가 있다.

한국 교사들이 이 과정을 참관할 기회가 있었는데 "왜 비슷한 교섭 수업을 1년에 여섯 번이나 하나요?"라고 물었단다. 그랬더니 독일 교사가 황당한 표정으로 "아니, 원래 교섭이라는 게 한 번에 안 끝나고 여러 번 하잖아요. 그러니까 우리도 여러 번 해보는 거죠"라고 답했다는 거다.

프랑스 고등학교 1학년 과정에는 노동·법률·사회라는 교과 과목이 있다. 그런데 이 과목 교과서의 3분의 1이 '단체교섭의 전략과 전술'로 채워져 있다. 프랑스 고등학생들은 '투쟁의 기술'을 정규 교과 과정을 통해 배우는 것이다.

이렇게 노동교육이 교육의 초기값이 되면 어떤 일이 벌어질까? 프랑스에서는 노동자들의 파업을 너무나 당연한 것으로 여긴다. 환경 미화원들이 파업을 하면 분노한 시민들이 집에 쌓인 쓰레기를 시장 관사 앞으로 들고 가서 그 앞에 쏟아버린다. 노동자들한테 화를 내는 게 아니고, 시장한테 화를 낸다. 시장이 어떻게 했기에 귀한 노동자님들이 파업까지 하느냐는 거다.

이는 프랑스 국민들이 대단한 계급의식과 철학으로 무장을 해서 벌어지는 일이 아니다. 그들이 우리보다 정의로워서도 아니다. 이는 전적으로 교육의 초기값 덕분이다. 어렸을 때부터 그런 교육을 받으면 딱히 진보적이지 않아도 노동존중을 당연한 것으로 받아들인다.

아이들에게 꼭 가르쳐야 하는 것이 무엇일까? 영어와 수학이 아무 짝에도 쓸모없다고는 주장하지 않겠다. 하지만 노동교육이 과연 영어나 수학보다 덜 중요한 교육인가? 결코 그렇지 않다. 왜냐하면 우리의 아이들은 십중팔구 노동자로 자라날 것이 분명하기 때문이다. 노동자로 자랄 아이들에게 노동자의 소양을 초기값으로 가르치는 것, 이것이 왜 수학이나 영어보다 덜 중요한지 제발 누가 나한테 설명 좀 해주기 바란다!

대한항공이 본받아야 할
사우스웨스트의 노동존중 경영

ECP체인

2018년 4월 17일 뉴욕 라과디아 공항에서 이륙한 사우스웨스트 항공 1380편이 상공 9,000m에서 엔진 폭발을 일으켰다. 항공기 유리창이 깨져 기내가 아수라장이 됐을 때, 기장 태미 조 슐츠(Tammie Jo Shults, 당시 56)는 침착하고 냉정하게 관제탑과 교신하며 인근 필라델피아 공항으로 기수를 돌려 비상착륙에 성공했다. 그 비행기에는 144명의 승객이 타고 있었는데, 깨진 유리창에 부상을 입어 결국 사망한 한 사람을 제외한 그들 모두는 슐츠의 침착한 행동으로 목숨을 건질 수 있었다.

승객들은 슐츠 기장을 향해 "더 큰 비극을 막은 미국의 진정한 영웅"이라고 추켜세웠고, 한 승객은 "그녀는 강철의 담력을 지닌 여성 조종사다. 크리스마스에 카드를 보내겠다"고 감격했다. 사람들은 이 사건을 제2의 '허드슨 강의 기적'이라고 불렀다.

비슷한 시기 한국에서는 대한항공이 화제의 중심이 됐다. 4월 12일 조양호 전 한진그

'허드슨 강의 기적'을 만들어낸 사우스웨스트 항공의 기장 태미 조 슐츠의 젊었을 때 모습

룹 회장의 막내 딸 조현민 당시 대한항공 여객마케팅 전무가 광고 대행사 직원에게 물을 뿌리는 등 갑질을 한 의혹이 제기됐다.

이게 끝이 아니었다. 조현민 전무의 어머니인 이명희 일우재단 이사장의 욕설 녹취 파일이 뒤를 이었다. 익명 직장인 커뮤니티에서는 "정말 창피해서 Mrs DDY(이명희 씨의 코드명) 썰은 말 못하겠지만 무엇을 상상해도 그 이상이라는 것만 알아둬. 아마 책으로도 낼 수 있을 만한 양과 내용이다"라거나 "마주치는 모든 사람에게 폭언과 욕설을 하고, 운전기사 얼굴에 침을 뱉거나 폭행을 했다"는 내용이 폭로됐다.

공개된 녹취 파일에서 드러난 이명희 씨의 정신 상태는 상상 그 이상이었다. 이명희 씨는 자택 인테리어 공사를 하던 노동자들에게 "아우, 저 거지같은 놈. 이 XX야. 저 XX놈의 XX. 나가! 나가! 나가~!"라며 고래고래 소리를 질렀다. 마치 악귀의 목소리를 연상시키는 어조였다.

미국과 한국, 두 항공사에서 동시에 벌어진 이 두 사건이 무엇을 뜻할까? 항공사 노동자들은 그야말로 수백 명의 생명을 책임지는 막중한 일을 담당한다. 그래서 항공기에 탑승한 노동자들의 정신 건강은 실로 중요하다. 사우스웨스트 항공의 슐츠 기장이 그 위급한 상황에서도 침착하게 비행기를 착륙시킨 것은 우연이 아니다. 그것은 바로 그가 속한 항공사가 사우스웨스트이기에 가능했을지도 모른다.

'조가네항공'이라는 비아냥거림을 듣는 대한항공은 물병이나 땅콩을 사람에게 던질 시간에 정말 좀 보고 배워야 한다. 노동존중 경영으로 세계적 명성을 얻은 사우스웨스트가 왜 승객들로부터 굳건한 신뢰를 얻는지 말이다.

고객, 주주, 노동자 셋 중 제일은 노동자다

경영학에는 ECP체인(ECP chain)이
라는 개념이 있다. ECP체인이란 노동자
(employee), 고객(customer), 주주 만족
(profits) 중 무엇이 기업에게 가장 중요한가
를 다루는 이론이다. 그런데 사우스웨스트 항
공의 창업자인 허브 켈러허(Herb Kelleher,
1931~2019) 전 회장은 이 논쟁에 대해 이렇
게 이야기한다.

사우스웨스트 항공의 창업자 허브 켈러허. 2019
년 1월 88세의 나이로 세상을 떠났다.

"노동자, 고객, 주주 중에서 누가 가장 중요하냐고요? 이게 질문이 됩니까? 당연히
노동자가 가장 중요하죠. 노동자가 행복하고, 만족하며, 헌신하고, 에너지가 충만할
때 회사는 고객에게 최고의 서비스를 제공할 수 있어요. 그리고 고객이 행복하면 그
들이 다시 우리를 찾고, 그것이 곧 주주를 행복하게 만듭니다."

1967년 켈러허는 보잉 737기 3대로 항공사를 차리고 사업을 시작했다. 사람들은
"유명한 거대 항공사가 하나 둘이 아닌데, 고작 낡은 비행기 세 대로 뭘 하겠다는 거
야?"라며 그의 도전을 비웃었다. 하지만 켈러허는 그들의 비웃음을 뒤로 하고 미국 경
영 역사에 새로운 장을 열어 나갔다.

초창기 사우스웨스트는 세간의 예상대로 고전을 면치 못했다. 하지만 켈러허는 회

사가 손해를 보는 와중에도 단 한 차례도 노동자들을 해고하지 않았다. 오히려 노동자들의 처우를 개선하고 그들이 보다 좋은 환경에서 일할 수 있도록 도왔다.

이 덕에 회사는 빠른 속도로 제자리를 찾아갔고 이후 무려 37년 동안 흑자를 내는 신기록을 수립한다. 2001년 9.11 테러가 발생했을 때 미국의 모든 항공사들이 엄청난 손실을 입었지만 사우스웨스트만은 흑자를 냈다.

사우스웨스트는 노동자를 존중하는 대표적 모범 기업으로 꼽힌다. 시도 때도 없이 노동자를 해고하는 미국의 기업답지 않게(?) 사우스웨스트는 창사 이래 단 한 명의 노동자도 해고하지 않았다.

이 회사는 노동자들이 행복하게 일을 할 수 있도록 각종 지원을 아끼지 않는다. 회사가 모든 노동자들의 생일 파티를 공식적으로 열어준다. 추수감사절이나 크리스마스가 되면 켈러허 회장은 직원들에게 일일이 인사말을 적어 선물을 보냈다.

켈러허는 1만 6,000명이나 되는 노동자들의 얼굴과 이름을 모두 알고 있는 것으로 유명했다. 켈러허는 엘리베이터 앞에서 노동자들을 만나면 한 사람 한 사람 이름을 부르며 자상하게 인사를 나눴다.

노동자들의 자부심도 실로 놀랍다. 사우스웨스트에서 일하는 노동자들의 만족도는 항상 미국 10위 안에 든다. 1998년 이 회사는 경제지 〈포춘〉이 선정하는 '가장 일하기 좋은 기업' 1위에 오르기도 했다. 1994년 이 회사 노동자들은 조금씩 돈을 모아 자신들의 이름을 걸고 유명 신문에 광고를 실었다. 광고 내용이 이랬다.

"헤이, 허브(켈러허의 이름)! 우리의 이름을 모두 기억해주고, 직접 선물을 주는 허브! 당신이 '회장님'이 아니라 '우리의 친구'가 되어 주신 것에 진심으로 감사의 말씀을 드립니다. 고마워요, 허브"

사람 존중에서 시작된 즐거운 직장

사람들은 사우스웨스트의 경영을 퍼니지먼트(Funagement)라고 부른다. 이 말은 '즐겁다(Fun)'라는 단어와 '경영(Management)'이라는 단어를 합한 말이다. 즐거운 경영, 이것이 바로 사우스웨스트를 가장 잘 표현하는 단어다.

켈러허는 "노동자가 울상을 짓고 '아, 오늘 하루도 힘들겠구나'라고 투덜대며 일하는 회사와, '회사에 나가는 것이 너무 즐겁고 행복해'라고 생각하며 일하는 회사의 능률은 차이가 어마어마하다"라는 소신을 갖고 있다. 그래서 켈러허 스스로 전체 직원들이 모이는 행사에 토끼 분장을 하고 "짜잔~" 소리를 치며 나타나거나 엘비스 프레슬리 분장을 하고 우스꽝스러운 춤을 추며 노동자들을 즐겁게 만든다.

이런 회사와 '오늘 출근하면 또라이 삼남매 중 누구에게 욕을 먹을까?'로 우울해하는 조가네항공과 비교해보라. 어느 회사의 비행기가 더 안전하고 효율적이겠나?

사우스웨스트의 기내 승무원들은 유쾌하기로 치면 세계 일등이다. 기장이 기내 안전수칙을 랩송으로 부르기도 하고, 금연 안내를 "담배 피우실 분들은 밖으로 나가 비행기 날개 위에 마련된 흡연실에서 마음껏 피우세요. 날개 위 흡연실에서는 영화도 틀어줍니다. 감상하실 영화는 '바람과 함께 사라지다'가 되겠습니다"라는 식으로 코믹하게 한다.

노동자들의 애사심도 대단하다. 9.11 테러 때 회사가 위기에 빠지자 사우스웨스트의 노동자들은 자발적으로 월급을 반납하며 회사를 살리는 데 힘을 모았다. 1978년 이후 무려 120개의 미국 항공사가 망하는 와중에 사우스웨스트가 37년 연속 흑자를 낸 것은 결코 우연이 아니었다.

대한항공에도 세계적으로 뛰어난 노동자들이 있다. 박창진 전 사무장은 조현아가 땅콩을 내던지고 히스테리를 부렸을 때, 비행기에서 쫓겨나면서도 승객들에게 머리를 숙여 불편을 사과했다(정작 조현아는 사과도 하지 않았다).

그런데 이런 훌륭한 노동자들의 사기를 조가 일가가 수십 년 동안 짓밟았다. 이 노동자들이 좀 즐거운 환경에서 일하면 안 되겠나?

나는 되지도 않을 일을 요구하는 허황된 망상가가 아니다. 조가 일가에게 켈러허 같은 리더십은 바라지도 않는다는 이야기다. 그냥 좀 정상적인 경영자가 경영을 해 달라는 게 그렇게 무리한 요구인가? 수백 명 승객의 안전이 걸린 비행을 책임지는 노동자들이 땅콩으로 두들겨 맞고 쌍욕과 물벼락을 맞을 두려움을 떨쳐버리면 안 되겠느냐는 말이다.

켈러허는 자신의 경영 방침에 대해 이렇게 말한 적이 있다.

"회사는 무엇으로 움직이는가? 그것은 바로 노동자들에 대한 사랑이다. 우리 회사에서 공포 따위는 설 자리가 없다."

제발 반만, 아니 반의 반의 반만이라도 닮아라. 하지만 아무리 생각해도 이 정신 나간 조가 일가가 정상적인 경영자가 될 확률은 제로에 가깝다. 그렇다면 이제 남은 방법은 하나다. 조가 일가를 항공사 경영에서 손 떼게 하는 것이다. 이게 바로 국적기 대한항공의 노동자들을 건강한 일터에서 일하도록 하는 유일한 방법이고, 그 국적기에 몸을 맡기는 대한민국 국민들의 안전을 보장하는 최선의 길이다.

그들을 살릴 기회가
300번 넘게 있었다

하인리히 법칙

통계학에는 '큰 수의 법칙(Law of Large Numbers)'이라는 것이 있다. 시도하는 횟수가 많아질수록, 확률은 평균에 가까워진다는 것을 뜻한다.

우리는 보통 동전을 던질 때 앞면이나 뒷면이 나올 확률을 50%라고 생각한다. 그렇다면 이 말은 동전을 두 번 던졌을 때 반드시 앞면 한 번, 뒷면 한 번씩 나온다는 뜻일까? 당연히 그렇지 않다. 아무리 확률이 50%라 해도 두 번 동전을 던지면 두 번 다 뒷면이 나오는 일은 얼마든지 벌어진다.

그런데 동전을 두 번이 아니라 1만 번 던진다고 가정해보자. 그리고 앞면과 뒷면이 나오는 경우를 모두 더하면 백발백중 앞면의 횟수는 5,000번 근처, 뒷면의 횟수도 5,000번 근처가 된다.

이게 바로 큰 수의 법칙이다. 한두 번 해보면 확률에서 어긋나는 일이 종종 벌어지지만 시도하는 횟수가 많아질수록 일어나는 사건의 숫자는 확률과 가까워진다는 뜻이다.

그래서 충분한 숫자를 분석했다는 전제만 있다면, 통계적 결론은 거의 자연법칙에 가깝다. 통계는 상상을 통해 만들어진 숫자가 아니기 때문이다.

이번 장에서 우리는 하인리히 법칙이라는 통계 이론을 알아볼 것이다. 앞으로 자세히 설명하겠지만 이 통계는 매우 충분한 숫자를 분석했다. '큰 수의 법칙'에서 벗어나지 않는다는 뜻이다. 그래서 이 이론은 반론의 여지가 없는 자연법칙에 가깝다. 이 점을 꼭 기억하고 이번 장을 함께 해주시기를 부탁드린다.

산업재해에 적용되는 자연법칙

하인리히 법칙은 1931년 허버트 윌리엄 하인리히(Herbert William Heinrich, 1886~1962)라는 보험회사 직원이 발견한 산업재해에 관한 통계 법칙이다. 하인리히는 당시 트래블러스 인슈어런스 컴퍼니(Travelers Insurance Company)라는 미국 초대형 보험회사에서 일하고 있었다.

알다시피 보험회사는 사고가 나면 보상금을 물어준다. 하인리히는 손실통제 부서 소속으로 '어떻게 하면 사고를 줄여 보험금 지출을 막을 수 있을까?'를 연구하는 임무를 맡았다.

그런데 하인리히가 사고를 연구하며 흥미로운 사실을 발견했다. 보험회사가 제일 돈을 많이 물어줘야 하는 사고는 사망사고다.

그런데 사망사고가 발생한 공장 5,000곳을 조사해보니 비슷한 패턴이 발견된 것이다. 사망사고가 나기 전까지 그의 수십 배에 이르는 부상사고와 수백 배에 이르는 위험사고(사망이나 부상을 당할 뻔한 사고)가 먼저 선행됐다는 게 그 패턴이었다. 조사 결과 한 명의 노동자가 사고로 목숨을 잃기 전까지 평균 29명의 노동자가 사고로 부상을 입었고, 평균 300명의 노동자가 부상을 입을 뻔했다.

하인리히가 발견한 이 통계는 그 어떤 공장에 적용해도 신기할 정도로 잘 들어맞았다. 사망사고가 난 공장을 들여다보면 반드시 약 서른 건 정도의 부상사고와 300건 정도의 유사사고가 먼저 일어났다는 사실이 밝혀졌다. 그래서 하인리히는 '1 : 29 : 300'이라는 비율을 만들어냈다. 이것이 바로 안전사고 연구 분야에서 가장 중요하게 생각하는 하인리히의 법칙이다.

앞에서도 언급했지만 5,000건 정도의 큰 표본을 조사하면 통계적 결과는 자연법칙에 가까워진다. 하인리히의 법칙이 놀랍도록 잘 들어맞은 이유는 하인리히가 훌륭한 점쟁이여서가 아니라 그의 통계가 자연법칙에 가까울 정도로 큰 표본을 조사했기 때문이다.

물론 이후 이 법칙이 조금씩 보완되기는 했다. 시간이 지나면서 자본가들이 공장 안전에 신경을 쓰는 척을 하기 시작했고, 정부도 사망사고를 엄격히 규제했기 때문이다.

하인리히의 법칙이 발표된 지 35년이 지난 1966년, 프랭크 버드(Frank Bird)라는 학자가 새로운 통계를 발표했다. 이것을 버드의 법칙이라고 부르는데, 수치만 조정됐을 뿐 이론의 취지는 비슷하다.

하인리히는 '사망사고 : 부상사고 : 부상당할 뻔한 사고'의 비율을 '1 : 29 : 300'으로 봤지만, 버드는 이를 4단계로 구분해 '아차사고(near miss)'라는 개념을 추가했다. 아차사고란 사고는 아닌데, 거의 사고가 날 뻔했던 경우를 뜻한다. 그리고 이 넷의 통계적 비율을 따져봤더니 '사망사고 : 부상사고 : 부상당할 뻔한 사고 : 아차사고'의 비율은 '1 : 10 : 30 : 600'으로 집계됐다.

하지만 숫자는 조금 바뀌었어도 두 이론이 지향하는 바는 명백하다. 사망사고 같은 큰 사고는 어느 날 갑자기 느닷없이 생기는 게 아니며 그 전에 이미 수많은 징후들이 나타났다는 게 이 이론의 핵심이다.

그렇다면 하인리히 법칙을 기준으로 2018년 겨울 우리 곁을 떠난 김용균 노동자의 일터 태안화력발전소를 살펴보자. 이 발전소에서는 최근 9년 동안 12명의 노동자가 목숨을 잃었다.

그렇다면 하인리히 법칙에 따르면 이 발전소에서는 12명이 숨지기 전 무려 228건의 부상사고가 있었을 것이고, 노동자가 부상을 당할 뻔한 사고는 무려 3,600건이 있었을 것이다.

그런 통계가 없다고? 웃기지 마라. 하인리히 법칙은 통계적 진실이다. 만약 그 정도의 부상사고와 위험사고 통계가 없다면 그건 태안화력발전소가 세계에서 유일하게 통계적 진실에서 벗어난 공장이어서가 아니라 그들이 자잘한 사고를 숨겼기 때문이다.

무슨 이야기를 하고 싶으냐면, 김용균 노동자의 목숨을 살릴 수 있었다는 이야기를 하려는 것이다. 사람이 다쳤을 때 혹은 위험 사고가 났을 때, 조금만 더 생각하고, 조금만 더 배려하고, 조금만 더 신경을 썼다면 우리는 그 소중한 생명을 구할 수 있다. 3,600건의 크고 작은 사고가 발생하는 동안 회사가 작업장의 현실을 개선하기 위해 조금만 노력했다면, 1인1조가 아니라 최소한 2인1조의 현장 투입이 당연하다고 생각했다면, 이런 위험한 일을 비정규직에게 맡겨서는 안 된다는 상식적인 생각을 했다면 우리는 그 공장에서 목숨을 잃은 12명 모두를 살릴 수 있었다. 기회는 무궁무진하게 많았는데 그걸 무시했기 때문에 이런 일이 벌어진 것이다.

김용균 노동자 장례식 운구 행렬

웃기는 반론과 처참한 현실

내가 이런 이야기를 사석에서 하면 가끔 그럴싸한 반론을 펼치는 이들이 있다. "이 기자가 잘 모르는 것 같은데 한국의 실제 통계는 애초부터 하인리히 법칙과 안 맞아요"가 반론의 요지다.

실제 한국의 산재 통계는 하인리히 법칙과 맞지 않는다. 왜 그럴까?

유럽연합(EU)의 공식 통계 기구인 유로스타트에 따르면 2014년 우리나라의 산업 재해 사망률은 경제협력개발기구(OECD) 회원국 중 압도적 1위다. 우리나라는 1년 에 노동자 10만 명 당 10.8명이 산업재해로 목숨을 잃는다. 그런데 EU 회원국의 평균 산재사망률은 10만 명 당 2.3명밖에 안 된다. 한국의 사망률은 EU의 거의 5배 수준이다.

산재사망률이 가장 낮은 나라는 네덜란드인데 수치가 10만 명 당 고작 1명 수준이다. 유럽에서 경제적으로 제일 허접하다는 그리스의 수치도 10만 명 당 1.2명밖에 안된다. 핀란드(1.2명), 독일(1.4명), 스웨덴(1.5명), 영국(1.6명) 등도 비슷하다. 그나마우리나라와 견줄 나라는 옛 동구권 국가였던 루마니아(7.1명), 라트비아(6명), 리투아니아(5.6명), 불가리아(5.4명) 등인데 이들조차 우리의 절반 수준이다.

이런 압도적인 산재사망률을 자랑하는(!) 한국의 부상사고나 아차사고 지표는 어떨까? 모든 사고를 포함한 산업재해 비율은 놀랍게도 우리나라의 수치가 OECD 국가평균의 5분의 1에도 못 미친다.

자, 어떤가? 산업재해로 죽는 사람은 선진국 중 압도적인 1위인데, 부상자 숫자는선진국 평균의 5분의 1밖에 안 된다니! 이게 상식적으로 말이 되나? 절대 그럴 리가없다. 5,000건을 분석한 통계적 진실에서 한국만 예외일 확률은 거의 제로에 가깝다.

그렇다면 왜 이런 이상한 통계가 나올까? 해답은 너무 간단하다. 자본가들이 부상사고나 위험사고가 발생해도 신고를 안 했기 때문이다!

사람이 죽으면 신고를 피할 수 없지만, 다치면 그 사실을 감출 수 있다. 사고가 산재로 처리되면 회사는 산재보험금을 더 물어야 하고 고용노동부로부터 징계도 받는다. 이 손실을 막기 위해 회사는 다친 노동자에게 "꼭 산재 신청을 해야겠어? 좋은 게 좋은 거야. 그냥 건강보험으로 치료 받아"라고 협박한다. 산재에 책임이 있는 회사는 조금도 손실을 입지 않고, 그들의 치료비는 국민들이 낸 건강보험료로 처리된다. 즉 산재를 산재라 부르지 않고 사고를 사고라 부르지 않으니 이런 황당한 통계가 나온다는이야기다. 아무리 우리가 홍길동의 민족이지만, 아버지를 아버지라 부르고 사고를 사고라 부르는 호부호형(呼父呼兄)은 최소한 허락해줘야 할 것 아닌가?

이건 과장이 아니다. 2013년 3월 12일~22일 현대중공업 노조가 울산 동구지역 정형외과 10곳을 방문해 조사를 한 적이 있었다. 현대중공업, 혹은 현대미포조선, 혹은 하청업체 노동자들이 산재 신청을 하지 않고 건강보험으로 치료를 받은 경우를 조사한 것이다.

이 조사를 한 인원이 고작 다섯 명이었다. 그런데 고작 다섯 명이, 고작 열흘 동안, 고작 병원 열 곳을 돌아다닌 결과가 어땠을까? 무려 106건의 산재 은폐 사례가 무더기로 쏟아졌다. 거의 조직범죄 수준의 수치다.

노동계에서는 "공장에서 사고가 나도 80% 이상 산재 신고가 안 된다"고 추정을 한다. "에이, 그건 과격한 노조의 주장이지"라고 반론하지 말라. 전문건설협회가 사업주들에게 익명을 보장하는 것을 전제로 산재 은폐율을 조사한 적이 있는데, 자본가들조차 "산재의 70% 이상을 숨긴다"고 답을 했다.

더 위험한 사실은 하청업체와 비정규직으로 갈수록 산재 은폐가 더 심해진다는 점이다. 하청이 산재 처리를 하면 원청이 싫어하기 때문에 하청은 눈치가 보여 산재 신청도 제대로 못한다. 한 설문조사 결과 산업재해를 당한 하청업체 노동자 중 산재보험으로 처리된 비중은 고작 5.7%였다.

경고를 대놓고 무시하는 나라

일기예보를 보는 이유가 무엇인가? "내일 비가 옵니다"라는 예보를 들으면 우산을 준비하기 위해서다. 우산 없이 비를 쫄딱 맞는 참사가 벌어졌다면 그것은 비가 온다는 예보를 못 들었거나, 일기예보 자체가 틀렸을 때 생기는 일이다.

그런데 내일 비가 온다는 예보를 직접적으로 29건, 간접적으로 300건이나 알려주는데 우리는 왜 우산을 준비하지 않는 것인가? 게다가 이놈의 나라는 일기예보를 무시하는 데 그치지 않고 일기예보 자체를 조작한다. 위험경고를 무시하는 것을 넘어 수많은 산재를 은폐함으로써 "위험경고가 없었다"고 주장한다. 그래서 한국은 세계에서 유일하게 하인리히 법칙에서 벗어난 나라가 된다.

우리는 진심을 다해 이 문제를 고쳐나가야 한다. 수백 건의 경고를 무시하고, 경고 수치를 조작하는 처참한 짓을 막지 못하면 사람들의 죽음을 결코 막을 수 없다. 제발 여기서 멈추자! 이 죽음의 굿판을 제발 좀 그만두자는 말이다.

노동자의 죽음을 막는
최고의 주류경제학적 해법

기업살인처벌법

 자유시장을 옹호하는 주류경제학자 중 뛰어난 글 솜씨와 대중성을 갖춘 인물을 꼽으라면 단연 「괴짜 경제학」의 저자 스티븐 레빗(Steven Levitt) 시카고대학교 교수가 그 주인공이 될 것이다. 대부분 주류경제학자들이 고리타분한 고담준론에 갇혀있는 것에 비해 레빗은 재치 있는 글 솜씨와 재기 넘치는 아이디어로 대중들의 사랑을 듬뿍 받는 학자다.

 레빗의 오랜 주장을 한마디로 요약하면 "사회에서 생기는 모든 문제를 돈으로 해결하자"이다. 그는 인간이 상과 벌에만 반응하는 호모 에코노미쿠스라는 사실을 굳게 믿는다. 그래서 잘 한 사람에게는 인센티브로 칭찬해주고, 못 한 사람에게는 무거운 징벌을 내리자고 목소리를 높인다.

 레빗에 따르면 이렇게 설계할 경우 세상에 어떤 문제도 생기지 않는다. 레빗의 경제학에는 도덕이나 윤리, 사람에 대한 애정 등이 개입할 여지가 전혀 없다.

 레빗이 문제를 해결하는 방식을 살펴보자. 레빗은 저서 「세상 물정의 경제학」에서 "섹스에 세금을 물리자"는 독특한 주장을 펼친다. 더 정확히 말하면 레빗은 "좋은 섹스에는 인센티브를 주고, 나쁜 섹스에는 고율의 세금을 물려야 한다"라고 주장한다.

레빗에 따르면 나쁜 섹스란 정치인들의 스캔들, 혹은 원치 않는 임신을 유발하는 섹스, 성병을 유발하는 섹스, 결혼을 파탄시키는 불륜 등등이다. 숱한 추문을 뿌리고 다닌 빌 클린턴(Bill Clinton) 전 미국 대통령의 섹스는 나쁜 섹스에 속한다. 반면 좋은 섹스란 가정에서 부부끼리 하는 정당한 섹스를 말한다. 레빗의 주장을 다시 정리하면 이렇다.

① 결혼한 부부가 집 안에서 허가된 섹스를 할 경우 인센티브를 지급한다.

② 혼전 성관계나 외도, 혹은 이상하거나 바람직하지 않은 섹스에 대해서는 최고세율로 과세한다.

③ 동성 간의 섹스나 두 명 이상 사람들이 섹스를 할 때, 혹은 비행기나 해변, 기타 비상식적인 환경에서 섹스를 할 때에도 높은 세율을 매긴다.

④ 그밖에 성기를 이용하지 않은 섹스에 대해서는 새로이 세율을 결정한다.

동성애에 대한 극단적인 편견과 몰상식이 고스란히 드러나는 주장이지만 일단 그 문제는 덮어두기로 하자. 아무튼 레빗이 대변하는 주류경제학의 시각은 분명하다. 잘한 자에게 거대한 포상을, 못 한 자에게 엄청난 징벌을!

어떻게 하면 노동자들을 살릴 것인가?

그렇다면 한국의 현실을 살펴보자. 앞에서도 언급했지만 유럽연합(EU)의 공식 통계 기구인 유로스타트의 발표에 따르면 우리나라의 산재사망률, 즉 산업재해로 목숨을 잃는 노동자의 비율은 2014년 기준 경제협력개발기구(OECD) 회원국 중 단연 1위다.

보수와 진보를 떠나 이건 너무나 심각한 문제다. 그렇다면 문제를 해결해야 하는데 이 문제를 해결할 아주 간단한 방법이 있다. 게다가 이 방법은 주류경제학이 적극적으로 추천하는 방법이기도 하다.

이토록 많은 노동자들이 목숨을 잃는다면, 노동자들의 목숨을 잃게 만드는 기업에게 가혹할 정도로 징벌을 내리는 것이다. 주류경제학이 칭송하는 레빗은 심지어 섹스에도 세금을 매기자고 주장한다. 주류경제학의 주장, 즉 '잘 한 자에게 거대한 포상을, 못 한 자에게 엄청난 징벌을!'을 적용하는 것이다. 사람을 죽이는 나쁜 자본에 대해 강력한 징벌을 내리는 것이 이 문제를 해결하는 가장 주류경제학적인 방법이다.

기업살인처벌법이 대안이다

이 방법이 효과가 있는 이유는 노동자를 죽이는 자들이 주류경제학을 열렬히 신봉하는 자본가들이기 때문이다. 이들은 오로지 이윤에만 눈이 먼 자들이어서, 잘못에 강하게 징벌을 가하면 그게 무서워서라도 잘못을 피한다.

2007년 기업살인처벌법(Corporate Manslaughter and Corporate Homicide Act)을 도입한 영국이 좋은 예다. 마가렛 대처(Margaret Thatcher)가 신자유주의를 도입한 이래 영국은 복지국가의 전통을 다 폐기하고 매우 후진 신자유주의 국가가 됐다.

그 탓에 영국에서는 1987년 엔터프라이즈 여객선 침몰 사고로 188명이 죽는 대참사가 벌어졌다. 1997년에는 철도사고로 7명이 목숨을 잃고 155명이 다쳤다. 2001년에도 열차 탈선 사고로 4명이 숨지고 70명이 부상을 당했다.

결국 영국 정부와 의회는 이를 막기 위해 2007년 기업살인처벌법을 도입했다. 이 법은 이름부터 매우 직설적이다. 산업재해보상법도 아니고 산업재해처벌법도 아니다. 법 이름에 분명히 고의적 살인(Homicide)과 고의적이지 않은 살인(Manslaughter) 모두를 처벌한다고 명시했다.

이 법에 따르면 고의든 아니든 산업현장에서 사고로 사람이 죽으면 형사책임부터 묻는다. 벌금에 상한액도 없다. 오로지 이윤만 추구하는 영국의 자본은 이 법이 도입된 후 허겁지겁 안전시설을 확충해 나갔다. 왜냐고? 사람이 죽으면 손해를 보기 때문이다! 2017년에는 노동자의 사망에 44억 원의 벌금을 물린 적도 있다.

"44억 원의 벌금도 결국 사람의 목숨 값을 돈으로 계산하는 것 아니냐"라는 반론은 매우 옳다. 그런데 우리가 상대하는 자들이 따뜻한 심장을 가진 인간일 것이라고 생각해서는 안 된다. 그들은 오직 이익과 손실에만 반응하는 괴물들이다. 그래서 나는 저 자들을 괴물이라고 인정하겠다. "인간성을 회복합시다"라고 호소하지도 않는다. 대신 우리는 사람을 살려야겠다. 그러니 너희들이 유일하게 반응하는 돈으로 응징을 하겠다는 것이다.

다시 강조하지만 2017년 한국에서 산업재해로 1,957명의 노동자가 목숨을 잃었다. 하루 평균 5.3명이 죽었다는 뜻이다. 지금부터 무심코 하루가 지나면, 어디선가 5명이 넘는 노동자가 세상을 떠난다. 그로부터 또 무심코 하루가 지나면, 다시 5명의 노동자가 목숨을 잃는다.

도덕과 윤리를 아무리 강조해봐야 한국의 자본이 이를 막으려 할 리가 없다. 그렇다면 남은 방법은 하나다. 자본이 좋아하는 주류경제학으로부터 지혜를 빌리자! 우리가

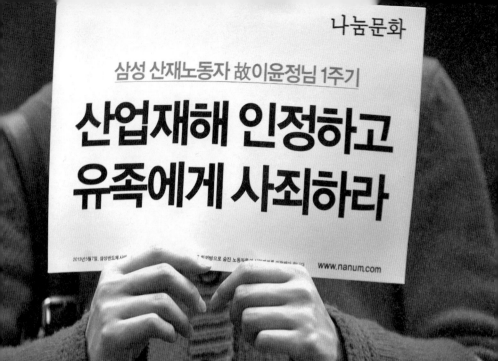

삼성반도체 온양공장 뇌종양 사망노동자인 故이윤정 씨 1주기 추모 기자회견 피켓

최소한 노동 현장에서 사람이 죽어서는 안 된다는 사실에만 합의한다면, 기업살인처
벌법 도입을 늦출 이유가 조금도 없다.

IV부

협동과 공정

정의와 공정은
후천적으로 길러진다

최후통첩 게임의 두 가지 변형

경제학의 역사를 바꾼 중요한 연구가 한 둘이 아니지만, 나에게 묻는다면 별 주저 없이 이 두 가지를 꼽는다. 첫째는 1950년 22세의 나이에 경제학계에 지각변동을 일으킨 천재 수학자 존 내쉬(John Nash, 1928~2015)의 「비협력게임(Non-Cooperative Games)」이다. 둘째는 1982년 독일의 경제학자 베르너 귀트(Werner Guth, 1944~)가 발표한 '최후통첩 게임(ultimatum game)'이다.

이 두 가지를 꼽는 이유는 주류경제학이 200년 넘게 '인간은 이기적인 존재이고, 이기적 인간은 효율적 시장을 낳는다'라고 가르쳤기 때문이다. 그런데 주류경제학의 이 전제에는 심각한 오류가 있다. 전제 자체가

1994년 노벨경제학상을 받은 천재 수학자 존 내쉬. 그의 생애를 그린 영화 〈뷰티풀 마인드〉에서는 배우 러셀 크로우가 존 내쉬의 역할을 맡았다.
ⓒPeter Badg

완전히 틀렸다는 것이다.

존 내쉬의 게임이론은 이기적 인간이 결코 효율적 시장을 만들지 않는다는 사실을 밝혀냈다. 베르너 귀트의 최후통첩 게임은 인간이 이기적인 존재가 아니라는 사실을 실험을 통해 입증했다. 주류경제학의 가장 중요한 두 가지 전제를 완벽히 무너뜨린 것이다.

존 내쉬에 관해서는 「경제의 속살 1」에서 살펴본 바가 있어서 이번 책에서는 생략한다. 물론 최후통첩게임도 「경제의 속살 1」에서 다뤘지만 이 이론은 복습 삼아 이번 책에서도 다시 간단히 다뤄보겠다. 최후통첩 게임은 수많은 변형 게임을 낳는데 원본도 훌륭하지만 변형 게임들도 매우 흥미롭다. 변형 게임의 이해를 위해 원본부터 잠시 감상해보자.

최후통첩 게임

A와 B 두 사람이 게임에 참여한다. 두 사람은 한 번도 만난 적이 없을뿐더러 앞으로도 만날 일이 없는 사람들이다. 즉 서로에 대해 인간적인 배려를 할 필요가 조금도 없다.

진행자는 A에게 1만 원을 공짜로 지급한 뒤 "1만 원을 둘로 쪼개 B와 나눠가지라"고 제안한다. 얼마를 나눠주건 그건 전적으로 A의 자유다.

이 게임에는 조건이 한 가지 있다. 파트너인 B가 제안을 받아들이면 게임은 행복하게 끝난다. A는 약속한 돈을 B에게 주면 된다.

반면 B가 A의 제안을 거절하면 게임은 무효가 된다. 진행자가 1만 원을 빼앗아 오고, A와 B 두 사람은 한 푼도 챙기지 못한다.

매우 간단한 게임이다. 주류경제학에 따르면 이 게임의 정답은 A가 1원을 나눠주고 B는 그 제안을 받아들이는 것이다. 왜냐하면 경제학에서는 A와 B 모두를 '이기적인 인간'이라고 전제하고 있기 때문이다. 이기적인 인간은 자기의 이익을 극대화해야 한다. 따라서 돈을 나눌 권한을 가진 A는 파트너의 감정 따위는 아랑곳 않고(게다가 모르는 사람임) 자신이 최대한 많은 돈을 가져가려 한다.

하지만 1만 원 전부를 다 가질 수는 없다. 왜냐하면 B에게 한 푼도 지급하지 않기로 하는 순간(0원을 적어냄) B가 그 제안을 거절할 것이기 때문이다. 생기는 것이 한 푼도 없는 B가 그 제안을 받아들일 리 만무하다. 그리고 이렇게 B가 제안을 거절하면 A는 한 푼도 건지지 못한다. 그게 게임의 규칙이다.

그래서 A는 최소 금액인 1원을 건네야 한다. 이러면 A는 9,999원을 가져갈 수 있어 이기심을 극대화할 수 있다. 1원을 제안 받은 B 역시 이 제안을 거절하지 못한다. 왜냐하면 거절할 경우 땡전 한 푼 떨어지지 않지만, 승낙을 하면 1원이 생기기 때문이다.

"그깟 1원 가져서 뭐해?"라는 반론은 경제학적이지 않다. 인간은 이기적 존재이기 때문에 1원을 받는 것이 땡전 한 푼 못 받는 것보다 이익이라는 사실을 알게 된다. 그래서 제안을 거절하지 못한다. 결국 최후통첩 게임의 결과는 A가 9,999원을 갖고, B는 1원을 갖는 것으로 결말을 맺는다.

하지만 이런 주류경제학의 주장은 현실을 전혀 설명하지 못한다. 내가 강연장에서 청중들에게 이 질문을 던져보면 "당연히 1원을 주겠어요"라고 말하는 A는 단 한 명도 보지 못했다. 그리고 "A가 1원을 제안했다면 어떻게 하시겠어요?"라고 물었을 때 "당연히 받아들이겠어요. 왜냐하면 나는 호모 에코노미쿠스니까요"라고 답하는 B도 단 한 명도 보지 못했다.

특이한 점은 내가 이 질문을 던졌을 때 B의 역할을 맡은 사람들 중 상당수가 "1원? 장난해? 4,500원 이하면 나는 절대 안 받아!"라며 4,500원을 기준으로 삼는 사람들이 꽤 됐다는 점이다. 4,500원이 무슨 의미인가 싶어 물었더니 그게 담배 한 갑 가격이라고 답했다. "담배 한 갑은 피워야지!"가 그분들의 주장이었다.

아무튼 최후통첩 게임의 결과는 주류경제학의 주장처럼 절대 1원이 아니다. 수많은 학자들이 이 실험을 반복했지만 그 결과는 대부분 동일했다.

①A는 B에게 평균 약 4,500원의 돈을 나눠준다(의외로 담배 한 갑이 정답이었음).

②A가 2,000원 이하를 제안했을 때 B는 대부분 그 제안을 거부한다.

거부를 하면 2,000원조차 받아가지 못한다. 하지만 대부분 참가자들은 "나는 2,000원 못 받아도 좋으니, 저 나쁜 A놈이 8,000원을 가져가는 꼴은 죽어도 못 보겠다"라며 보복권을 행사했다.

이 결과는 '인간은 이기적이다'를 전제로 한 현대 주류경제학의 전제를 박살냈다. 인간은 난생 처음 본 사람에게도 기꺼이 불로소득의 45%를 나눠주는 협력적 존재였다. 또 인간은 2,000원이라는 공짜 돈을 포기하면서까지 정의롭지 못한 결과, 공정하지 못한 분배에 저항했다. 한마디로 인간은 호모 에코노미쿠스가 아니라는 이야기다.

변형게임 첫 번째

지금부터는 변형된 최후통첩 게임 두 가지를 살펴보자. 먼저 소개할 게임은 엘리자베스 호프먼(Elizabeth Hoffmann)이라는 학자가 고안한 게임이다. 앞에서 소개한 최후통첩 게임을 똑같이 하는데, 게임 직전에 두 사람에게 아주 간단한 퀴즈를 풀게 한다.

퀴즈는 너무 쉬워서 누구나 쉽게 답을 할 수 있는 것들이다. 예를 들면 "3+5는?" 혹은 "김용민 브리핑의 진행자 이름은?" 이런 것을 물어보는 거다. 누군가가 먼저 손을 들고 "김용민!"이라고 정답을 외치면 그 사람이 게임의 승자가 된다. 승자는 게임에서 A의 역할을 맡고 패자가 B의 역할을 맡는다.

상식적으로 A와 B 중 A가 더 나은 위치에 있다. 그래서 승자에게 A의 자리를 내어주는 것이다. A는 얼마를 나눠줄지 결정하는 결정권을 가지고 있는 반면 B는 그 결정을 거부할 수 있는 거부권만을 가지고 있을 뿐이다.

아까 최후통첩 게임 원본에서 A는 평균 4,500원 정도를 나눠준다고 했다. 그런데 이 변형 게임에서 A는 그보다 훨씬 낮은 금액, 즉 평균 2,000원 정도를 나눠주는 것으로 드러났다. 즉 원본과 달리 A가 훨씬 비협조적인 태도로 나온 것이다.

왜 그럴까? A가 '나는 내 스스로의 힘으로 A의 자리를 차지했어'라고 생각하기 때문이다. 즉 퀴즈를 풀어서 더 나은 위치에 올랐으므로 자신은 더 많은 돈을 가질 권리가 있다고 믿는다.

그렇다면 B는 어떤 행동을 보였을까? 원본 게임에서 B는 A가 2,000원 이하를 제안했을 때 대부분 보복권을 행사했다. 반면 변형 게임에서 B는 A가 2,000원 이하를 주겠다는 짠돌이 제안을 해도 대부분 그 제안을 받아들였다.

이건 또 왜 그럴까? B 역시 '내가 퀴즈를 못 풀어서 불리한 위치에 서게 된 거야'라고 생각하기 때문이다. 즉 퀴즈를 풀지 못해 패자가 됐기 때문에 불우한 처지를 받아들여야 한다고 믿는다.

그런데 잠깐 생각해보자. 퀴즈의 승자인 A에게 더 나은 위치를 주는 것은 그럴 수 있는데, 그 퀴즈는 정말 아무 것도 아니지 않은가? 예를 들어 '(k-2)x+3y-1=0, kxy+2=0이 평행하도록 하는 상수 k의 값을 α, 수직이 되도록 하는 상수 k값을 β 라 할 때, $\alpha\beta$ 의 값을 구하라'라는 어려운 문제를 푼 게 아니라는 이야기다(고등학교 수학 책에서 베꼈습니다). "김용민 브리핑의 진행자 이름은?"의 답은 당연히 김용민이다. 그게 김어준일 리는 없는 거다.

그런데 누구나 답할 수 있는 이 간단한 퀴즈를 단지 1초 먼저 풀었다는 이유만으로도 A는 오만해지고 B는 열등감에 빠진다. 그리고 이들은 이 간단한 퀴즈 결과로 발생하는 불평등을 너무나 쉽게 받아들인다.

지금 이 사회가 그렇다. 무려 12년 동안 지덕체의 총체를 가르치는 공교육이라는 것을 했는데 우리는 어떤 사람을 더 뛰어난 인재라고 평가하고 있나? 수능시험 당일 영어하고 수학 시험을 잘 본 사람이 더 뛰어난 인재라는 거다. 가만히 생각해보면 진짜 황당한 이야기인데, 사람들은 이 결과에 너무 쉽게 승복을 한다.

명문대를 나온 이들은 "나는 명문대를 나왔으니 훨씬 더 잘 살 권리가 있어"라고 태연히 주장한다. 더 참담한 사실은 명문대를 나오지 못한 사람들의 태도다. 그들 역시 "나는 내가 열심히 하지 않아서 좋은 대학을 못 나왔으니 이 모양 이 꼴로 사는 게 당연해"라며 자신을 탓한다. 이런 심리가 불평등한 사회를 고착화시킨다. 하지만 아무리 생각해도 승자를 자처하는 자들이 한 일이라고는 "김용민 브리핑의 진행자 이름은?"이라는 질문에 "김용민!"을 조금 더 빨리 외친 것뿐이다.

명문대를 나온 이들이 어떤 자들인지 잘 들여다보라. 내 경험이지만 그들 중 대부분은 지적 수준도 낮고, 겸손할 줄도 모르고, 동료를 배려하는 마음도 없고, 심지어 싸가지도 더럽게 없다. 그런데 그런 이들이 뛰어난 인재라고? 같이 일을 한다면 한 대 쥐어박고 싶은 자들이 대부분인데?

그래서 불평등을 없애기 위해서는 승자의 오만함을 제거해야 한다. 패자의 열패감도 없어야 한다. 수능시험 결과와 명문대 졸업장? 그게 정말로 이 사회를 이토록 불평등하게 만들 충분한 이유가 된단 말인가? 나는 절대 동의할 수 없다.

변형게임 두 번째

두 번째 소개할 게임은 존 머니건(John Murnighan)과 마이클 스콧 색슨(Michael Scott Saxon)이라는 두 경제학자의 작품이다. 이들은 미성년자를 대상으로 최후통첩 게임을 실시했다. 유치원생, 9살 이하, 12살 이하, 15살 이하 등 네 그룹의 미성년자들이 이 게임에 참여했다.

9살 이상 그룹에게는 1달러를 주고 이를 어떻게 나누는지 관찰했다. 아직 돈 개념이 충분치 않은 유치원생들에게는 돈 대신 M&M 초콜릿 10알을 나누도록 했다. 다시 상기하자면 원본 게임에서 A는 평균 45% 정도를 나눠주고, B는 20% 이하를 제안 받았을 때 대부분 보복권을 행사했다.

미성년자들을 대상으로 이 게임을 해봐도 나눠주는 비율은 거의 비슷했다. 어떤 연령대건 A의 역할을 맡은 이들은 대부분 40~50% 정도를 B에게 나눠줬다.

그런데 게임을 해보면 1달러 중 10센트만 나눠주거나 초콜릿 10알 중 한 알만 나눠주는 이기적 인간(이 책에서는 앞으로 이런 이기적 인간들을 '얍실이'라고 부르겠다)들이 꼭 나온다. 이런 제안을 받은 B는 어떻게 행동할까? 원본 게임에서는 대부분의 B가 이 제안을 거부하고 함께 죽는 길을 택했다. 반면 유치원생의 경우 무려 76%가 초콜릿 한 알의 제안을 받아들였다. 상대가 무려 9알을 차지하고 나한테는 고작 한 알만 주는 얍실한 짓을 했는데도 말이다. 보복을 선택한 유치원생의 비율은 고작 24%뿐이었다.

하지만 연령대가 높아질수록 보복하는 이들의 비율이 높아졌다. 9살쯤 되면 A가 90센트를 갖고 10센트만 나눠줄 경우, 무려 73%의 B가 보복권을 행사한다. 12살에서는 이 수치가 조금 낮아지긴 하는데, 그래도 60% 정도가 보복권을 행사했다.

무슨 뜻일까? 인간에게는 협동과 연대의 본성이 있다. 태어날 때부터 우리는 모르는 사람에게도 기꺼이 절반 정도를 나누는 협동의 유전자를 충분히 타고났다는 뜻이다.

하지만 정의와 공정에 대한 열망은 다르다. 이 감정은 선천적인 게 아니라 후천적이다. 유치원생들은 초콜릿 한 알을 받는 부당한 분배를 겪어도 그 일을 그냥 받아들인다. 반면 나이가 들고 사회 속에서 생활하다 보면 무엇이 공정한 일이고 무엇이 불공정한 일인지를 구분하기 시작한다. 불공정함에 저항하는 법도 배운다.

지금 이 사회는 아주 간단한 퀴즈를 푼 자들이 엄청난 사회적 기득권을 누리는 세상이다. 학벌이 지배하는 세상이라는 뜻이다. 이는 너무나 불공정하기에 응징을 해서라도 바로잡아야 한다.

그런데 그 불공정함을 깨닫고 투쟁에 나서는 일은 절대 선천적으로 타고나지 않는다. 협동은 본능이지만, 정의감은 후천적이라는 뜻이다. 그래서 우리 아이들에게 정의를 가르치지 않는다면 그들은 "내가 수능을 못 봤으니 못 사는 게 당연해"라며 자책을 하게 된다. 투쟁을 포기하고 불우한 삶을 쉽게 받아들인다.

지금 한국 사회가 우리의 자녀들에게 무엇을 가르쳐야 할지 진짜 심각하게 고민해보기를 원한다. 수학이나 영어가 아예 불필요한 과목이라고까지는 감히 이야기하지 않겠다. 하지만 그건 나중에 필요하다고 느낄 때 언제든지 배울 수 있는 것들이다.

반면 불공정에 대한 저항과 정의감은 어렸을 때 가르치지 않으면 쉽게 길러지지 않는다. 그런데 정의와 도덕을 배워야 할 나이에 학원에서 수학과 영어를 배우고 있으니 승자가 오만하고 패자가 열등감에 빠진다.

나는 수능 결과에 따라 우리 아이들 인생의 등급이 나뉘는 사회가 아니라, 아이들이 자주적으로 자신의 삶을 선택하고 권리를 누리는 세상을 진심으로 원한다. 삶을 사는 것이 생존하기 위해 발버둥치는 고통이 아니라, 삶 자체가 행복한 것이라는 사실을 알려주고 싶다.

단언하는데 그 출발은 불평등을 인식하고 저항하는 것으로부터 시작해야 한다. 그리고 그들에게 그것을 가르치는 책임은 아이들의 몫이 아니라 우리 기성세대의 몫이다.

얍실이를 바꾸는
최고의 방법은 보복

신뢰게임

최후통첩 게임에 대해 많은 분들이 이런저런 질문을 던진다. 예를 들어 "애초에 나눠주는 액수가 1만 원으로 너무 적어서 그런 것 아닐까요? 예를 들어 1,000만 원이라는 거금을 나누라고 한다면 45%나 나누지는 않을 것 같은데요?"라는 질문이 그런 것들이다.

사실 이런 질문들은 매우 훌륭하다. 경제학자들도 비슷한 궁금증을 가졌기 때문이다. 그래서 그런 궁금증들을 해소하기 위해 많은 실험들이 실시됐다. 예를 들어 1,000만 원을 나눠주는 실험을 실제 해보면 A가 나눠주는 돈의 비율이 실제로 줄기는 한다. 하지만 이 실험에서도 A는 평균 25%정도를 B에게 건넨다. 즉 액수가 커질수록 사람의 욕심도 커지기는 하지만 그렇다고 1%만 나눠주는 얍실이짓을 하는 이들은 거의 없다는 이야기다.

오해를 피하기 위해 이야기하자면 나는 인간이 온전히 협동적이고 이타적인 존재라고 주장하는 것이 아니다. 인간은 때로는 이기적이기도 하고, 때로는 협동적이기도 하다. 개인차도 심하다. 어떤 이들은 진상으로 얍실이짓을 하고, 어떤 이들은 존경이 아깝지 않을 만큼 협동적이기도 하다. 다만 한 가지 확실한 것은 주류경제학이 말하는 것처럼 우리를 '이기적 인간이다'라고 단순히 규정하는 것은 미친 짓이라는 점이다.

이번 장에서는 최후통첩 게임의 또 다른 변형 게임을 살펴볼 것이다. 미국 아이오와 대학교 경제학과 조이스 버그(Joyce Berg) 교수가 고안한 신뢰게임(trust game)이 이번 장의 주제다.

신뢰게임

게임의 규칙은 최후통첩 게임과 비슷하다. A에게 1만 원을 주고 B에게 돈을 나눠주도록 한다. 그런데 최후통첩 게임과 다른 점은 A가 얼마를 주겠다고 제안하면 B는 그 돈의 무려 세 배를 받는다는 점에 있다. 예를 들어 A가 5,000원을 제안하면 B는 세 배인 1만 5,000원을 손에 쥘 수 있다.

이 게임에는 두 번째 단계도 있다. 세 배의 돈을 받은 B는 다시 그 돈 중 일부를 A에게 되돌려 줄 수 있다. 예를 들어 A가 5,000원을 제안했고, B는 그 세 배인 1만 5,000원을 받았다면, B는 고마움을 표시하기 위해 1만 5,000원 중 5,000원을 떼서 다시 A에게 돌려주는 것이다. 이렇게 하면 양쪽 다 1만 원씩 챙길 수 있다.

물론 이건 규칙이 그렇다는 것이지 얼마를 되돌려 줄지는 전적으로 B의 마음에 달려있다. 한 푼도 안 돌려줘도 괜찮다는 뜻이다.

게임의 이름이 '신뢰게임'인 이유는 서로를 믿을수록 양쪽 모두 큰 이익을 얻을 수 있기 때문이다. 만약 A가 B를 전적으로 믿을 수만 있다면 A는 무조건 1만 원 전부를 다 B에게 줘야 한다. 그래야 1만 원이 3만 원으로 불어나기 때문이다. 이때 B는 받은 3만 원 중 절반인 1만 5,000원을 A에게 되돌려준다. 이렇게만 될 수 있다면 두 사람

모두 1만 5,000원을 챙길 수 있다.

하지만 상대를 도무지 믿을 수 없다면 A는 당연히 한 푼도 나눠줘서는 안 된다. B가 불어난 돈을 들고 튈 가능성이 높기 때문이다. 그래서 상대를 못 믿는다면 A는 만 원을 다 챙기고 B는 한 푼도 못 받는다.

주류경제학에 따르면 인간은 매우 이기적 존재이기 때문에 A는 절대 돈을 나누지 않는 것이 정상이다. B도 이기적 인간이기 때문에 돈을 받으면 무조건 튈 것이 분명하기 때문이다.

하지만 이는 당연히 사실이 아니다. 최후통첩 게임에서도 확인했듯이 인간에게는 선천적인 협동의 유전자가 있다. 실험을 해보면 A는 평균 7,000~8,000원 정도를 B에게 나눠준다.

세 배의 거금을 받은 B도 그 돈을 들고 그냥 튀지 않는다. 받은 돈 중 상당액을 떼어 양쪽 소득이 똑같아지도록 계산한 뒤 그 금액만큼 A에게 되돌려준다.

실험을 마친 뒤 A에게 "B를 어떻게 믿고 돈을 나눴나요?"라고 이유를 물으면 "에이, 내가 돈을 주면 세 배로 불어서 가는데, 설마 B가 그걸 다 들고 튀겠어요?"라며 상대에 대한 신뢰를 보인다. 돈을 되돌려준 B에게도 "들고 튀어도 되는데 왜 돈을 돌려줬나요?"라고 물으면 "에이, 상대가 나를 믿고 세 배로 불려서 돈을 줬는데 내가 어떻게 그냥 튀어요? 염치라는 게 있죠"라고 답을 한다.

주류경제학의 주장과 달리 인간은 이처럼 모르는 사람에 대해서도 기본적인 신뢰를 갖는다. 그리고 받은 만큼 돌려줄 줄 아는, 염치라는 것도 갖고 있다.

신뢰를 더 높이는 방법은?

그런데 이런 훈훈한 결론에도 불구하고 풀리지 않는 과제가 있다. 우리가 서로를 상당히 믿기는 하는데 온전히 믿지는 않는다는 사실이다. 이 게임에서 가장 효율적인 방법은 A가 상대를 100% 믿고 만 원을 다 내어주는 것이다. 그리고 B는 받은 돈(3만 원) 중 절반을 돌려주는 것이다.

하지만 실험을 해보면 A는 B에게 평균 7,000~8,000원 정도만 내어 준다. 상대를 100% 다 믿지는 않는다는 뜻이다. 물론 이 정도 믿는 것도 대단한 일이지만, 사회적 효율을 더 높이려면 신뢰 수준을 100%까지 끌어올리는 방법을 찾아야 한다.

어떤 방법이 있을까? 경제학에서 제시하는 가장 효율적이고 명쾌한 방법은 두 그룹 모두에게 보복할 권리를 주는 것이다. 예를 들어 A가 애초부터 한 푼도 나눠주지 않고 만 원을 들고 튈 경우, B가 자기 돈 얼마를 내면 진행자는 그 돈의 갑절을 A로부터 빼앗아버리는 식이다.

주류경제학에 따르면 B는 절대 이런 미친 짓을 해서는 안 된다. 아무리 화가 나도 그렇지, 자기 돈을 낭비하면서까지 남에게 보복을 할 이유가 없기 때문이다.

하지만 실제 실험을 해보면 B는 기꺼이 호주머니에서 돈을 꺼내 A의 재산을 박탈한다. 이유를 물으면 "열 받잖아요. 나한테 일부라도 나눠주면 세 배로 불어나고, 나도 반드시 얼마를 돌려줄 텐데요. 그 자식이 얍실하게 혼자 다 들고 튀었잖아요. 그런 놈을 어찌 그냥 둔다는 말입니까?"라며 버럭 화를 낸다.

A가 넘겨준 돈이 세 배로 불어 B에게 전해졌을 때, B가 이 돈을 다 들고 튀어도 마찬가지다. A에게도 보복권이 있어서 자기 돈 얼마를 내면 그 돈의 갑절을 B로부터 빼앗을 수 있다. 실험을 해보면 B가 들고 튈 경우 A의 분노는 상상을 초월한다. B가 2만

원을 들고 튀었다면 A는 자기 돈 1만 원을 내서 B의 돈을 모조리 빼앗는 경우도 꽤 있다.

이들에게 이유를 물어도 마찬가지다. "열 받잖아요. 내가 자기를 믿고 돈을 내서 세 배로 불려줬는데, 그걸 들고 튀어요? 죽어도 그 꼴은 못 보죠!"라며 열을 올린다. 즉 사람은 내가 손해를 입는 한이 있어도 공정하지 못한 자에게 징벌을 내릴 줄 아는 존재다.

이렇게 양쪽에 보복권을 부여하면 양자의 신뢰도는 강하게 높아진다. A는 대부분 만 원 전부를 B에게 건네고, B는 자기가 받은 돈의 절반을 기꺼이 A에게 돌려준다. 개중에는 분명히 얍실이도 있다. 하지만 얍실이조차 '보복을 당하느니 상대를 믿고 돌려주는 게 더 이익이다'라는 사실을 깨닫는다.

우리는 원래부터 서로를 상당히 믿기는 했다. 하지만 세상을 살다 보면 간혹 얍실이가 튀어나오는 일이 꼭 벌어진다. 이때 필요한 것이 보복권이다. 양쪽에 보복권을 쥐어주면 얍실이를 손쉽게 개과천선시킬 수 있다. 보복권의 존재가 서로의 신뢰를 더 강하게 끌어올리는 것이다.

우리에게는 보복권이 필요하다

지금 이 사회에서 얍실이짓을 하는 대표적 이들이 누구인가? 재벌을 비롯한 기득권층들이다. 특히 재벌들의 얍실이짓은 상상을 초월한다.

노동자들은 헌신적으로 일했고, 소비자들은 국산품 쓰는 게 애국이라 굳게 믿고 재벌들의 제품을 열정적으로 이용했다. 그런데 그 이익의 대부분을 재벌들이 가져갔다. 정경유착과 횡령 등 비열한 사기극이 동원된 것은 두말할 필요조차 없다.

이재용 삼성전자 부회장

　게다가 재벌 2, 3세들의 얍실이짓은 더 가관이다. 사회가 총체적으로 헌신해서 만든 부의 대부분을 재벌 2, 3세들이 불법 상속과 편법 증여를 통해 가로챘다. 이재용이 재벌인 이유는 고작해야 아버지가 이건희이기 때문이다. 이건 "김용민 브리핑의 진행자 이름은 김용민"을 맞힌 것보다 더 허접한 자격일 뿐이다. 그런데도 그들은 사회의 부를 자기 것인 양 가로챘다.

　이런 얍실이들을 어떻게 없앨 수 있을까? 간단한 방법이 있다. 민중들에게 보복권을 부여하는 것이다. 타인의 재산을 부당하게 가로채고 기득권 연하는 자들을 강력히 응징할 수 있어야 한다. 그러면 그들도 '얍실이짓을 하는 것보다 신뢰를 보여주고 보답을 하는 것이 나에게 더 유리하구나'라는 사실을 알아챈다.

재벌의 갑질 문제도 보복권을 이용해 쉽게 풀 수 있다. 재벌이 하청업체와 약속을 어기고 갑질을 했을 때, 을의 위치에 있는 하청업체가 강력하게 보복할 수 있도록 하면 재벌은 더 이상 을들을 괴롭히지 못한다. 그리고 이렇게 양쪽이 신뢰를 형성하면 사회적 효율이 높아진다.

지금 재벌은 A의 위치에서 1만 원을 들고 튀는 전략을 사용한다. 당연히 B는 한 푼도 못 건진다. 하지만 서로를 믿고 나누면 A도 1만 5,000원을 챙기고, B도 1만 5,000원을 얻을 수 있다. 사회적 신뢰가 높아질수록 경제적 효율은 배가된다.

재벌들이 미워서 보복권을 행사하자는 게 아니다. 그들에게 더 효율적인 방식을 알려주기 위해서 하는 이야기다. 미국의 미래학자 프랜시스 후쿠야마(Francis Fukuyama)는 "신뢰야말로 선진국과 후진국을 가르는 결정적 차이다"라고 말한다.

신뢰가 형성돼 있지 않는 사회는 너무 비효율적이어서 선진국이 될 수 없다는 이야기다. 후쿠야마의 분석에 따르면 한국은 확실히 선진국이 아니다. 범죄자 재벌 2, 3세들이 버젓이 사회 지도층 행세를 하는 이 사회에서 어떻게 서로를 믿는 사회적 신뢰가 쌓인단 말인가?

협동을 위해
우리는 자주 만나야 한다

공공재 게임과 의사소통 가설

앞 장에서도 이야기했지만 인간은 무조건 협동적인 천사도 아니고, 언제나 배신하는 얍실이도 아니다. 인간에게는 이 두 가지 요소가 모두 존재한다. 그래서 나는 "인간은 협동과 이기심이라는 두 다리로 걷는 존재다"라는 표현을 종종 사용한다.

앞으로도 차차 살펴보겠지만 협동 사회가 이기적인 사회보다 더 효율적이라는 사실은 여러 연구를 통해 이미 충분히 입증됐다. 그렇다면 문제는 어떻게 해야 우리가 사는 세상을 보다 협동적인 세상으로 만들 수 있을까이다.

공공재 게임

공공재 게임(public goods game)이라는 것이 있다. 이 게임 역시 최후통첩 게임에서 파생된 것이다.

이 게임은 두 사람이 아니라 여러 명을 한 팀으로 묶어서 진행한다. 예를 들어 생면부지의 참가자 다섯 명을 모은 뒤 이들에게 1만 원씩 나눠주는 식이다. 그리고 이들에게 "받은 돈 중 일부를 공공금고에 기부할 수 있다"고 알려준다. 얼마를 기부하건 상관이 없고, 누가 얼마를 기부했는지도 공개하지 않는다.

참가자가 돈을 기부하면 공공금고에는 낸 돈의 세 배가 적립된다. 앞 장에서 소개한 신뢰게임과 비슷하다. 다른 점이라면 신뢰게임에서는 내가 낸 돈이 상대방에게 가는 것이고. 공공재 게임에서는 공공금고에 들어가는 것이다.

주최측은 참가자들이 낸 돈을 모두 합한 뒤, 그 돈을 다시 참가자 숫자만큼 나눠 모든 사람에게 골고루 나눠준다. 중요한 점은 더 많이 기부를 했건, 한 푼도 기부하지 않았건 돌려받는 돈은 같다는 점이다. 어차피 기부를 할 때부터 누가 얼마를 기부했는지조차 파악하지도 않는다.

얼핏 드는 생각으로 이 게임에서 제일 좋은 모델은 참가자 다섯 명이 모두 1만 원 전액을 기부하는 것이다. 그러면 기부금은 세 배로 불어 15만 원(5만 원의 세 배)이 금고에 쌓인다. 주최측은 이 돈을 다시 다섯 명에게 나눠주기 때문에 각자 3만 원씩 챙길 수 있다.

그런데 이 게임에서는 더 많은 돈을 챙길 수 있는 전략이 있다. 만약 얍실이가 한 푼도 내지 않고 버렸을 때, 다른 네 명이 협동적이어서(이런 사람들을 '협동이'라고 부르자) 다들 1만 원씩 기부한다면 얍실이에게 신나는 일이 벌어진다. 협동이 네 명이 1만 원씩 냈고(총 4만 원), 그 돈은 세 배로 불어서(12만 원) 공공금고에 적립된다.

주최측은 12만 원을 나눠 다섯 명에게 돌려준다. 이러면 얍실이는 애초 챙긴 1만 원에다가 공공금고로부터 받은 돈 2만 4,000원까지 획득한다. 물론 다른 협동이들도 2만 4,000원씩 받지만 얍실이는 그보다 1만 원이 많은 3만 4,000원을 챙기는 셈이다. 만세!!!! 얍실이는 자기도 기부를 했을 때 돌려받을 돈 3만 원보다 4,000원이나 더 챙겼다.

문제는 얍실이가 이런 짓을 하면 다른 협동이들이 열을 받는다는 데 있다. 이 게임을 한 판만 해보면 얍실이가 분명히 이익을 챙긴다. 하지만 게임을 여러 번 반복하면 어떻게 될까?

첫 판에서 1만 원을 온전히 기부한 협동이들이 배신감을 느낀다. 협동이는 분명히 1만 원을 다 냈는데, 돌아오는 돈은 세 배가 아니라 그에 못 미치는 2만 4,000원밖에 안 되기 때문이다. 이 말은 우리 중에 누군가 얍실이가 있다는 뜻이다.

이 사실을 알아챈 협동이들은 두 번째 판부터 얍실이와 똑같은 짓을 하기 시작한다. 그 와중에 심성이 특히 착한 협동이가 있다면, 그는 또 1만 원을 기부할 것이다. 하지만 이 협동이는 두 번째 판에서 더 큰 손해를 입는다. 게임이 거듭될수록 협동이들의 손해는 커진다. 결국 아무리 심성이 착한 협동이라도 시간이 지날수록 얍실이와 똑같은 행동을 할 것이고, 다섯 명 모두 한 푼도 기부하지 않는 사태가 벌어진다. 이들이 돌려받는 돈도 당연히 0원이 된다. 서로를 믿고 기부했으면 세 배인 3만 원을 챙길 수 있었는데, 얍실이 한 놈이 판을 흐리는 바람에 모두가 1만 원밖에 못 챙기는 슬픈 일이 벌어지는 것이다.

경제학에서는 이런 얍실이들을 무임승차자, 혹은 프리라이더(free-rider)라고 부른다. 무임승차자는 주류경제학에서조차 매우 큰 골칫거리다. 왜 골칫거리냐면, 얍실이를 응징할 방법이 없기 때문이다.

최후통첩 게임에서는 상대에게 보복할 권리를 부여해 얍실이를 응징할 수 있다. 하지만 공공재 게임에서는 누가 얍실이짓을 했는지 알 방법이 없다. 당연히 보복을 할수도 없다. 이런 이유로 공공재 게임을 여러 판 거듭하면 얍실이가 협동이를 몰아내고, 사회적 효율이 낮아진다.

이건 매우 중요한 문제다. 다음 장에서도 살펴보겠지만 얍실이와 협동이가 한 조직 안에 섞이면 얍실이가 이익을 챙겨간다. 심지어 협동이가 다수고, 얍실이가 한 명뿐이어도 이익은 얍실이에게 돌아간다.

그래서 나는 운동가들을 만나면 "조직에서 개인의 이익만 챙기는 얍실이를 발견하면 즉각 제거하세요. 가만 놔두면 큰일 납니다"라는 조언을 종종 한다. 얍실이에게는 절대 관용을 베풀어서는 안 된다. 공공재 게임에서 알 수 있듯이 얍실이의 승리를 용인해주는 순간 협동이들조차 얍실이에게 전염되기 때문이다. 팀 공동의 성과를 자기 성과로 가로채는 자, 자기 공치사를 입에 달고 다니는 자를 방치하는 것은 조직을 망치는 지름길이다.

얍실이를 제어하는 효율적인 방법

그래서 경제학자들이 얍실이를 제어할 방법을 찾아내기 시작했다. 콜롬비아 안데스 대학교 경제학과 후안 카밀로 카르데나스(Juan Camilo Cardenas) 교수의 해법은 이렇다. 이 연구는 경북대 경제통상학부 최정규 교수의 저서 「이타적 인간의 출현」에 소개됐는데 최 교수는 게임이론과 행동경제학 분야에서 발군의 업적을 자랑하는 세계적 경제학자다.

카르데나스 교수의 실험은 좀 복잡한데 이 책에서는 이해를 위해 약간 각색(단순화)해서 풀어가 보겠다. 각색을 거쳤지만 실험의 취지는 조금도 훼손하지 않았다.

공공재 게임을 서른 판 넘게 반복하는 실험을 진행한다. 그런데 이 실험에는 세 가지 버전이 있다.

먼저 ①번 버전. 그냥 우직하게 공공재 게임을 서른 판 넘게 계속 해보는 거다. 그 다음 ②번 버전. 열 판 까지는 그냥 게임을 하는데, 열 판 직후 참가자들이 모여 한 차례 토론회를 연다. 토론 이후에는 다시 원래대로(토론회 없이) 게임을 계속 진행한다. 마지막 ③번 버전. 열 판을 마친 후 토론을 하는 것은 ②번과 같은데, 이후에도 매 판이 끝날 때마다 꼬박꼬박 토론회를 여는 것이다.

우선 ①번 버전에서는 우리가 예상한 그 결과가 그대로 나온다. 첫 판에서는 협동이와 얍실이가 각자 천성대로 행동을 하고, 얍실이가 이익을 챙긴다. 하지만 판이 반복될수록 협동이들의 마음이 흔들린다. 협동이들도 얍실이를 따라하게 되고 게임이 거듭될수록 공공금고에 쌓이는 돈은 급격히 줄어든다.

그 다음 ②번 버전. 이 버전의 핵심은 열 판 이후 모여서 한 차례 토론을 하는 것이다. 토론회가 열리면 난리가 난다. 특히 많은 돈을 공공금고에 기부한 협동이들의 분노가 하늘을 찌른다. "어떤 XX가 얍실하게 기부 안 하고 자기 잇속만 챙겼어? 당장 자수해!"라며 길길이 뛴다. 하지만 얍실이는 절대 자수하지 않는다. 어차피 누가 얍실이 짓을 했는지 아무도 모르기 때문이다. 얍실이는 되레 "나도 얍실이 때문에 손해 봤어. 어떤 놈이 얍실이야?"라며 협동이인 척을 한다.

별 성과 없이 토론을 마친 뒤 열 한 판째 게임을 시작한다. 그런데 여기서 놀라운 반전이 벌어진다. 열 판까지 꾸준히 감소하던 공공금고 기부금이 열 한 판째 다시 확 늘어난 것이다. 단지 토론회를 한 번 연 것뿐인데, 어떤 이유에서인지 얍실이짓이 현저히 줄어들었다.

안타깝게도 이 효과는 오래 가지 않았다. 12판, 13판, 14판…, 게임이 진행될수록 다시 기부금 액수는 줄어든다. 토론의 효과가 점차 사라진 것이다.

이 게임의 하이라이트는 ③번 버전이다. 열 번째 판 이후 매 판마다 토론회를 여는 것이다. ②번 버전과 마찬가지로 이 버전도 열 판까지는 기부금 액수가 감소하다가 토론회 직후에 기부금이 올라간다. 그런데 이후에도 토론을 지속한 결과 ②번 버전과 달리 기부금이 더 이상 줄어들지 않았다. 즉 토론회를 많이 하면 할수록 사람들은 얍실이짓을 줄인다는 이야기다.

사실 이는 매우 놀라운 결론이다. 토론회가 사람의 선택을 바꿀 이유가 없기 때문이다. 토론을 한다고 얍실이였던 자들의 천성이 바뀔 리 없다. 얍실이가 누구인지 잡아내지도 못한다. 그런데도 토론을 했다는 자체만으로 사람들의 협동정신은 매우 높은 수준으로 올라간다.

우리는 자주 만나야 한다

이 이론의 이름은 '의사소통 가설'이다. 사람은 이기적 다리와 협력적 다리를 교대로 사용하는 존재인데, 언제 더 협력적인 다리를 많이 사용하느냐! 상대의 얼굴을 보고 이야기를 나눌수록 훨씬 더 협력적으로 변한다. 그리고 한 번 보는 것보다 자주 볼수록 더 협력적이 된다.

주의할 점이 있다. 이 가설에서 '얼굴을 본다'는 말은, 말 그대로 직접 얼굴을 대면하는 것을 뜻한다. 인터넷으로 의사소통을 하는 것은 협력 증진에 별 효과가 없다. 온라인 메신저를 통해 토론회를 열어보기도 했는데, 이건 협동을 거의 높이지 못했다. 그래서 최정규 교수는 「이타적 인간의 출현」에서 이렇게 말한다.

"서로 간에 하나임을 확인할 필요가 있을 때, 이메일이나 문자보다 서로 만나서 술 한잔하는 게 훨씬 도움이 된다는 걸 우리는 이미 경험으로 알고 있지 않은가?"

남북정상회담

그렇다. 더 자주 만나는 것이 정답이다! 무엇보다도 남북은 정말로 자주 얼굴을 봐야 한다. 판문점에서 기습적으로 정상회담을 하는 것은 매우 바람직하다. 시도 때도 없이 만나서 무슨 이야기든 하다보면 우리는 서로에게 협동의 감정을 더 크게 느낀다.

북한과 미국도 더 자주 만나야 한다. 이메일이나 전화로 이야기하는 것과 단 10분이라도 얼굴을 마주하는 것은 완전히 다른 결과를 낳는다. 물론 회담이 열릴 때마다 성과가 있다면 좋겠지만, 설혹 성과가 없어도 만남의 의미를 폄훼할 이유가 없다.

한반도야말로 서로에 대한 협동심이 절실히 필요한 곳이다. 그래서 정상들끼리도 더 자주 만나고, 남북한 민중들도 더 자주 얼굴을 맞대야 한다. 그 자리에서 소주 한 잔 기울인다면 더 할 나위 없을 것이다. 잦은 의사소통이야말로 한반도 평화를 향한 지름길이라 나는 굳게 믿는다.

자유한국당에는 왜
인재가 모이지 않을까?

벗짚 들쥐 모형과 유유상종 가설

앞에서도 언급했지만 인간은 매우 복잡한 동물이다. 이기적이다, 혹은 이타적이다 한마디로 규정하는 것이 불가능하다. 무리를 살펴봐도 개중에는 이기적인 사람도 있고 이타적인 사람도 있다.

다만 비율로 볼 때 나는 협동이가 얍실이보다 조금 더 많다는 의견에 동의하는 편이다. 「펭귄과 리바이어던 : 협력은 어떻게 이기심을 이기는가」의 저자 요차이 벤클러(Yochai Benkler) 하버드 대학교 교수의 견해를 살펴보자.

"실제로 수십 개 사회의 수많은 학문 분야에서 이루어진 수백 건의 실험을 보면 소수파(대략 30%)는 일반적인 추정대로 정말로 이기적으로 행동했다. 하지만 핵심은 이것이다. 사람들 중 절반은 체계적으로, 의미심장하게, 예측 가능하게 협력적으로 행동한다. 그들 중 일부는 조건부로 협력한다. 즉 친절은 친절로 갚고, 못된 행동은 못된 행동으로 갚는다. 하지만 희생이 따르더라도 무조건적으로 협력하는 이타주의자들도 있다. 중요한 점은 상당히 다양한 인구 집단을 대상으로 한 광범위한 실험에서 다음과 같은 연구 결과가 두드러진다는 점이다.

통제된 조건 하에서 조사한 어떠한 인간 사회에서도 과반수의 사람들은 시종일관 이타적으로 행동했다."

즉 대부분의 조사에서 나타난 결과 인간 사회에서 절반 이상은 협동이들이고 약 30% 정도는 얍실이들이라는 것이다.

문제는 공동생활을 하다보면 얍실이들이 협동이들보다 훨씬 더 잘 되는 경우가 많다는 점에 있다. 이런 모습을 보면서 많은 협동이들이 절망감을 느낀다. 협동하며 살고 싶은 마음은 굴뚝같은데 남의 공을 가로채 성공가도를 달리는 얍실이들의 모습을 보니 도저히 그렇게 살 수가 없는 것이다.

그런데 무리 안을 자세히 들여다보면 흥미로운 사실이 하나 발견된다. 얍실이건 협동이건 모두 자신과 함께 살 파트너로 협동이를 원한다는 사실이다. 얍실이가 살아남기 위해서는 반드시 등쳐먹을 상대가 필요하다. 등쳐먹을 상대가 없으면 얍실이짓으로 얻을 게 없기 때문이다.

협동이도 생존하기 위해서는 함께 협동을 할 동료가 필요하다. 그래야 협동의 시너지가 나기 때문이다. 그래서 얍실이와 협동이 모두 파트너로 협동이를 원한다. 아무튼 어디를 가도 협동이는 인기 만점이다. 일단 인기 만점인 협동이 만세!

협동이와 얍실이가 볏짚에 산다면?

여기서 궁금한 점이 생긴다. 얍실이와 협동이가 게임을 벌이면 확실히 얍실이가 유리하다. 앞 장 공동체 게임에서 살펴본 바다.

그렇다면 장기적으로 봤을 때 얍실이와 협동이 중 누가 자기 종족을 보존하고 확장하는 데 유리할까? 상식적으로 '얍실이 vs 협동이'의 단판 대결에서 얍실이가 유리하다면, 장기적으로도 얍실이가 종족 확장에 더 유리해야 정상이다.

그런데 현실을 보면 그렇지가 않다. 물론 얍실이도 꽤 많이 살아남는다. 하지만 협동이도 충분히 자기 종족을 번식하고 유지하는 데 성공한다. 심지어 동물 세계에서는 얍실이보다 협동이들이 훨씬 더 안정적으로 개체수를 유지하는 경우가 많다.

왜 그럴까? 영국의 진화생물학자 존 메이너드 스미스(John Maynard Smith, 1920~2004)는 '볏짚 들쥐 모형'이라는 이론으로 이 현상을 설명한다.

가을에 추수를 마치면 너른 들판 곳곳에 볏짚을 쌓아둔다. 겨울을 앞둔 들쥐들에게 볏짚 더미는 따뜻하고 안락한 보금자리가 된다.

들쥐 무리에도 얍실이와 협동이가 공존한다. 이들은 각자 자기가 살 볏짚을 찾아 터를 잡는다. 이때 다음과 같은 세 종류의 볏짚이 있다고 가정해보자. A볏짚에는 얍실이 두 마리가 터를 잡았다. B볏짚에는 얍실이 한 마리와 협동이 한 마리가 공존을 시작했다. C볏짚에는 협동이만 두 마리가 산다.

이해를 돕기 위해 들쥐들은 혼자서도 새끼를 낳을 수 있다고 가정한다. 당연히 그럴 수는 없는데, 이해를 돕기 위해 이렇게 가정을 하는 것이다. 암수가 짝을 지어야 새끼를 낳는다고 가정해도 과정이 좀 복잡해질 뿐 결론은 달라

존 메이너드 스미스 ©Web of Stories

지지 않는다.

각 볏짚 더미는 그다지 넓지 않기 때문에 각자 살겠다고 물고 뜯기 시작하면 두 마리 이상 살아남을 수 없다. 반면 서로 협동하고 조금 양보하면 비좁은 공간에서도 여러 마리가 충분히 겨울을 날 수 있다.

추운 겨울이 지나고 따스한 봄이 왔다. 이제 볏짚을 치울 차례다. 얍실이 두 마리가 살았던 A볏짚을 치웠더니 예상대로 얍실이 두 마리가 튀어나왔다. 왜냐하면 얍실이는 새끼를 낳아도 유전에 의해 얍실이를 낳기 때문이다. 새끼를 낳아 볏짚 안에 여러 마리의 얍실이가 가득 차면 전쟁이 시작된다. 서로 살아남으려고 물고 뜯는 바람에 비좁은 공간에서는 겨우 얍실이 두 마리만 살아남는다.

얍실이와 협동이가 공존했던 B볏짚을 치웠더니 이곳에서도 얍실이 두 마리가 튀어나온다. 협동이는 사라지고 얍실이 세상이 된 것이다.

이것도 당연한 결과다. 얍실이는 얍실이를 낳을 것이고, 협동이는 협동이를 낳을 것이다. 그렇게 여러 마리가 우글거리면 다시 전쟁이 시작된다. 얍실이들은 넓은 공간을 차지하기 위해 협동이들에게 해코지를 한다. 결국 협동이들은 다 죽거나 쫓겨나고 좁은 공간에는 얍실이 두 마리만 남는다.

그렇다면 협동이만 두 마리 터를 잡았던 C볏짚은 어떨까? 볏짚을 치웠더니 놀라운 일이 벌어졌다. 이곳에서는 협동이 여러 마리가 우르르 튀어나온 것이다.

C볏짚에서도 협동이는 협동이를 낳았을 것이다. 하지만 협동이들은 자기 살겠다고 동료에게 해코지를 하지 않는다. 이들은 좀 비좁아도 조금씩 양보하며 함께 사는 방법을 찾아낸다. 그래서 이곳에서는 새끼를 낳는 족족 동료가 돼 공존의 길을 모색한다.

누가 생존에 더 유리할까?

이 이야기에는 매우 중요한 교훈이 있다. 좁은 공간만 한정해서 보면 얍실이로 사는 게 더 유리하다. 얍실이와 협동이가 한 공간에서 살면 얍실이가 승리를 거두고 협동이를 쫓아내기 때문이다.

하지만 전체적으로 보면 어떨까? 볏짚 세 개를 다 뒤져보면 A볏짚에서 얍실이 두 마리, B볏짚에서 얍실이 두 마리 등 모두 네 마리의 얍실이가 살아남았다. 그런데 C볏짚에서는 협동이가 우르르 쏟아져 나왔다. 네 마리일 수도 있고, 여덟 마리일 수도 있다. 즉 전체적으로 보면 협동이로 사는 것이 종족을 보존하고 유전자를 확산시키는 데 더 훌륭한 전략이 될 수 있다는 것이다.

자, 다시 정리해보자. 첫째, 좁은 공간에서는 협동이보다 얍실이가 유리하다. 둘째, 얍실이는 단기 생존에는 강한데 장기 번식에는 약하다. 왜냐하면 얍실이가 성공하려면 반드시 등쳐먹을 협동이가 필요하기 때문이다. 하지만 얍실이들이 협동이를 등쳐먹고 다 쫓아내면 나중에는 등쳐먹을 파트너가 없어진다. 그래서 얍실이는 장기적으로 종족을 확장하는 데 불리하다.

셋째, 만약 협동이들끼리 모일 수만 있다면 협동이들은 종족 번식에 매우 유리한 위치에 설 수 있다. 협동이도 생존을 위해서는 동료 협동이가 필요하다. 그리고 협동할 동료가 많을수록 협동의 힘은 더 강해진다.

넷째, 이 대목이 매우 중요하다. 1년이 지나고 다시 겨울이 왔다. 넓은 들판 곳곳에 볏짚이 마련됐다. 들쥐들은 올해에도 어디에서 겨울을 날지 결정해야 한다.

그런데 아무 생각 없이 볏짚을 선택했던 작년과 달리 올해 들쥐들은 훨씬 신중해진다. 얍실이와 협동이 모두 파트너를 구할 때 신경전을 벌인다. 왜냐하면 얍실이건 협동이건 모두 협동이와 살고 싶기 때문이다. 얍실이는 협동이를 등쳐먹기 위해서, 협동이는 협동을 할 동료가 필요해서다.

이 과정이 몇 년 반복되다 보면 정리가 되기 시작한다. 경험이 생긴 협동이들이 누구를 파트너로 고를지 요령을 익혔기 때문이다. 말로는 다들 자기 앞에 와서 "제발 나하고 함께 살자. 내가 정말 잘 해줄게"라고 호소한다. 하지만 얍실이와 같이 살면 이용만 당할 게 뻔하다. 당연히 협동이는 협동이를 파트너로 고른다. 마침내 협동이들이 서로 모여 사는 방법을 찾았다.

반면에 몇 년의 경험이 누적되면 얍실이들은 파트너를 구하기조차 어려워진다. 한두 번은 속아도 세 번 이상 속는 협동이는 없기 때문이다. 협동이는 협동을 잘 해서 붙은 이름이지 멍청해서 붙은 이름이 아니다.

이제 협동이는 협동이들끼리, 얍실이는 얍실이들끼리 모여 사는 세상이 시작됐다. 당연히 얍실이들은 서로 물고 뜯느라 종족 수를 늘리지 못한다. 반면 협동이들은 얍실이들을 쫓아내고 마음 편히 서로 협동하며 개체수를 늘려 나간다. 협동 경제학에서는 이런 현상을 '유유상종 가설'이라고 부른다. 상황이 반복될수록 협동이는 협동이와 모여 살게 되고, 얍실이는 얍실이와 모여 살게 된다는 뜻이다.

무엇이 종족 번식과 확장에 더 유리한 전략일까? 단기적으로는 얍실이가 유리해 보이지만 장기적으로는 협동이 무리에게도 충분한 승산이 있다.

동물은 종족 번식을 가장 중요한 가치로 삼는 존재다. 만약 얍실이가 유리한 상황이라면 동물의 유전자는 얍실이로 사는 길을 선택할 것이고, 협동이가 유리한 상황이라면 동물의 유전자는 협동이로 사는 길을 선택할 것이다.

우리가 사는 세상도 마찬가지다. 결국 누가 더 많이 살아남느냐? 이 질문에 대한 답은 좁은 공간에서 번번이 패했던 협동이들이 자기들끼리 유유상종했을 때 얼마나 큰 협동의 시너지를 발휘하느냐에 따라 결정될 것이다

자유한국당에 인재가 안 모이는 이유

2019년 가을, 자유한국당이 총선을 대비해 '인재영입'이라는 것을 한 적이 있었다. 그런데 영입된 인재들이 공관 갑질의 주인공 박찬주 전 육군대장, 이명박–박근혜 시절 언론 왜곡의 상징이었던 이진숙 전 〈대전MBC〉 사장 등이었단다. 나는 진짜로 이 자들이 농담 하는 줄 알았다.

저 사람들이 적절한 사람이고 아니고를 떠나서, 고작 저 정도 인물을 인재랍시고 영입한다는 게 웃기지 않나? 박찬주는 갑질 사건이 아니었으면 국민의 99%가 이름도 몰랐을 사람이다.

이진숙 기자도 마찬가지다. 나야 언론계에 종사하니 이진숙 기자가 어떤 사람인지 대충 들었지만, 길 가던 사람 아무나 붙잡고 "이진숙을 아세요?"라고 물어보라. 백이면 백 "고등학교 동창 중에 이진숙이라는 애가 있었던 것 같기는 한데"라는 답이 나올 거다. 오죽했으면 〈국민일보〉가 2019년 11월 1일 '참신한 인물 대다수 고사, 난관 부닥친 한국당 인재 영입'이라는 기사까지 냈겠나?

왜 이런 일이 벌어졌을까? 사실 이건 너무 당연한 일이다. 인간은 진화를 거듭하면서 끼리끼리 모이는 요령을 깨우치기 때문이다. 자유한국당 쪽에 왜 참신한 인물이 입당하지 않느냐고? 거기 들어가 보면 금방 알 수 있다. 기존 얍실이들에게 난도질을 당한다는 사실을 말이다.

어차피 볏짚 공간은 한정돼 있다. 거기서 참신한 인물이 살아남으려면 기존 얍실이

들의 양보가 반드시 필요하다. 그런데 걔들이 양보를 해 줄 리가!

가끔 참신한 사람들이 그쪽 정당에 들어간 적도 있긴 있었다. 그런데 결과는 백발 백중 둘 중 하나다. 흠씬 밟힌 다음 학을 떼고 나오거나, 아니면 자기도 얍실이로 변해 더 지독한 기득권층이 되거나이다. 그러니 그 당이 참신하려야 참신할 수가 없는 거 다.

이 과정이 반복되다 보면 협동이는 그 정당 근처에 얼씬도 안 한다. '참신한 인재'는 참신해서 붙은 이름이지 멍청해서 붙은 이름이 아니다.

사실 진보진영도 이 문제를 좀 깊이 생각해봐야 한다. 진보라는 가치가 협동이들의 안전을 보장하는 게 아니기 때문이다. 진보의 깃발을 걸어놓고 그 안에서 남 해코지하고 등쳐먹는 얍실이짓을 하면 자유한국당 꼴이 나는 건 순식간이다.

협동이들의 경쟁력은 양보와 배려의 미덕이다. 누군가 새로운 볏짚 안에 들어오면 자리를 조금 양보할 줄 알아야 한다. '나 아니면 이 일은 아무도 못 해'라며 바득바득 우기면 그 공간은 얍실이들의 그것과 다를 바가 없다.

공존을 위한 양보, 더 큰 가치를 위한 협동의 정신이 인재를 모은다. 그리고 인재들이 모였을 때 진보는 더 발전한다. 한국의 진보가 협동이들로 가득 찬 공존의 공간이기를 소망한다.

진보가
분열을 조심해야 하는 이유

현실갈등이론과 로버스 동굴 공원 실험

귀중한 지면을 빌어 친구 이야기를 늘어놓는 무례를 용서해주시기 바란다. 〈민중의 소리〉 이정무 기획조정실장은 내가 이곳에서 6년 가까이 일하는 동안 든든한 버팀목이 되어준 신실한 벗이다. 벗으로서 그에게 진 빚이 참 많다.

물론 이 친구에게 약점이 없는 것은 아니다. 무려 17년 동안 편집국장을 지냈는데도 이 친구는 칭찬에 매우 인색하다. 내가 6년 동안 쓴 기사가 여럿 있을 텐데, 기사를 쓰고 그에게 들은 칭찬이라고는 "나쁘지 않아"와 "기사 유의미함" 딱 이 두 마디였다.

나야 누구로부터 칭찬 듣고 기분 좋아할 연배를 훌쩍 지났으므로 별 상관이 없지만 박봉에 고생하는 후배들은 다르다. "제발 좀 후배들에게 따뜻한 칭찬이라도 자주 해줘라"라고 아무리 조언을 해도, 이 친구는 말로만 "알았다"고 하고 여전히 칭찬에 인색하다.

반면 이 친구의 장점은 셀 수 없이 많다. 나는 그로부터 수많은 지식과 정의로운 삶의 태도를 배웠다. 그중 내가 특히 높이 평가하는 대목이 있는데, 주위에서 갈등이 벌어졌을 때 이 친구는 "너도 옳고 너도 옳다"는 태도를 견지하는 것이다. 칼로 무 베듯

단칼에 결론을 내고 "이건 네 잘못이야"라고 거칠게 이야기하지 않는다. 이 책 뒷부분 '관용의 딜레마'를 다루는 장에서 살펴보겠지만 이 친구는 상대의 입장을 이해하는 관용도가 매우 높다.

나는 젊었을 때 상당히 날카롭게 날이 선 성격의 소유자였다. 누군가가 나에게 잘못을 하면 거의 끝장을 볼 때까지 싸움을 벌였다. 그런데 이런 성격이 이정무 실장을 만나고 많이 바뀌었다. 그로부터 관용을 배운 후 나는 누군가에게 "이건 네 잘못이야!"라고 쉽게 이야기하지 않는다.

과거에는 상대로부터 사과를 꼭 받아야 직성이 풀렸다. 이것도 많이 바뀌었다. 이정무 실장은 "누군가에게 무릎을 꿇으라고 강요하는 것은 너무 폭력적이다"라고 나에게 늘 조언한다. '나는 옳고 너는 틀렸다'는 생각은 언젠가 바뀔 수 있다. 이 고마운 교훈을 전해준 벗에게 다시 한 번 감사의 말을 전한다.

언젠가부터 진보진영에서는 "내가 옳고 너는 틀렸다"는 태도가 만연한 듯하다. 이게 그냥 옳고 그름을 가리는 정도라면 괜찮은데 상대를 죽여야 속이 시원한 지경까지 이르면 좀 곤란하다.

물론 옳고 그름을 따지자면 누군가는 옳고 누군가는 틀렸을 수 있다. 하지만 우리가 서로 동지들이라면, 틀림을 비판할 때에도 좀 조심해야 하는 대목이 있다. "저 자식들은 절대 우리 동지가 아니다"라고 쉽게 말하지 말아야 한다. 지금 내가 느끼는 그 분노의 감정은 절대 영원하지 않다.

생각보다 훨씬 쉽게 서로를 미워한다

현실갈등이론, 혹은 로버스 동굴 공원 실험으로 불리는 이론이 있다. 심리학의 고전적 실험이기도 하면서 협동경제학을 연구하는 학자들 사이에서도 자주 인용되는 이론이다.

이 실험의 주인공은 사회심리학의 창시자로 불리는 미국의 심리학자 무자퍼 셰리프(Muzafer Sherif)다. 셰리프는 군중심리에 관한 탁월한 연구로 유명한 인물이기도 하다.

셰리프는 1954년 오클라호마 주립공원 안에 있는 로버스 동굴 근처의 야영장에서 실험을 시작했다. 안정적인 중산층 가정 출신으로 학교 성적도 나쁘지 않은 평범한 11살짜리 아이 22명을 뽑았다. 이들을 11명씩 두 팀으로 나눈 뒤 캠프에 참여시켰다. 아이들은 그저 평범한 여름 캠프에 참여한다고 생각했을 뿐, 자신들이 심리학 실험 대상인지 전혀 몰랐다.

11명씩 두 팀으로 나뉘었지만 이들은 상대팀이 존재하는지도 몰랐다. 두 팀은 서로 멀찍이 떨어진 곳에 텐트를 치고 야영 생활을 시작했다.

실험팀은 첫 주 동안 생면부지의 11명 아이들의 단합을 유도하는 과제를 냈다. 예를 들면 함께 하이킹을 하거나, 수영을 하거나, 레크리에이션을 하는 식이었다. 관찰 결과 아이들은 상당히 빨리 협동정신과 공동체 의식을 키워나갔다.

둘째 주에 실험팀은 상대팀의 존재를 서로에게 알렸다. 아이들은 자신 외에 다른 팀이 있다는 사실에 다소 놀라는 듯했다. 실험팀은 이때부터 두 팀의 경쟁을 유발하는 과제를 냈

로버스 동굴 주립공원 전경 ⓒRobbers Cave Trailhead

다. 승자에게는 패자가 부러워할 만한 그럴싸한 보상이 주어졌다.

첫 주에 아이들은 예상보다 훨씬 빨리 협동과 공동체 의식을 갖춰나갔다. 그런데 둘째 주에는 예상보다 훨~~~씬 더 빨리 상대를 미워하기 시작했다.

경쟁이 시작되자 두 팀은 같은 장소에서 식사를 함께 하는 것부터 거부했다. 상대팀 캠프에 낙서를 하는가 하면 상대방 깃발을 찢어버리는 이들도 나왔다. 감정이 고조되더니 밤에 서로의 캠프를 급습하기도 했고, 급기야 폭력을 휘두르는 상황까지 벌어졌다.

반면 각 팀의 결속력은 첫 주와 비교할 수 없을 만큼 강해졌다. 팀 별로 규율이 생겼고, 구성원들은 상대를 이기겠다는 목적 아래 그 규율에 철저히 복종했다. 조직 리더에 대한 충성심도 강해졌다.

실험팀은 예정보다도 빨리 실험을 종료할 수밖에 없었다. 두 팀의 갈등이 너무 심해 부상자가 나올 위험이 높아졌기 때문이다. 실험팀의 기록에 "살해의 위협까지 있었다"는 말까지 적혔을 정도였다.

갈등은 쉽게 회복되지 않는다

아직 이 실험은 끝나지 않았다. 예정보다 빨리 갈등 단계 실험을 마친 실험팀은 셋째 주에 두 팀을 한 팀으로 합쳤다. 첫 주에 보여준 아이들의 협동 정신을 감안했을 때, 실험팀은 두 팀 갈등이 빠른 속도로 줄어들 것이라고 기대했다.

하지만 그 기대는 산산조각이 났다. 더 이상 경쟁 상대가 아닌데도 아이들은 상대팀에 대한 적대감을 거두지 않았다. 화합은 언감생심이었다. 물을 끓이는 간단한 일에 서조차 협동심을 발휘하지 못했다.

실로 놀랍지 않은가? 고작 1주 동안 경쟁했던 사이였을 뿐이다. 하지만 이 짧은 갈등의 경험으로도 상대에 대한 적개심은 상상을 초월할 정도로 높아졌다. 갈등은 쉽지만 화해는 그보다 훨씬 어렵다는 이야기다.

실험팀은 마지막 실험에 돌입했다. 섞여있는 두 팀이 협력하지 않고는 절대 해결할수 없는 어려운 과제를 던져준 것이다. 예를 들면 "공원 관리인이 수로를 끊어버렸다. 이 문제를 해결하라"는 식이었다. 끊어진 수로는 두 팀이 협력하지 않으면 절대로 복구할 수 없다. 서로를 미워하던 아이들에게 공원 관리인이라는 더 거대한 적이 등장한 것이다.

이 단계에서야 비로소 두 팀의 협력이 복원됐다. 힘을 합치지 않으면 이길 수 없는 외부의 적을 만났을 때 아이들은 내부의 갈등을 접고 마음을 터놓았다.

이 실험은 몇 가지 중요한 교훈을 남긴다. 첫째, '친구의 적은 적'이다. 나는 저쪽 팀원들과 개인적인 감정이 없다. 하지만 일단 팀이 형성되면 상황이 달라진다. 내 동료들이 저들을 적으로 생각하면 나도 그들을 적으로 생각한다.

둘째, 이 대목이 중요하다. 한 번 형성된 갈등은 쉽게 해소되지 않는다. 같이 있는 것, 같이 먹는 것, 같이 대화하는 것 등의 일상적인 행동으로는 도저히 갈등을 줄일 수 없다. 사실 별로 싸워야 할 이유가 없는 사이인데도 마음의 앙금은 생각보다 오래 남는다.

셋째, '친구의 적은 적'이지만 '적의 적은 친구'이기도 하다. 아무리 상대가 미워도 그 상대가 나의 적에 대항한다면 우리는 그 미운 상대와 비로소 연대할 수 있다. 한때 그렇게 미워했건만, 그가 공원관리인의 적이라는 사실이 확인되니 그들은 서로를 친구로 여긴다.

진보진영에는 다양한 생각들이 있고 수많은 정파가 존재한다. 하지만 박근혜 국정 농단 앞에서 우리 모두가 연대하고 협동할 수 있었던 이유가 여기에 있다.

벗에게 조금 더 관대해지자

이 이론을 기반으로 우리의 현실을 좀 냉정하게 돌아보자. 박근혜 독재라는 거대한 적 앞에서 우리는 대부분의 갈등을 내려놓고 동지가 됐다. '적의 적은 친구'라는 현실 갈등이론이 적용된 것이다.

그런데 정권이 교체된 이후 진보진영의 분열과 갈등이 다시 고조됐다. 이런 갈등을 나쁘다고 생각하는 게 아니다. 다양한 생각과 의견의 차이는 융합의 과정을 거치면서 진보의 원동력이 됐다.

그런데 갈등의 정도는 좀 점검해봐야 한다. 현실갈등이론에 따르면 갈등은 실제 갈등을 해야 할 이유보다 훨씬 크게 증폭된다. 잘 생각해보면 이렇게까지 격하게 싸울 일이 아니었다. 왜 생면부지의 아이들이 서로의 캠프를 급습하고 서로의 신체를 손상하려 했을까? 그럴 이유가 하나도 없다.

최근 진보진영의 갈등에 내가 우려하는 부분도 이것이다. 다툴 수 있는데, 다툼의 강도가 좀 과하다 싶다. 다시는 안 볼 사이처럼 싸우는 경우가 많기 때문이다.

게다가 이런 갈등은 쉽게 봉합되지도 않는다. 현실갈등이론에 따르면 갈등을 경험한 사람들은 갈등 요소가 사라져도 여전히 서로를 미워한다.

물론 이 문제는 '적의 적이 친구가 될 때', 즉 박근혜 국정농단처럼 우리가 연대하지 않고는 이길 수 없는 거대한 적이 나타났을 때 해소되기는 한다. 그런데 꼭 그 일을 겪어야 하나? 그런 일을 겪는다는 것은 다시 박근혜 같은 거대한 독재자가 집권을 하거나, 집권에 근접하는 상황을 맞이했다는 뜻이다. 그건 상상만 해도 너무나 끔찍하다.

다양한 의견을 자신 있게 피력하자. 그 다양성이 진보의 힘이다. 그런데 그 과정에서 서로를 죽일 듯이 미워하는 일은 피했으면 한다. 거대한 적을 만났을 때 언젠가 우리는 다시 동지가 될 것이기 때문이다.

"이제 그자들은 필요 없어!"라고 말하지도 말자. 셰리프는 실험 이후 "사실 '그들'이 없었으면 '우리'도 존재할 수 없었음을 알아야 한다"고 말한다.

상대가 죽이고 싶을 정도로 미워지면 이런 생각을 해 보자. '내가 느끼는 이 증오는 경쟁의 과정에서 증폭된 것일 수 있다'는 성찰 말이다. 내가 미워하는 이들 중 누군가는 2016년 겨울 그 추운 광화문 광장에서 나에게 따뜻한 생강차를 건넨 사람이었을 수 있다.

우리는 언젠가 다시 만나야 하고, 만나게 돼 있다. 그리고 우리 모두 이 세상의 진보를 위해 함께 싸워야 할 소중한 벗들이다.

우리는 어느 선까지
상대를 관용해야 할까?

관용의 딜레마

2019년 10월 9일, 광화문에서 '573돌 한글날 행사'가 열렸다. 어린 학생들과 학부모들이 많이 참가한 행사였다. 그런데 이 행사장에 일명 '태극기 부대'로 불리는 이들이 난동을 부렸다.

문재인 정부를 규탄하는 집회에 참가했던 태극기 부대는 행사장에 난입해 "지금 한글날이 중요하냐? 나라가 이 꼴인데 이게 무슨 소용이냐?", "집회를 망치려고 문재인 정부 문체부에서 (행사를) 준비한 거 아니냐?"라며 소란을 피웠다. 한 참가자는 들고 있던 태극기로 천막을 내리치며 행사 관계자들을 위협했다.

이들의 행태야 늘 이래왔으니 새삼스러울 것은 없다. 그런데 언론에 보도된 이들의 주장 중 눈에 띄는 것이 하나 있었다. 한 참가자가 난동을 부리며 이렇게 말했다는 거다.

"한글날보다 자유가 중요하지!"

2019년 한글날 광화문에서 열린 일명 '태극기 집회'의 신문 광고

　자, 코미디가 벌어졌다. 이 사람 말인즉슨 자유는 한글날보다 훨씬 중요하다. 그래서 자유를 지키려는 자신들의 집회는 소중하지만, 한글날 따위를 기념하는 행사는 다 때려 부숴야 한다.

　그런데 이게 진짜로 웃기는 이야기다. 자유란 어떤 권력에도 종속되지 않고 자신의 의지대로 행동할 권리를 뜻한다. 즉 한글날 집회에 참석한 사람들에게는 얼마든지 그 집회에 참석할 자유가 있다는 이야기다. 그런데도 이들은 "자유가 중요하지!"라는 이유로 한글날 집회에 참여할 타인의 자유를 방해한다. 자유를 지키자면서? 혹시 너희들이 지키자는 자유가 '김자유'나 '이자유' 같은 사람 이름이었던 건가?

자유의 딜레마

　영국의 사회철학자 칼 포퍼(Karl Popper, 1902~1994)는 자신의 명저 「열린 사회와 그 적들」에서 세 가지 딜레마를 이야기한다. 민주주의의 딜레마, 자유의 딜레마,

관용의 딜레마가 그것이다.

포퍼는 개인의 자유를 매우 중요하게 생각한 철학자다. 그런데 자유를 무제한으로 허용하면 태극기 집회 참가자가 한글날 집회 참가자들의 자유를 침해하는 현상이 벌어진다. 남의 집회에서 난동을 부리고 "난동 부리는 건 내 자유야"라고 주장하는 일을 막을 수 없게 된다는 뜻이다.

기업을 운영할 자유는 당연히 허용돼야 한다. 그런데 기업에게 하고 싶은 짓을 다 할 수 있는 자유를 무제한적으로 허용하면 어떤 일이 벌어질까? 산업혁명 시기에 나타났듯이 고작 하루 500원~1,000원의 일당을 주고 사람 등에 채찍질을 하며 17시간 동안 노동자를 부려먹는 일이 벌어진다. 그 결과 착취를 당하는 노동자들의 자유가 박탈된다. 누군가에게 허용된 무제한의 자유가 타인의 자유를 말살하는 것이다. 이것이 포퍼가 말하는 자유의 딜레마다.

이게 싫다고 국가가 개인의 자유를 강력하게 통제하는 것도 포퍼에게는 매우 옳지 않은 일이었다. 이렇게 하면 인간이 누려야 할 자유 자체가 침해되기 때문이다.

그렇다면 자유를 어느 선까지 허용해야 할까? 개인의 자유를 무엇보다도 중시했던 포퍼가 제시한 마지노선은 '자유의 한계는 타인의 자유를 침해하지 않는 선까지만 허용된다'는 것이었다. 마음껏 자유를 누리는 건 좋은데, 자유를 누린답시고 타인의 자유를 해쳐서는 안 된다는 것이다.

이 관점에서 보면 '땅 투기로 내 재산을 불릴 자유를 허용하라'라는 말은 웃기는 이야기가 된다. 땅 투기로 재산을 불릴 자유를 무제한적으로 허용하면, 다른 사람들이 안전한 집에서 거주할 자유가 박탈된다. 그래서 이런 자유는 절대 허용해서는 안 된다.

태극기 부대의 한글날 행사 난입도 마찬가지다. 너희들이 광화문에서 태극기를 휘두를 자유는 당연히 있다. 하지만 그게 남의 집회에 난입해 타인의 자유를 침해할 자유까지 허용된다는 뜻은 당연히 아니다. 그냥 너희 동네에서 너희끼리 태극기 휘두르면 아무 말 안 한다.

후배 기자들 이야기를 들어보니 〈민중의소리〉 스티커 붙인 노트북 들고 그곳에서 기사를 쓰면, 태극기들이 다가와 엉덩이를 들이밀고 방귀를 뽕 뀌고 간다면서? 방귀를 뀌는 건 네 자유인데 우리 후배 기자들이 맑은 공기를 마실 자유를 침해하는 건 너희들 자유가 아니다. 방귀 뀔 줄 아는 게 자랑도 아니고, 적당히들 좀 하자. 응?

관용의 딜레마

포퍼가 제시한 '관용의 딜레마'도 이와 비슷하다. 관용이란 '나와 다른 신념, 종교, 사상을 가진 타인을 인정하는 태도'를 뜻한다. 우리나라에서는 '똘레랑스(Tolerance)'라는 프랑스 단어로도 널리 알려졌다. 프랑스 사람들에게 똘레랑스는 매우 중요한 덕목이라고 한다.

관용 혹은 똘레랑스를 위해 필요한 태도는 먼저 상대방의 입장에 서보는 것이다. 역지사지(易地思之)를 해보면 상대방의 입장이 이해가 된다.

철도 노동자들이 파업을 벌인다고 해보자. 당연히 파업 때문에 불편함을 느낀다. 그래서 "저 자식들은 왜 파업을 해서 나를 불편하게 만들어?"라며 노동자들에게 욕을 퍼붓는다면 관용의 관점에서 이 태도는 올바른가?

절대 올바르지 않다. 철도 노동자가 파업을 했을 때 내가 취해야 하는 첫 번째 태도는 입장을 바꿔놓고 생각해보는 것이다. 즉 '내가 철도 노동자라면 나는 파업에 참여했을까?'를 고민해야 한다. 그리고 나 역시 파업에 참가했을 것 같다면, 나는 그들의 파업을 욕해서는 안 된다. 이게 똘레랑스의 기본 정신이다.

이 관점으로 태극기 집회를 분석해보자. 해병대 옷 입고 성조기를 휘날리며, 말도 안되는 소리를 고래고래 떠드는 저 볼썽사나운 집회를 허용해야 할까?

당연히 원칙적으로 허용해야 한다! 이건 내가 그 집회의 이념에 동의하느냐 안 하느냐의 문제가 아니다. 역지사지의 관점으로 그 사람들 입장에서 서보면 울분에 찬 뭔가를 폭발할 집회의 공간이 반드시 필요하기 때문이다. 나 역시 국정농단 사건 때 분노가 폭발해 20주 넘게 광화문 집회에 참여한 경력이 있다. 집회의 자유는 헌법에 보장된 권리다.

문제는 그들의 주장과 행동을 어느 선까지 관용해야 하느냐이다. 무제한적으로 타인의 행동을 관용하면 되레 관용이 소멸되는 결과를 낳는다. 왜냐하면 무제한적인 관용은 "나는 다른 사람들을 절대로 관용하지 않을 거야"라는 꼴통들의 주장까지도 관용을 해야 하기 때문이다.

예를 들어 "나는 인종에 대한 어떤 생각도 다 관용하겠어"라고 주장을 한다면, 나치쯤 같은 백인 우월주의도 관용해야 한다. 그런데 그걸 관용하면 게르만 민족 외에 다른 민족들이 억울한 죽음을 당해도 막을 길이 없어진다. 그래서 포퍼는 이렇게 말한다.

"아무 제약 없는 관용은 반드시 관용의 소멸을 불러온다. 우리가 관용을 위협하는 자들에게까지 무제한의 관용을 베푼다면, 그리고 우리가 불관용의 습격으로부터 관용적인 사회를 방어할 준비가 되어 있지 않다면, 관용적인 사회와 관용정신 그 자체가 함께 파괴당하고 말 것이다. 그러므로 우리는 관용의 이름으로 불관용을 관용하지 않을 권리(the right not to tolerate the intolerant)를 천명해야 한다."

불관용을 관용하지 않을 권리, 이게 관용의 딜레마를 해결할 유일한 방법이다. 입장을 바꿔 생각하는 것은 매우 중요하다. 하지만 입장을 바꿔 생각할 줄 모르는 자의 입장에 설 수는 없다. 즉 우리는 대체적으로 상대의 행동을 관용해야 하는데, 남을 관용하지 않는 자들만큼은 절대 관용해서는 안 된다는 이야기다.

나는 집회의 자유와 권리에 대해 똘레랑스가 꽤 높은 사람이라고 자부하는 편이다. 태극기 집회가 매우 웃기기는 하지만 그 집회를 막아야 한다고 생각해본 적이 한 번도 없다. 열린 공간에서 자기의 주장을 마음껏 떠들 권리와 그것을 허용하는 관용이 이 사회를 발전시킨다고 굳게 믿는다.

그런데 절대로 관용해서는 안 되는 집회가 있다. "다 죽여라" 식으로 타인을 관용하지 않는 주장이 넘쳐나는 집회다. 이런 집회를 관용하면 관용이 관용을 잡아먹는 관용의 딜레마에 빠진다. 태극기들이 뭔 짓을 해도 그냥 웃고 넘길 수 있는데, 한글날 집회에 난입한 것만은 절대 용인할 수 없다는 이야기다.

우리나라에 똘레랑스라는 개념을 널리 전파한 홍세화 선생은 저서 「쎄느강은 좌우를 나누고 한강은 남북을 가른다」 마지막 부분에 프랑스 시인 볼테르의 말을 이렇게 인용했다.

"광신주의자들의 열성이 수치스러운 것이라면, 지혜를 가진 사람이 열성을 보이지 않는 것 또한 수치스러운 일이다. 신중해야 하지만 소극적이어서는 안된다."

뭔가에 미쳐서 태극기를 휘두르면서 남의 집회의 권리마저 침해하는 광신도들의 반(反)관용성은 매우 수치스러운 일이다. 그런데 지혜를 가진 사람들이 그것을 가만히 지켜보는 것 또한 수치스러운 일이다. 신중할 수는 있지만 소극적이어서는 안된다. 우리에게는 이 수치스러운 일을 막아야 할 의무가 있다.

홍준표의 강간 모의와
북한에 보낸 귤 상자의 상관관계

역지사지의 실제 사례

관용의 문제를 다뤘으니 이제 현실 세계에서 이를 구체적으로 적용해보자. 우리는 입장을 바꿔 생각하는 똘레랑스를 가져야 하지만, 입장을 바꿀 생각이 없는 자들의 입장에 서서는 절대 안 된다고 했다. 그리고 상대의 입장을 이해하기 위해서 가장 좋은 방법은 먼저 상대의 입장에 서 보는 역지사지의 태도를 갖는 것이다.

그렇다면 이 사건은 어떤가? 2018년 11월 홍준표 전 자유한국당 대표가 독특한(!) 의혹을 제기했다. 그가 올린 의혹의 원문은 이렇다.

"군 수송기로 북에 보냈다는 귤 상자 속에 귤만 들어 있다고 믿는 국민들이 과연 얼마나 되겠습니까? 이미 그들은 남북 정상 회담의 댓가('대가'의 오타)로 수억 달러를 북에 송금한 전력도 있었습니다."

청와대가 북한으로부터 송이버섯을 선물로 받았고, 그에 대한 답례로 제주산 귤을 북측에 보냈는데, 홍 전 대표가 이 귤 상자에 돈이 들어있을 수 있다고 시비를 건 것이

홍준표 전 자유한국당 대표

다. 누구나 문제제기를 할 수 있고, 의혹도 제기할 수 있다. 하지만 문제제기에도 선이라는 것이 있다.

물론 넘지 말아야 할 선이 어디쯤에 있는지 정확히 아는 것은 매우 어렵다. 선의 위치가 매우 주관적이기 때문이다.

이럴 때 선의 위치를 파악하는 좋은 방법이 바로 똘레랑스, 즉 역지사지의 기술을 사용하는 것이다. 내가 휘두른 칼을 상대방이 똑같이 나에게 휘둘렀다고 가정해보라. 그때 상대의 공격이 얼마나 황당한지 내 입장에서 살펴보면 나의 공격이 선을 넘었는지 안 넘었는지 쉽게 알 수 있다. 그리고 상대의 입장에서 생각했을 때 내 공격이 선을 넘었다면, 나도 그런 짓을 해서는 안 된다. 그게 관용의 기본적인 태도다.

실전예제 1 : 홍준표와 강간의 상관관계는?

자, 지금부터 실전 예제를 풀어보자. 홍준표 씨, 입장을 바꿔놓고 생각해보라. 우리가 이런 공격을 한다면 받아들일 수 있겠나?

"홍 전 대표는 돼지 발정제로 친구의 강간을 도우려 했는데 홍 전 대표가 친구의 강간만 도왔다고 믿는 국민들이 얼마나 되겠습니까? 이미 그는 '여자는 밤에만 쓰는 것'이라는 여성 비하 발언을 했다는 의혹도 있었습니다."

참고로 뒤의 문장은 얼마든지 자유롭게 바꿀 수 있다. 예를 들어 "그는 '성희롱을 할 사람에게 해야지'라며 여성을 비하한 전력도 있었습니다"도 괜찮고, "그는 '설거지는 하늘이 정한 여자의 일'이라며 비뚤어진 성의식을 나타낸 전력도 있었습니다"를 써도 상관없다. 또는 "그들은 성누리당이라는 소리를 들을 정도로 추악한 성의식을 나타낸 전력도 있었습니다"라는 문장도 허용된다. 핵심은 앞 문장이니 뒤의 문장은 얼마든지 자유롭게 변형이 가능하다.

홍준표 씨, 우리가 이런 말을 떠들고 다녀도 괜찮겠나? 하나도 안 괜찮겠지? 그래서 이런 말을 하고 다녀서는 안 된다. 그게 관용의 정신이다.

실전예제 2 : 홍준표와 성완종 리스트의 상관관계는?

두 번째 실전예제를 제시한다. 이런 주장은 어떤가?

"홍 전 대표는 고 성완종 회장으로부터 뇌물을 받은 혐의에 대해 무죄 판결을 받았는데 그가 뇌물을 받지 않았다고 믿는 국민들이 얼마나 되겠습니까? 이미 그들은 차떼기로 뇌물을 받은 전력도 있었습니다."

홍준표 씨. 기분이 어떠신가? 우리가 이런 말을 떠들고 다니면 "좌파가 또 나를 음해한다"고 날뛰겠지? 기분도 더럽겠지? 그래서 귤 상자 운운 같은 짓은 해서는 안 된다.

이게 바로 역지사지의 힘이다. 이런 지저분한 공격이 정치판에서 허용된다면, 우리도 홍 전 대표와 자유한국당의 기분이 더러워질 공격을 무한대로 만들어 낼 수 있다. 하지만 그게 정치 발전을 위해 올바른 일인가? 이러면 정치판은 관용이 사라진 명명이 판이 된다. 관용의 딜레마를 막기 위해서라도 이런 짓은 척결해야 한다.

홍 전 대표의 귤 상자 운운은 한반도 평화를 바라는 수많은 시민들의 기분을 더럽게 만들었다. 우리는 홍 전 대표와 달리 꽤 점잖은 편이어서 지금 당장은 "이제 그런 짓을 그만 두시죠"라고 매너 있게 권하겠다.

하지만 그래도 홍 전 대표가 계속해서 선을 넘는다면 그때는 우리에게도 방법이 없다. "홍 전 대표가 친구 강간을 돕기만 했다고 믿는 국민이 얼마나 될까?" 뭐, 이런 말을 하고 다녀야 한다. 내 주변 동지들은 심성이 착해서 "나는 차마 그런 말은 못 하겠어"라고 발을 뺄 텐데, 나는 다르다. 나는 칼 포퍼의 '관용의 딜레마'를 믿는 사람이고, 관용을 지키기 위해 관용할 수 없는 것을 척결하는 일이 옳다고 확신하는 사람이다.

어차피 홍 전 대표에게 상식적인 발언을 기대하는 사람은 별로 없다. 하지만 그래도 한때 공당의 대선후보였던 사람인데, 정녕 정치판을 명명이 판으로 만들 생각이 아니라면 이제 "귤 상자에 돈을 넣어 보냈을 것" 식의 황당한 헛소리는 멈출 것을 권한다. 친구의 강간을 돕기만 했다고는 도저히 보기 어려운 홍준표 씨, 우리라고 그런 말을 할 줄 몰라서 안 하는 게 아니라는 이야기입니다.

진심으로
그들의 입장에 서는 것

간디의 부적

'6411번 버스를 아십니까?'라는 연설이 있다. 지금은 우리 곁을 떠난 노회찬 의원이 2012년 진보정의당 출범 당시 당 대표를 수락하면서 했던 연설이다. 그를 그리워하며, 그의 이 명연설로 이번 장을 시작한다.

"6411번 버스라고 있습니다. 서울시 구로구 가로수 공원에서 출발해서 강남을 거쳐서 개포동 주공 2단지까지 대략 2시간 정도 걸리는 노선버스입니다.

내일 아침에도 이 버스는 새벽 4시 정각에 출발합니다. 새벽 4시에 출발하는 그 버스와 4시 5분경에 출발하는 그 두 번째 버스는 출발한지 15분 만에 신도림과 구로시장을 거칠 때 쯤이면 좌석은 만석이 되고 그 복도 길까지 사람들이 한 명 한 명 바닥에 다 앉는 진풍경이 매일 벌어집니다.

새로운 사람이 타는 일은 거의 없습니다. 매일 같은 사람이 탑니다. 그래서 시내버스인데도 마치 고정석이 있는 것처럼 어느 정류소에서 누가 타고, 강남 어느 정류소에서 누가 내리는지 모두가 알고 있는 매우 특이한 버스입니다.

이 버스에 타시는 분들은 새벽 3시에 일어나서 새벽 5시 반이면 직장인 강남의 빌딩에 출근을 해야 하는 분들입니다. 지하철이 다니지 않는 시각이기 때문에 매일 이 버스를 이용하고 있습니다. 한 분이 어쩌다가 결근을 하면 누가 어디서 안 탔는지 모두가 다 알고 있습니다.

그러나 시간이 좀 흘러서 아침 출근시간이 되고, 낮에도 이 버스를 이용하는 사람이 있고, 퇴근길에도 이 버스를 이용하는 사람이 있지만, 그 누구도 새벽 4시와 새벽 4시 5분에 출발하는 6411번 버스가 출발점부터 거의 만석이 되어서 강남의 여러 정류장에서 50, 60대 아주머니들을 다 내려준 후에 종점으로 향하는지를 아는 사람은 없습니다.

이분들이 아침에 출근하는 직장도 마찬가지입니다. 아들딸과 같은 수많은 직장인들이 그 빌딩을 드나들지만, 그 빌딩이 새벽 5시 반에 출근하는 아주머니들에 의해서, 청소되고 정비되고 있는 줄 의식하는 사람은 없습니다.

이분들은 태어날 때부터 이름이 있었지만 그 이름으로 불리지 않습니다. 그냥 아주머니입니다. 그냥 청소하는 미화원일 뿐입니다. 한 달에 85만 원 받는 이분들이야말로 투명인간입니다. 존재하되, 그 존재를 우리가 느끼지 못하고 함께 살아가는 분들입니다.

지금 현대자동차, 그 고압선 철탑 위에 올라가 있는 비정규직 노동자들도 마찬가지입니다. 스물 세 명씩 죽어나간 쌍용자동차 노동자들도 마찬가지입니다. 저 용산에서, 지금은 몇 년째 허허벌판으로 방치되고 있는 저 남일당 그 건물에서 사라져간 그 다섯 분도 역시 마찬가지 투명인간입니다.

저는 스스로에게 묻습니다.

이들은 아홉 시 뉴스도 보지 못하고 일찍 잠자리에 들어야 하는 분들입니다. 그래서 이분들이 유시민을 모르고, 심상정을 모르고, 이노회찬을 모를 수도 있습니다.

그러나 그렇다고 해서 이분들의 삶이 고단하지 않았던 순간이 있었겠습니까? 이분들이 그 어려움 속에서 우리 같은 사람을 찾을 때 우리는 어디에 있었습니까?

그들 눈앞에 있었습니까? 그들의 손이 닿는 곳에 있었습니까? 그들의 소리가 들리는 곳에 과연 있었습니까?

그 누구 탓도 하지 않겠습니다. 오늘 우리가 함께 만들어 나가는 이 진보정당, 대한민국을 실제로 움직여온 수많은 투명인간들을 위해 존재할 때, 그 일말의 의의를 우리는 확인할 수 있을 것입니다.

사실상 그동안 이런 분들에게 우리는 투명정당이나 다름없었습니다. 정치한다고 목소리 높여 외치지만 이분들이 필요로 할 때, 이분들이 손에 닿는 거리에 우리는 없었습니다. 존재했지만 보이지 않는 정당, 투명정당, 그것이 이제까지 대한민국 진보정당의 모습이었습니다.

저는 이제 이분들이 냄새 맡을 수 있고, 손에 잡을 수 있는 곳으로, 이 당을 여러분과 함께 가져가고자 합니다. 여러분 준비되었습니까?

강물은 아래로 흘러갈수록 그 폭이 넓어진다고 합니다. 우리의 대중정당은 달리 이루어지는 것이 아니라 더 낮은 곳으로 내려갈 때 실현될 것입니다."

진짜로 그 사람을 이해하려면

역지사지와 똘레랑스는 상대를 이해하고 관용하기 위해 꼭 필요한 중요한 삶의 태도다. 그런데 이게 말처럼 쉬운 일이 아니다. 우리는 정말로 상대의 입장에서 상대를

국회 정현관에서 열린 故 노회찬 정의당 원내대표 영결식

이해할 수 있을까? 말로만 이해하는 게 아니라 '정말로' 상대를 이해할 수 있느냐는 이야기다.

예를 들어보자. 우리는 모두 인종차별에 반대한다. 그런데 우리는 인종차별을 당한 흑인들의 처지와 심정을 정말로 이해하고 있을까? 말로는 아무리 이해한다고 해도 이건 절대 쉽지 않은 일이다.

존 하워드 그리핀(John Howard Griffin, 1920~1980)은 미국 언론계에서 독보적 족적을 남긴 위대한 기자다. 그는 평생 인종차별 문제와 싸웠던 인물이었다. 그런데 그가 흑인들과 인터뷰를 하면 그들이 항상 하는 이야기가 있었다. "백인인 당신은 아무리 이야기를 들어도 우리의 처지를 이해하지 못해요"라는 것이었다.

"도대체 어떻게 하면 당신들을 제대로 이해할 수 있겠어요?"라는 그리핀의 간절한 질문에 흑인들이 내놓은 대답은 이것이었다.

"방법이 딱 하나 있죠. 당신이 어느 날 아침 눈을 떴을 때 피부가 검게 변해 있는 겁니다."

그리핀은 이 일을 진짜 해보기로 결심했다. 그는 색소 변화를 일으키는 약을 복용했고, 하루 15시간 동안 일광욕을 하며 피부색을 바꿨다. 그리고 검게 탄 피부 위에 가죽 염색약을 발랐다. 머리를 삭발하자 그는 마침내 완벽한 흑인의 모습으로 변신했다. 너무 감쪽같아서 아무도 그를 백인이라고 생각하지 못했다.

1959년 그리핀은 '흑인'으로서 7주 동안 인종차별이 극심했던 미국 남부 일대를 돌아다녔다. 그리고 그는 인권운동가로서 자신이 흑인을 이해하고 있었다는 환상을 완전히 접어야 했다.

그리핀은 누군가를 쳐다보기만 해도 "거기 깜둥이, 왜 백인을 그렇게 쳐다보는 거야?"라는 질타를 들어야 했다. 어떤 백인이 자신을 보고 지독하게 기분 상한 표정을 짓기에 매우 정중한 말투로 "죄송합니다만 제가 뭐 기분 상하게 한 일이라도 있습니까?"라고 물었다. 하지만 그는 아무 대답도 듣지 못했다. 그리핀은 "생각해보니 나는 아무것도 한 것이 없었다. 내 피부색이 여자의 기분을 상하게 한 것이다"라고 당시를 회고했다.

가장 힘들었던 일 중 하나는 화장실을 사용하지 못하는 것이었다. 배가 아픈데 근처에 화장실이 없을 때 그것이 얼마나 고통스러운 경험인지 우리는 안다. 그런데 이보다 더 고통스러운 상황이 있다. 화장실이 뻔히 눈앞에 있는데도 사용을 못 하는 경우다.

그리핀도 마찬가지였다. 배는 아픈데, 화장실이 눈앞에 있다. 하지만 사용할 수 없다. 흑인의 출입이 금지된 화장실이었기 때문이다. 눈앞 화장실을 두고 여기저기를 뛰어다녀야 하는 고통, 그것은 백인이라면 절대 이해할 수 없는 흑인들만의 몫이었다.

마침내 그리핀이 백인으로 돌아왔을 때 그의 앞에는 완전히 다른 세상이 펼쳐졌다. 식당에 자리를 잡고 앉자 백인 웨이트리스가 그를 보고 환하게 웃었다. 그리핀은 평소 그 미소가 얼마나 소중한 것인지 몰랐다. 하지만 이제는 안다. 그 당연해보였던 미소는 오로지 백인일 때만 받는 친절이라는 것을.

그리핀이 화장실에 갔을 때 아무도 그에게 눈길조차 주지 않았다. 그리핀에게 이건 기적이었다. 불과 하루 전까지 그가 화장실에 들어서면 "어이 깜둥이. 거기서 뭐 하는 거야?"라는 욕설을 들었기 때문이었다.

그리핀은 이 체험을 담은 책 「블랙 라이크 미」에서 흑인이 된 순간을 이렇게 회고한다.

"두어 시간도 안 돼서 나는 한 개별 인간으로 지닌 자질에 의해 나를 판단해주는 사람이 아무도 없다는 것을 알았다. 모든 사람이 나를 피부색으로 판단했다. 그들은 나와 다른 흑인들을 인간 개인으로 보지 않았다. 자신들이 가진 쓰레기 같은 고정관념 밑에 우리를 묻어버렸기 때문이다. 그들은 우리를 자기들과 근본적으로 다른 사람으로 보았다. 우리 흑인들은 무책임하고, 다른 성적 도덕률을 갖고 있고, 지적으로 편협하고, 천성적인 리듬감을 갖고 있다. 또 우리는 게으르고 낙천적이고, 수박과 프라이드치킨을 좋아한다."

간디의 부적과 역지사지

많은 사람들이 보다 평등한 사회를 만들기를 꿈꾼다. 하지만 그런 신념이 가난을 정확히 이해한다는 사실을 의미하지 않는다. 적지 않은 이들이 가난을 더럽다고 생각한다. 가난한 사람들은 게으르고 무지하다고 믿는다. 그들은 왠지 매일 밤 소주 병나발을 불며 술주정으로 시간을 때울 것이라 착각한다. 하지만 직접 가난을 경험해보면 가난에 대해 절대 그렇게 함부로 이야기할 수 없다.

「동물농장」으로 유명한 소설가 조지 오웰(George Orwell, 1903~1950)은 빈민의 삶을 공감하기 위해 영국 이스트런던 거리에서 몇 년 동안 부랑자 생활을 한 적이 있었다. 그리고 오웰은 이런 이야기를 남겼다.

"나는 절대로! 다시는!! 방랑자들을 주정뱅이 악당이라고 생각하지 않을 것이다. 또 거지에게 돈을 한 푼 줄 때 그가 고마워할 것이라고 기대하지도 않을 것이다. 실직자가 맥이 빠져있다고 놀리지도 않을 것이다. 왜냐하면 그들도 보통 인간일 뿐이기 때문이다."

빈곤을 이해하기 위해 필요한 것은 역지사지다. 그런데 그 역지사지는 매우 치열한 것이어야 한다. 그래야 빈곤을 조금이라도 이해할 수 있다. 기자로서 평생 흑인의 삶을 이해하려 노력했던 그리핀 기자조차 직접 흑인의 삶을 산 뒤에야 비로소 그들의 삶을 이해하게 된 것과 마찬가지다. 그래서 기본소득의 지지자이자 네덜란드의 사상가

영국의 소설가 조지 오웰

뤼트허르 브레흐만(Rutger Bregman)은 "가난에 대해 아는 척 하는 것을 제발 좀 멈추라"라고 이야기한다.

앞에서 소개한 노회찬 의원의 명연설은 그의 시선이 누구를 향하고 있는지를 분명히 드러낸다. 대한민국의 국회의원들 중 이토록 절절하게 민중의 시선으로 민중을 바라본 이들은 손에 꼽을 정도다.

그의 묘사는 결코 소설이 아니었다. 누구로부터 들은 이야기를 옮긴 것도 아니었다. 그는 그 이야기를 남기기 위해 6411번 버스를 타고 새벽부터 노동현장으로 달려 나가야 했던 이름 없는 '아주머니' 혹은 '청소하는 미화원'들과 함께 했다. 이 책을 쓰는 지금 나는, 진심으로 그가 그리워 미칠 지경이다.

인도의 사상가 마하트마 간디(Mahatma Gandhi, 1869~1948)가 우리에게 남긴 부적을 전하며 이번 장을 마친다. 이른바 '간디의 부적'이라고 불리는 것이다. 간디는 이 부적을 남기면서 많은 이들에게 "늘 이 부적을 간직하고 또 간직하라"고 당부했다.

"내가 당신들에게 부적을 주겠다. 의심이 생기거나 자아가 너무 강해질 때 다음과 같은 시험을 해보라. 지금까지 본 것 중에서 가장 가난하고 허약한 사람의 얼굴을 떠올린 뒤에, 내가 하려는 일이 그들에게 조금이라도 보탬이 되는지 물어보라. 그가 당신의 행동으로 어떤 도움을 얻을 것인가? 당신의 행동이 그 가장 가난하고 허약한 사람의 삶과 운명에 대한 통제력을 회복하도록 도와줄 수 있는가? 다른 말로 하면 당신의 행동이 굶주리고 영적으로 허기진 수백 만 명을 자주적 삶의 세계로 인도할 수 있는지 물어보라. 그러면 당신의 의심과 자아는 녹아 없어질 것이다."

V부

검찰, 언론, 종교 개혁

강자(強者) 네트워크는
어떻게 발전하나?

사회적 자본과 은행가의 역설

사회적 자본(social capital)이라는 용어가 있다. 알다시피 자본(capital)이란 '상품이나 서비스를 생산하는데 드는 밑천'이라는 뜻이다. 그런데 과거에는 숫자로 표현할 수 있는 것들만 자본이라고 생각하는 경향이 있었다. '몇 원짜리'로 표시될 수 있는 투자금, 토지, 기계 등이 그런 것들이다.

하지만 사업 밑천에는 다양한 종류가 있는 법이다. 예를 들어 사람의 창의성이나 헌신성도 훌륭한 사업 밑천이다. 그래서 인적자본(human capital)이라는 개념이 생겼다.

이후 발전한 개념이 사회적 자본이다. 사회적 자본은 '어려울 때 누군가로부터 도움을 얻을 수 있는 힘'을 뜻한다. 기업이 어려움에 빠졌을 때 국가가 이를 도와주는 제도가 잘 갖춰졌다면, 혹은 내가 개인적인 어려움에 처했을 때 구원의 손길을 내미는 친구들이 많다면 사업을 하기에 훨씬 수월하다. 이런 것들이 바로 사회적 자본에 속한다. 우호적 인간관계, 제도에 대한 믿음, 준법의식 등도 사회적 자본으로 분류된다.

경제학자들은 사회적 신뢰를 사회적 자본의 핵심으로 꼽는다. 신뢰가 형성된 사회일수록 불필요한 규제가 사라지고 효율성이 높아지기 때문이다. 당연히 생산성이 올라가고 국민소득도 증가한다. 세계은행(World Bank)은 "국부(國富)를 창출하는 데 사회적 자본이 기여하는 비중이 무려 80%에 이른다"는 분석을 내놓은 적도 있다.

안타깝게도 우리나라는 사회적 자본이 매우 빈약한 나라에 속한다. 서로에 대한 신뢰가 약하기 때문이다. 세계가치관조사(World Value Survey)에 따르면 타인에 대한 신뢰도가 가장 높은 나라는 스웨덴인데 이 나라 사람들은 10명 중 무려 6.8명이나 타인을 신뢰한다.

반면 우리나라 국민들은 10명 중 고작 3명만이 타인을 믿는다. 대한민국은 조사 대상 71개 나라 중 꼴찌를 차지했다. 그만큼 우리나라는 신뢰와 협업을 기반으로 한 사회적 자본이 전반적으로 상당히 취약하다는 이야기다.

사회적 자본의 부익부 빈익빈

그런데 이는 사회 전체적인 이야기에 불과하다. 사회적 자본이란 '힘들 때 믿고 의지할 수 있는 벗이 얼마나 많이 있느냐?'의 문제다. 그런데 강자들 사이에서 이 힘은 매우 강력하다. 민중들과 달리 강자들에게는 힘들 때 믿고 의지할 수 있는 벗이 수두룩하다. 사회적 자본에서도 부익부 빈익빈 현상이 극심한 셈이다.

영화 〈범죄와의 전쟁 : 나쁜 놈들 전성시대〉에 이런 장면이 나온다. 검사들의 깡패 소탕 작전에 쫓기는 몸이 된 최익현(최민식 역)은 동료 깡패 김판호(조진웅 역)를 만났다. 최익현은 "두고 봐라. 그 새끼들 나 절대 못 잡아넣는다"라고 큰소리를 치며 주머니에서 수첩을 꺼내 이렇게 장담한다.

"니, 이게 얼마짜리 수첩인줄 아나? 10억짜리다, 10억!"

이게 바로 사회적 자본의 가치다. 수첩에 적힌 전화번호는 최익현이 어려울 때 믿고 의지할 수 있는 사회적 네트워크를 뜻한다. 최익현은 그 네트워크의 가치를 10억 원으로 측정했다. 모르긴 몰라도 그 가치가 10억 원은 충분이 됐을 것이다.

문제는 이런 사회적 자본의 위력이 강자들에게 집중돼 있다는 데 있다. 예를 들어보자. 사람들은 왜 그렇게 미친 듯이 서울대에 가려고 할까? 좋은 교수님으로부터 좋은 학문을 배울 수 있어서? 웃기는 이야기다.

장담하는데 서울대 합격 노리는 사람 중에 서울대에 어떤 좋은 교수님이 있는지 알고 그 학교 지원하는 사람은 한 명도 없다. 그리고 개인적인 견해지만 서울대 교수들이라고 딱히 더 뛰어나지도 않다.

사람들이 서울대에 집착하는 이유 중 하나는 단단한 서울대 카르텔 때문이다. 특히 서울법대와 서울상대의 카르텔이 무척 강하다. 자기들끼리 네트워크를 형성해 서로 밀어주고 끌어준다. 이런 협업은 수십 억, 수백 억 원에 이르는 가치를 발휘한다.

다른 예를 들어보자. 부정적 기사가 언론에 실릴 위기에 처한 기업이 있다. 기사를 막지 못하면 기업이 망할지도 모른다. 그 기사를 막으려면 비용이 얼마나 들까? 모르긴 몰라도 많이 들 것이다. 삼성이 골프와 각종 향응 등으로 평소에도 언론인들을 꼼꼼히 관리하는 이유가 그런 거다.

그런데 이런 경우는 어떤가? 2016년 9월 방용훈 코리아나호텔 사장의 부인 이미란 씨가 스스로 목숨을 끊었다. 방용훈은 〈조선일보〉 사주 방상훈의 친동생이다.

이 소식이 〈뉴시스〉와 〈뉴스1〉 등 통신사를 통해 빠르게 퍼져나갔다. 그런데 다음날인 2016년 9월 3일, 이 기사는 주요 언론에서 거의 다뤄지지 않았다. 10대 일간지 중 〈중앙일보〉, 〈경향신문〉, 〈서울신문〉, 〈세계일보〉, 〈국민일보〉는 이 소식을 '간략하게' 전했다. 〈조선일보〉와 〈동아일보〉는 아예 보도를 하지 않았다. 방송도 〈MBC〉만 이 소식을 간략하게 다뤘을 뿐 〈KBS〉를 비롯한 지상파, 종편 어느 곳에서도 이 소식을 다루지 않았다.

〈조선일보〉야 자기 사주 일가 일이니 그렇다 치자. 〈동아일보〉는 왜 보도를 안 한 건가? 내 경험상 〈동아일보〉는 〈조선일보〉를 필생의 라이벌로 생각하는 곳(이것도 웃긴 것이 〈조선일보〉는 〈동아일보〉를 전혀 라이벌로 생각하지 않는데 〈동아일보〉만 〈조선일보〉를 라이벌이라고 생각한다)이다. 그렇다면 방 씨 일가의 이 추잡한 사건은 〈동아일보〉에게 〈조선일보〉를 박살낼 절호의 기회였다. 그런데도 〈동아일보〉는 입을 닫았다.

일반 기업에게 이런 치명적 사건이 벌어졌다면 이들이 언론의 입을 막는 일에 수백억 원이 들었을 것이다. 그런데 〈조선일보〉는 한 푼도 들이지 않고도 보도가 확산되는 것을 막았다. 심지어 자칭 라이벌인 〈동아일보〉조차 이 침묵에 동참했다. 이게 바로 언론사들이 형성한 사회적 자본의 힘이다. 주요 언론사들끼리 "사주 일가의 추문은 건드리지 않는다"는 암묵적 합의를 했다는 이야기다.

판사, 검사, 언론인, 고위공무원 등이 퇴직 후 민간기업 임원으로 대거 스카우트되는 것도 그들만의 사회적 자본이다. 선배들이 퇴직 후 수십 억 원의 연봉을 받고 대기업에 취직하는 모습을 본 후배들은 알아서 재벌들을 위해 온갖 특혜를 베푼다. 협동과 신뢰를 기반으로 한 사회적 효율성은 71개 나라 중 꼴찌인데 기득권이 형성한 카르텔의 사회적 자본은 막강하다는 이야기다.

'자유언론실천선언' 45주년 기념 동아·조선 청산 기자회견 및 삼보일배

은행가의 역설과 기득권 네트워크

「경제의 속살 1」에서도 잠깐 다뤘지만 정치경제학에는 은행가의 역설(banker's paradox)이라는 개념이 있다. 진화심리학자 레다 코스미데스(Leda Cosmides)와 존 투비(John Tooby)가 제시한 개념이다.

인류는 오랫동안 우정의 네트워크를 형성하며 살아왔다. 그런데 그 우정의 네트워크는 공교롭게도 힘이 센 자들에게 집중되는 경향이 강했다.

사냥으로 생계를 이어가는 부족에서 누구와 더 친해야 사는 게 편해질까? 당연히 힘이 세고 사냥을 잘 하는 사람과 친해야 이익이다. 그렇다면 사냥을 잘 하는 용자(勇者)는 누구와 친해야 사는 게 더 편해질까? 당연히 자기에게 도움을 줄 수 있는 추장 같은 권력자와 친해야 한다. 이런 이유로 우정의 네트워크는 사회적 강자들을 중심으로 형성된다. 정작 그들의 도움이 가장 필요한 사람들은 힘 없고 가난한 민중들인데도 말이다.

은행이 돈을 빌려줄 때도 마찬가지다. 은행은 대출 심사를 통해 사람을 가려서 돈을 빌려준다. 그렇다면 누가 대출의 혜택을 입을까? 당연히 돈을 떼먹을 확률이 낮은 부자나 재벌 대기업이 수혜를 입는다. 정작 그 돈이 절실히 필요한 사람들은 민중들인데도 말이다.

코스미데스와 투비는 이를 '은행가의 역설'이라고 부른다. "영장류 조상들 중 수렵을 잘 못하는 사람일수록 간절한 도움이 필요하다. 그런데 그들은 바로 그 이유 때문에 친구로부터 도움을 받지 못한다"라는 게 두 사람의 설명이다.

코스미데스와 투비에 따르면 강자들은 우정 네트워크에서 살아남기 위해 독특한 기술을 사용한다. 자신을 '없어서는 안 되는 존재', 혹은 '대체 불가능한 존재'로 포장하는 것이다.

이를 위해서는 첫째, 나만이 잘 할 수 있는 특징을 찾아야 한다. 둘째, 이 능력을 끊임없이 발전시키고 홍보해야 한다. 셋째, 자신만의 능력을 절실히 필요로 하는 집단을 발견해야 한다. 넷째, 내 능력을 높이 사는 집단이라 해도 나하고 비슷한 능력을 가진 이들이 많은 곳은 피해야 한다. 다섯째(이게 가장 중요하다), 그 집단 안에 나와 비슷한 능력을 가진 경쟁자를 제거해야 한다. 그래야 나의 희소성이 커진다.

이 이야기를 곱씹다보면 떠오르는 집단들이 있다. 검찰과 언론, 보수 기독교계가 바로 그들이다. 이들은 역사적으로 늘 강자들의 네트워크에서 중요한 자리를 차지했다. 이유가 뭘까? 자신을 대체 불가능한 존재로 포장하는 기술을 보유했기 때문이다.

검찰이 독점한 기소권은 강자들에게 어마어마한 권력이 된다. 신의 목소리를 독점한 보수 기독교 목사들과 여론을 만드는 기능을 독점한 언론도 마찬가지다.

그리고 이들은 자신을 대체 불가능한 존재로 포장하기 위해 끊임없이 경쟁자를 제거했다. 검찰이 기소권을 그 누구와 나누려 하지 않은 것도, 보수 기독교계가 다른 종교에 배타적인 적대감을 보이는 것도, 기자들이 소위 기자단이라는 폐쇄적 조직을 운영하는 것도 다 이런 이유 때문이다.

단언컨대 이 힘이 분산되지 않으면 한국 사회는 계속 은행가의 역설에 파묻힌다. 막강한 권력이 강자들의 전유물이 된다. 그 힘이 절실히 필요한 민중들은 여전히 그 힘으로부터 아무런 보호를 받지 못한다.

그래서 검찰 개혁, 언론 개혁, 종교 개혁은 한국 사회의 진보를 위해 실로 중요한 과제다. 이는 인류가 진화적으로 형성했던 강자들의 기득권 네트워크를 와해하고 그들이 독점한 권력을 민중들에게 돌려줄 수 있느냐의 문제이기 때문이다.

물론 쉽지는 않을 것이다. 강자들의 네트워크가 왜 '강자'들의 네트워크이겠나? 그건 그만큼 그들이 강하기 때문일 것이다.

하지만 역사는 늘 진보해 왔고, 민중들은 강자들의 네트워크에 분연히 맞섰다. 힘겨운 길이지만 뚜벅뚜벅 걸어가야 한다. 지금부터 우리는 검찰과 언론, 종교 개혁에 대해 집중적으로 살펴볼 것이다. 이 험한 길을 함께 걷는 벗들에게 진심어린 감사를 전하며, 이 책 5부를 시작한다.

과거의 책임을
어디까지 물릴 것인가?

충직의 딜레마

"과거의 책임을 누구에게, 어느 정도까지 물릴 수 있을 것인가?"

일제 강점기를 경험한 우리에게 이 질문은 매우 익숙하다. 그런데 이 질문의 답은 생각만큼 간단하지 않다. 도덕론과 사회학에서는 이 문제를 '충직의 딜레마'라는 이름으로 논쟁 중이다.

우리의 이야기부터 시작해보자. 과거 침략 전쟁을 자행한 일본의 책임을 어디까지 물어 마땅한가? 지금 일본 정부는 과거 일본 정부의 계승자이므로 당연히 책임을 물어야 한다. 여기까지는 이견이 없다.

그런데 2020년 도쿄에 사는 나카무라 씨에게도 "당신도 일본인이므로 과거 침략에 책임이 있으니 무릎 꿇고 사과하세요"라고 요구할 수 있을까? 나카무라 씨가 "내가 왜? 나는 한국을 침략한 적도 없고, 우리 조상들도 제국주의적 침략에 기여한 바가 없어. 우리 조상은 시골에서 농사짓고 살았다고!"라고 항변한다면 어떻게 대응해야 할까?

미국의 인종 차별 문제는 어떤가? 실제 이 문제는 2020년 미국 대선에서 중요한 쟁점이 될 가능성이 높다.

경제학자들에 따르면 미국 백인들이 흑인들을 노예로 부리면서 착취한 경제적 이익은 무려 2,000조 원에 이른다. 정신적 고통과 육체적 피해까지 고려하면 보상액이 1경 6,000조 원으로 치솟는다. 이는 미국 국내총생산(GDP)의 70%에 이르는 거금이다. 미국 정부는 이 돈을 지금이라도 흑인들의 후손에게 배상해야 할까?

강력한 민주당 대선 후보 중 한 명인 엘리자베스 워런(Elizabeth Warren) 상원의원은 "당장 배상에 관한 논의를 시작하자"고 주장한다. 이들은 "정의의 실현에는 마감이 없다. 건국 당시의 일 역시 우리의 책임이므로 배상을 해야 한다"고 목소리를 높인다.

반면 공화당의 미치 매코널(Mitch McConnell) 상원의원은 "현재를 사는 우리 중 누구도 150년 전 일에 책임이 없다"며 반발한다. 내가 알지도 못하는 조상들이 벌인 일을 왜 지금의 내가 돈까지 써가며 사죄해야 하냐는 반론이다.

이런 문제는 세계 도처에 깔려 있다. 오스트레일리아는 영국 백인들이 원주민을 학살하면서 건국한 나라다. 그렇다면 지금 오스트레일리아 정부는 원주민의 후손에게 사죄해야 할까? 하지만 1996년부터 2007년까지 이 나라 총리를 지낸 존 하워드(John Howard)는 "우리가 하지 않은 일을 왜 사죄해야 하나?"라며 단호히 이를 거부한 바 있다.

이게 남의 나라 일이면 그나마 좀 쉬운데 나와 직접 관련된 일이면 답하기가 훨씬 어려워진다. 내가 가해자 취급을 받을 때 더욱 그렇다.

문제를 더 어렵게 만들어보자. 한국은 오랫동안 가부장적 사회, 남성 중심 사회를 유지하면서 여성에 대한 많은 수탈과 착취를 자행했다. 성폭행과 성추행 등도 셀 수 없이 많았다.

그렇다면 한국 남성들은 여성에게 머리를 조아려 사죄해야 할까? 나도 한국 남자이기에 이 질문으로부터 결코 자유롭지 않다. "나카무라도 일제의 후예이니 당연히 사죄해야 한다"라고 말하는 것은 쉽다. 그런데 "너도 한국 남자니 당연히 사죄해야 해"라는 요구를 받으면 난감한 경우가 생긴다. "나는 성추행도 안 했고 여성 차별도 하지 않았는데 왜 내가 사과해야 하나?"라는 반론이 쏟아지는 이유다.

충직의 딜레마

이것이 바로 수많은 논쟁을 낳은 '충직의 딜레마'다. 이 문제를 가장 소극적으로 해석하는 쪽은 "가해를 한 당사자만 사과하면 된다. 후손은 사과할 필요가 없다"라는 주장을 펼친다. 그보다 조금 더 적극적인 쪽은 "당사자는 물론, 조상의 범죄로 혜택을 입은 후손들까지는 사과를 해야 한다"고 본다. 즉 부모가 친일파고 자손이 부모의 재산으로 호의호식했다면 사죄해야 한다는 관점이다.

가장 적극적인 쪽은 가해자가 속한 사회, 국가, 젠더가 총체적으로 사과해야 한다는 의견을 펼친다. 일본이 과거 제국주의 침략을 했다면 그 후손들에게도 책임이 있다. 과거 백인이 흑인을 노예로 부렸으면 백인 사회가 전체적으로 책임을 져야 한다. 역사적으로 남성이 여성을 억압했으니 남성 후손은 당연히 여성에게 사죄해야 한다.

물론 이 문제의 답이 수학 문제처럼 딱 떨어지는 것은 아니다. 지금도 논쟁이 이어지는 이유가 여기에 있다.

그런데 이 문제를 접했을 때 개인적으로 적용하는 기준이 하나 있다. 순전히 내 개인적 의견임을 전제로 감히 이야기를 해보자면 이렇다.

미국의 역사학자이자 「미국 민중사」의 저자 하워드 진.
ⓒJared and Corin

우리는 당파성의 세상, 즉 필연적으로 누군가의 편을 들 수밖에 없는 세상에서 살고 있다. 헤비급과 플라이급이 싸움을 하는데 그걸 지켜보며 "나는 중립이에요"라고 말하는 것은 결국 힘 센 사람의 폭력을 용인하는 행위다. 미국의 사상가 하워드 진(Howard Zinn)이 "달리는 기차 위에 중립은 없다(You Can't Be Neutral on a Moving Train)"고 목소리를 높인 이유이기도 하다.

딜레마를 해결할 때 이 개념을 적용하면 문제가 좀 쉬워진다. 나카무라 씨에게 책임을 물릴 것인가? 그 답을 듣기 위해서는 나카무라 씨에게 "지금 이 순간, 당신의 입장이 무엇인가?"라는 새로운 질문을 던져야 한다는 게 내 생각이다.

만약 나카무라 씨가 "과거 일제의 침략 전쟁은 잘못이고 나는 기꺼이 그 침략 세력에 맞서 싸우겠다"고 답한다면 나카무라 씨는 무죄이며 우리의 신실한 동지다. 하지만 나카무라 씨가 "독도는 일본 땅이고 일본 아베는 파이팅입니다요"라고 답을 한다면 그는 조상들과 공범이다. 그는 결국 그 시대에 태어났어도 침략 전쟁을 옹호했을 것이기 때문이다.

한발 더 나아가보자. 만약 나카무라 씨가 "나는 정치는 잘 몰라요"라고 발뺌한다면 어떤가? 그렇다 해도 그는 책임을 면할 수 없다. 그는 겉으로는 중립을 표명한다. 하지만 당파성의 관점에서 볼 때 그것은 결국 일본 제국주의 침략을 용인하는 행위이다.

나는 그래서 노예제에 책임이 없다고 생각하는 미국 백인들에게도 같은 질문을 던져야 한다고 믿는다. "당신들은 지금 이 순간, 전 세계에 만연한 인종차별에 맞서 함께 투쟁하겠느냐?"라고 말이다.

"그렇다"고 답한다면 그들은 무죄이며 우리와 동지다. 하지만 "그게 나랑 뭔 상관이냐? 트럼프는 파이팅입니다요"라고 답한다면 그들은 착취자의 편에 선 공범들이다. 조상이 저지른 죄에서 벗어나려면 최소한 지금 조상이 저지른 잘못이 반복되지 않도록 싸워야 한다.

검찰은 유죄인가?

다른 질문을 던져보자. 2019년 10월 16일 검사 출신 이연주 변호사가 〈CBS〉 라디오 '김현정의 뉴스쇼'에 출연해 검사들의 스폰서 문화를 폭로했다. 이 변호사가 검사로 일했을 때 한 선배 부장검사가 "검사로 잘 나가려면 똘똘한 수사계장을 두는 게 중요하다"고 했단다. 그래서 "어떻게 하면 그들과 잘 어울릴 수 있습니까?"라고 물었더니 그 부장이 "룸살롱 데려가서 같이 XXX도 하고" 뭐 이랬다는 거다. 그야말로 대놓고 성추행이다. 이런 자가 그냥 검사도 아니고 무려 부장검사였다. 이 변호사의 회고를 조금 더 들어보자.

"한 부장이 '검사들은 (스폰서를) 친한 친구라고 생각하지 스폰서라고 (생각) 안 한다'고 했다. 부산 나이트클럽 사장에게 '외로우니까 편하게 지낼 여자를 소개해 달라'고 했다더라. 가정이 있는 사람이었다. '이혼녀나 소개해줄 줄 알았는데 미인 대회 수상자를 소개시켜줘서 재미있게 놀았다'고 하더라. 부산 지역 유지에게 호화 요트를 빌려서 통영에도 갔다고 들었다. 내가 있는 자리에서 '그 매끈하고 부드러운 몸에 오일을 발라줬다. 그 요트 위에서'라는 말도 했다. 시선을 어디에 둬야 될지 몰랐다."

"어떤 부장이 술자리에서 전화를 걸자 유수한 건설회사 임원이 왔다. (부장이) 그 사람 양복에서 지갑을 뺏었다. 그 지갑은 이제 부장 것이 됐다. 누가 마음에 들면 그 지갑에서 10만 원짜리 수표 꺼내서 '야, 여기 있다'며 탁 주고 (그랬다)."

이런 폭로였다. 속된 말로 멍멍이 판 오 분 전이다. 이게 사실이라면, 이걸 깡패들이라고 불러야 하나, 검찰이라고 불러야 하나?

이 변호사의 인터뷰가 아니더라도 검사들의 스폰서 문화에 대한 폭로는 수두룩하다. 2010년 PD수첩 '검사와 스폰서' 편에 출연해 '검찰 X파일'을 공개한 건설업자 정 모 씨는 "검사들에게 밥 사주고, 술 사주고, 섹스 시켜주는 것이 내 임무였다"고 토로할 정도였다. 검사님들이 법을 잘 모르시는 모양인데, 대한민국에서 성매매는 불법입니다! 법의 수호자라는 자들이 대놓고 법을 위반하는데, 이게 공무원인지 동네 양아치인지 구분이 안 갈 정도다.

그런데 어떤 검사가 "나는 안 그랬는데? 나는 스폰서 받은 적 없다고! 그런데 그게 왜 내 잘못이야?"라고 말한다면 어떤가? 이 문제 역시 충직의 딜레마와 관련이 있다.

나는 이 문제를 해결하기 위해 그 검사에게 이렇게 물을 것이다. "그래서 당신은 동료들의 그 추악한 스폰서 문화에 맞서 싸우겠습니까?"라고 말이다. 그가 "당연히 그렇다"고 답한다면 나는 그 검사를 동지라고 생각하겠다. 하지만 "에이, 그건 좀…"이라며 눈을 감아버린다면? 그 자 또한 그들이 저지른 스폰서 범죄의 공범이다. 동료의 범법을 방치하는 것은 곧 동료의 범죄를 장려하는 행위와 다를 바가 없기 때문이다. 더구나 법을 수호하는 임무를 지닌 자들이 범법행위를 눈감아주는 것은 직무 유기이기까지 하다.

그래서 나는 윤석열 검찰총장에게 묻는다. 2019년 〈한겨레신문〉이 "윤석열 총장과 건설업자와 유착 의혹이 묻혔다"는 보도를 했을 때 윤 총장은 "나는 건설업자와 어울릴 정도로 대충 살지 않았다"라고 반박했다.

나는 윤 총장의 그 말을 믿는다. 윤 총장이 그런 나쁜 건설업자와 어울릴 정도로 대충 살았다고 생각하지 않는다. 그는 절대 그런 종류의 검사가 아니었을 것이다.

하지만 검찰의 수장에게 이 질문을 던지지 않을 수 없다. "검찰총장은 지금 이 순간, 후배 검사들의 그 추악한 스폰서 문화를 낱낱이 파헤쳐 불법을 저지른 자들을 모조리 처벌하겠습니까?"라는 질문을 말이다.

지금까지 언론 보도를 종합해보면, 장담컨대 윤 총장이 마음만 제대로 먹고 수사를 할 경우 부하와 동료들 중 저따위 양아치 짓을 한 자들을 연병장 '앉아번호'로 세 바퀴는 돌릴 정도로 잡을 수 있을 것이다. 검찰총장은 그들을 모두 적발해 법의 심판대 위에 세울 용의가 있는가?

만약 윤 총장이 검찰의 스폰서 문화가 잘못된 것이라 믿는다면, 당신은 지금 우리와 함께 싸워야 한다. 하지만 윤 총장이 아무 답도 하지 않고 은근슬쩍 넘어간다면, 윤 총장 역시 검찰의 스폰서 문화에서 자유로울 수 없다. 내 기준으로 윤 총장도 검찰의 그 양아치 스폰서 문화에 대한 방조자이자 공범이다. 게다가 검찰총장은 그런 범죄자들을 기소하는 조직의 총책임자다.

그런 그가 동료들의 범죄에 눈을 감는다면 그는 법의 수호자도, 민중의 벗도, 우리의 동지도, 뭣도 아니다. 그냥 검찰을 지키려는 기득권 수호자일 뿐이라는 이야기다.

내 개인적 기준이 진리라고 감히 주장하지는 않겠다. 하지만 내 부족한 머리로 아무리 생각해봐도 충직의 딜레마를 해소할 방법은 이것뿐이었다. 한국 검사들은 답을 해보라. 당신들은 역사적으로 그 추악한 짓을 한 선배, 동료, 후배들의 스폰서 문화에 맞서 우리와 함께 싸울 텐가? 아니면 좋은 게 좋은 거라고, 그냥 눈 감고 넘어갈 텐가?

왜 윤석열 총장은
"MB 때 쿨했다"고 말했을까?

정점의 법칙과 종점의 법칙

2019년 10월 19일, 윤석열 검찰총장의 입에서 믿기 힘든 말이 튀어나왔다. 국회 대검찰청 국정감사에서 윤 총장이 "MB 때가 쿨했다"는 답을 한 것이다.

당시 상황을 재구성해보면 이렇다. 더불어민주당 이철희 의원이 "이명박, 박근혜, 문재인 정부 중 어느 정부가 그나마 중립적입니까?"라고 물었고, 윤석열 총장은 "제 경험으로만 하면 이명박 정부 때 중수부 과장으로, 특수부장으로 3년 간 특별수사를 했는데, 대통령 측근과 형 이런 분들을 구속할 때 별 관여가 없었던 것으로 쿨하게 처리했던 기억이 나고요. 박근혜 정부 때는 다 아시는 거고 그렇습니다"라고 답을 한 것이다.

이 발언이 논란이 되자 검찰 쪽에서 해명이 나왔다. "이명박 정부 때 검찰의 정치적 중립성이 가장 잘 보장됐다고 말한 사실이 없다. 이명박 정부에서부터 현 정부에 이르기까지 순차적으로 경험 및 소회를 답변하려 했다. 특히 현 정부에서는 청와대에서 검찰의 구체적 사건 처리에 관해 일체 지시하거나 개입하지 않는다는 점을 설명하려 했으나, 해당 의원이 답변 도중 다른 질의를 이어감에 따라 답변이 중단됐다"는 해명이었다.

나는 이 해명을 받아들인다. 윤 총장은 박근혜 정권 때의 소회를 이야기한 뒤 문재인 정권에 대한 자신의 생각을 밝히려 했을 것이다. 그런데 그 순간 질의자가 말을 끊었고, 윤 총장은 하려 했던 말을 다 못했을 것이다. 그 말을 믿는다.

그런데 그것과 별개로 이명박 정권이 검찰 수사에 관해 쿨하게 처리했다는 개인적 소회는 이해할 수 없다. "제 경험으로만 이야기하면"이라는 단서를 붙였지만, 어찌됐건 윤 총장은 이명박 정권이 검찰을 대하는 태도를 꽤 좋게 보고 있었다는 뜻이다.

많은 시민들이 불쾌했던 게 이 대목이다. 어떤 단서를 달건 우리의 상식으로 "MB가 검찰 권력을 쿨하게 대했다"는 이야기에 동감할 수 없기 때문이다. 객관적 사실들이 있고 역사적 기록들이 있다. 그런데 검찰의 수장이 온 국민 앞에서 "MB 때가 쿨했다"고 말을 해버리니 1도 공감이 되지 않는다.

그래서 궁금하다. 윤 총장은 왜 검찰 권력을 악용해 역사에 큰 죄를 지은 MB를 '쿨하다'는 긍정적인 단어로 표현했을까?

인간의 기억은 정확하지 않다

이 심리를 짐작케 해주는 행동경제학 이론이 있다. 행동경제학자로는 최초로 2002년 노벨경제학상을 받은 대니얼 카너먼(Daniel Kahneman)이 제시한 '정점의 법칙'과 '종점의 법칙'이 그것이다.

주류경제학은 인간의 감정을 숫자로 정확하게 표현할 수 있다고 주장한다. "자장면을 먹었을 때의 만족도는 10, 짬뽕을 먹었을 때의 만족도는 9, 탕수육을 먹었을 때 만족도는 15"라고 보는 식이다.

그런데 이게 가능한가? 잠깐만 생각해봐도 웃기는 주장인데 주류경제학은 이 주장을 진지하게 믿는다. 실제 프랜시스 에지워스(Francis Edgeworth, 1845~1926)라는 영국의 경제학자는 "쾌락측정기를 만들어 인간의 감정을 수치화하자"는 독특한 주장을 펼치기도 했다.

이번 장의 주인공인 카너먼 역시 이 주장에 관심을 가졌다. 카너먼은 위 내시경을 받을 때의 고통을 숫자로 측정하는 실험에 나섰다. 요즘은 수면 기술이 발달해 내시경이 별로 고통스럽지 않지만 이 실험은 1990년대에 실시됐다. 당시 내시경은 마취 없이 카메라를 목 안으로 쑤셔 넣는 것이었다. 이게 얼마나 고통스러운지 당해본 사람은 안다.

카너먼은 참가자들에게 최악의 고통, 즉 도저히 못 견디겠다 싶을 정도로 아플 때의 고통을 10으로 표시해 달라고 부탁했다. 하나도 안 아프면 고통 수치는 0으로 떨어진다. 환자들은 60초마다 자신의 고통을 0과 10사이의 숫자로 묘사했다. 154명을 대상으로 진행된 이 실험에서 어떤 환자는 4분 만에 검사를 마쳤고 어떤 환자는 무려 69분 동안 내시경의 고통을 참았다.

내시경을 끝낸 뒤 카너먼은 이들에게 "당신이 당한 고통을 종합적으로, 10점 만점 기준으로 표현해보세요"라고 요구했다. 환자들이 순간순간 겪은 고통의 데이터는 이미 저장돼있다. 그 데이터를 보면 누가 더 오래, 누가 훨씬 큰 고통을 겪었는지 쉽게 알 수 있다.

그런데 "종합해서 평가하라"고 요구했더니 놀라운 결과가 나왔다. 내시경 도중에 이야기한 고통의 정도와, 내시경이 끝나고 이야기하는 고통의 정도가 일치하지 않은 것이다. 내시경 도중에는 "죽을 듯이 아팠다"고 말했던 사람이 내시경 직후에는 "내시경 그거 할만 하구만"이라며 고통 점수를 3점이나 4점 정도로 낮게 책정했다. 반면 내시경 도중에는 아프다고 한 적이 별로 없었던 사람이 내시경 직후에는 "와, 이거 진짜 사람이 할 짓이 아니네"라며 고통 점수를 8~9점으로 매기는 이도 적지 않았다.

왜 이런 일이 벌어졌을까? 카너먼은 "이는 경험과 기억의 차이 때문"이라고 설명한다. 실제 경험은 매우 고통스러웠는데 기억은 별로 안 고통스러웠다고 남아있거나, 실제 경험은 별로 안 고통스러웠는데 기억은 매우 고통스러웠다고 회고하는 경우가 비일비재하다는 것이다.

카너먼은 통계 분석을 통해 새로운 사실 두 가지를 발견했다. 첫째, 기억 형성에 큰 영향을 미치는 요소는 '고통의 총량'이 아니라 '가장 고통스러웠던 한 순간'이라는 것이다. 즉 6쯤의 고통으로 100번쯤 아팠던 사람보다, 딱 한 번 10의 극한적인 고통을 겪은 사람이 훨씬 고통스러운 기억을 갖는다. 이게 바로 '정점의 법칙'이다.

둘째, '마지막 순간'이 기억에 큰 영향을 미친다. 내시경 내내 7, 8, 7, 8쯤으로 아팠는데 내시경 마지막 순간이 편안했다면 이들 대부분은 "이번 내시경은 하나도 안 아팠어요"라고 기억한다. 반면 내시경 내내 1, 2, 1, 2쯤으로 거의 안 아팠던 사람인데 내시경을 마치는 마지막 순간이 너무 고통스러웠다면 "이번 내시경은 진짜 죽겠던데요"라고 기억을 한다. 이것이 바로 '종점의 법칙'이다. 즉 행복이건 불행이건 기억을 왜곡하는 결정적인 요소는 '최고의 순간'과 '마지막 순간'이라는 이야기다.

지난 휴가의 추억을 떠올려보자. 정말로 행복한 기억으로 남은 휴가를 잘 돌아보면, 사실 그 휴가는 최악이었을 수도 있다. 여행 내내 너무 더웠고, 모기에게 내 피를 아낌없이 바쳤으며, 음식도 더럽게 맛이 없었고, 숙소도 불편했다. 그런데 그 여행이 행복한 추억으로 남은 이유는, 그 여행에서 사랑하는 사람을 만났기 때문일 가능성이 높다. 그 한 번의 강렬한 기억이 여행 전체의 고통스러웠던 기억을 상쇄해버린다.

혹은 여행에서 돌아오는 길에 이코노미 좌석이 비즈니스 좌석으로 무료 업그레이드 됐을 가능성도 있다. 여행의 맨 마지막이 행복하면 사람은 그 여행을 전체적으로 행복하다고 기억한다.

윤석열 총장의 기억은 어떤 것일까?

「경제의 속살 1」에서도 언급했지만, 카너먼은 인간이 생각을 할 때에는 두 가지 시스템을 가동한다고 설명한다. 첫 번째 시스템이 '대충 생각하기'이고 두 번째 시스템이 '깊이 숙고하기'다.

"5 곱하기 8은?"이라는 문제를 풀 때 진짜로 5를 8번 더하는 사람은 아무도 없다. 초등학교 때 외운 구구단을 이용해 "40"이라고 손쉽게 답을 한다. 이게 바로 대충 생각하기 시스템이다.

반면 "346 더하기 719는?"이라는 문제를 풀 때에는 깊이 숙고하기 시스템이 가동된다. 346+719의 답이 1065라는 사실을 암기하는 사람은 없기 때문이다. 고백하자면 나도 지금 혹시 답을 틀릴까봐 346+719를 두 번이나 계산기로 확인했다.

문제는 대부분의 사람이 깊이 숙고하기보다 대충 생각하기 시스템을 훨씬 많이 가동한다는 데 있다. 그게 뇌를 편하게 만들기 때문이다.

경험과 기억의 차이도 마찬가지다. 자신의 경험을 제대로 기억하려면 내시경 때 내가 얼마나 자주, 많이 아팠는지 깊이 생각을 해야 한다. 하지만 사람의 뇌는 근본적으로 깊이 생각하는 것을 귀찮아한다. 그래서 대충 기억을 떠올린다. 그러다보니 가장 아팠던 한 순간(정점), 그리고 맨 마지막 순간(종점)이 기억을 지배한다. 카너먼은 이

윤석열 검찰총장

런 오류를 피하기 위해서는 끝없이 깊이 생각하기 시스템을 가동하는 연습을 해야 한 다고 조언한다.

　자, 그러면 윤석열 총장이 "MB 때가 쿨했다"고 답을 한 이유를 추정해보자. 왜 그의 기억은 현실을 왜곡했을까?

　윤 총장의 경력을 보면 이유를 짐작할 수 있다. 그는 2009년까지 지방을 전전하다 가 그 해 8월 대검찰청 범죄정보담당관으로 임명돼 서울에 입성했다. 그리고 2010년 대검 중수2과장, 2011년 대검 중수1과장을 거친 뒤 2012년 마침내 검찰의 꽃이라는 서울중앙지검 특수부 부장검사로 임명됐다. 그리고 그가 이 중요한 직책을 맡았을 때 이명박의 임기가 끝났다. 윤 총장이 가장 행복했을 때(정점)와 이명박이 퇴임하는 순간(종점)이 일치하는 것이다. 정점이나 종점 하나만 좋았어도 행복한 기억이 남을 판에, 그의 최전성기가 이명박 퇴임 시점과 일치하기까지 하니 충분히 MB 시절이 좋은 기억으로 남을 수 있다.

나는 이런 종류의 기억 왜곡을 충분히 이해한다. 사람들의 뇌가 원래 그렇다. 하지만 국정감사장에서 온 국민이 듣는 발언을 그렇게 대충 생각하기에 의지해서 뱉으면 곤란하다. 평소에는 대충 생각하기 시스템에 의지해 이명박 시절을 달콤하게 기억하더라도(그건 윤 총장의 자유다) 검찰 총수의 자격으로 국민 앞에서 이야기를 할 때에는 깊이 숙고하기 시스템을 사용해 최대한 객관적으로 말해야 한다.

그리고 그 시절을 조금만 깊이 생각해보면 절대 "쿨했다"는 발언은 하지 못한다. 〈MBC〉 한학수 PD는 "윤석열 총장이 쿨하다고 하던 시기에, PD수첩은 죽음과도 같은 암흑의 시절을 보냈다"고 회고했다. 이명박의 검찰은 수사진까지 교체하면서 광우병 사태를 다룬 PD들을 잡아갔다. 제 발로 출두하겠다는 PD들마저 가족 앞에서 끌고 갔다. 이게 쿨한 청와대인가? 누가 봐도 아니잖아!

정연주 전 〈KBS〉 사장도 "윤석열 검찰총장, MB 때가 쿨했다고요? 무소불위의 권력으로 늘 가해자가 되어온 입장에서야 권력은 쿨하겠지요. 단 한 번이라도 그 무지막지한 권력에 참혹하게, 억울하게 인권을 침해당하고, 인격살해를 당하고도 쿨하다 할 수 있을까요?"라고 반발했다.

기억을 객관적으로 재구성하려면 검찰총장은 이런 사람들의 심정을 모두 고려해야 한다. 그게 검찰총장이라는 자리의 무게다. 그런데 그는 국민들의 감정은 아랑곳 않고, 자신의 대충 생각하기 시스템에 의지해 이명박을 쿨한 정권으로 묘사했다. 나는 그 사실이 정말 슬펐다.

누차 강조하지만 행동경제학에 따르면 인간은 완벽하지 않다. 인간의 기억도, 생각도, 사상도 완벽하지 않다. 하지만 그렇기에 인간은 카너먼의 지적대로 깊이 숙고하기 시스템을 단련해야 한다.

나는 검찰총장이 깊이 숙고하기 시스템을 체득한 사람이기를 원한다. 그런데 현실은 달랐다. 국정감사장에서 "이명박 때 쿨했다"는 발언이 나올 줄이야! 이후 나는 그를 깊이 숙고하는 능력이 있는 사람으로 인정하지 못한다. 그것이 내가 지금까지도 슬픈 이유다.

보고 싶은 것만 보고,
기억하고 싶은 것만 기억한다

투명고릴라 실험과 주의력 착각

2001년 2월 9일 오후 1시 40분, 미국 해군 핵잠수함 그린빌(Greeneville)이 하와이 인근에서 훈련을 하고 있었다. 함장 스코트 워들(Scott Waddle) 중령은 훈련 교범에 따라 잠수함을 빠르게 잠수시키는 잠항(潛航) 훈련을 진행 중이었다.

워들 중령은 가라앉은 잠수함을 다시 수면 위로 부상(浮上)하도록 지시했다. 보통 잠수함이 떠오를 때에는 돌고래가 수면 위로 튀어 오르듯 풍덩 하는 소리와 함께 튀어 오른다. 그런데 이 잠수함은 수면 위로 튀어 오르지 못했다. 조업 중이던 일본어선 에히메마루(愛媛丸)를 들이받았기 때문이다.

북극에서도 얼음을 박살낼 정도로 강력하게 설계된 그린빌은 에히메마루를 단 번에 두 동강냈다. 에히메마루는 10분 만에 침몰했고 일본 선원 세 명과 승객 여섯 명이 목숨을 잃었다.

그런데 이 충돌은 상식적으로 도저히 이해하기 어려운 미스터리였다. 에히메마루는 조각배가 아니었다. 길이가 무려 60미터에 달하는 선박이었다. 떠오르기 전 함장이 초정밀 잠망경으로 수면 위를 살피는 것은 기본이다. 그런데 어떻게 이 커다란 어선을 보지 못했단 말인가?

미국 군부가 민관합동조사를 통해 사고 원인을 밝혔는데, 이 발표도 미심쩍기는 마찬가지였다. 60페이지에 이르는 보고서에는 "잠수함 내부에서 의사소통이 원활하지 못했다"거나, "몇 가지 실수가 겹쳤다"거나 등의 이유가 적혀 있었다. 하지만 고작 그런 이유로 60미터에 이르는 어선을 보지 못하고 충돌했다는 게 말이 되나? 보고서에 따르면 함장이나 선원들이 술을 마셨거나 마약을 한 것도 아니었다. 보고서에는 "함장과 선원 모두 육체적, 정신적으로 건강한 상태였다"라고 적혀 있었다.

더 이해가 가지 않는 일이 있다. 조사 결과 이 잠수함에는 잠망경이 움직인 기록이 남아있다. 그런데 이 기록에 따르면 잠망경은 잠수함이 떠오르기 전 수면 위를 매우 골고루 살핀 것으로 드러났다. 그런데도 60미터짜리 어선을 발견하지 못한 것이다. 워들 함장이 잠망경에 눈을 안 갖다 댔거나, 잠망경에 눈을 대긴 댔는데 감고 있었거나, 뭐 이런 황당한 추측을 해야 논리가 성립된다. 하지만 워들 중령의 진술은 일관됐다. "열심히 살폈는데 보지 못했다"는 것이었다.

사실 나도 이런 경험이 있다. 아이와 함께 놀이동산을 갔을 때 일이다. 주차장에서 서행 중이었는데 앞차가 갑자기 후진을 시작했다. 깜짝 놀라 나도 급히 후진을 했는데, 쿵 하고 뒤따라오던 차를 박았다.

황당한 것은, 나는 후진 직전에 분명히 백미러로 뒤를 확인했다는 것이다. 그런데 나는 아무 것도 보지 못했다. 갑자기 어디선가 차가 펑~ 하고 나타난 기분이었다. "웃기시네. 운전 못 하는 애들이 꼭 그런 변명을 하더라"는 독자 여러분의 질타를 깨끗이 받아들인다. 하지만 아무리 생각해도 내 기억에 백미러에는 아무 것도 보이지 않았단 말이다!

투명 고릴라 실험 : 보고 싶은 것만 본다!

학문의 지혜를 빌어 이 미스터리를 해결해보자. 행동경제학과 심리학에서는 이런 행동을 주의력 착각, 혹은 무주의맹시(inattention blindness, 無注意盲視)라고 부른다. 사람은 보고 싶은 것만 보는 경향이 있기 때문에, 보려고 하지 않는 것(무주의)은 보이지 않는다(맹시)는 뜻이다.

1999년 하버드 대학교 심리학과 대학원생이었던 크리스토퍼 차브리스(Christopher Chabris)와 그 학교 조교수였던 대니얼 사이먼스(Daniel Simons)는 심리학 역사에 길이 남을 유명한 실험을 실시했다. 이른바 '투명 고릴라 실험'이라는 것이다.

실험 내용은 이렇다. 이들은 1평 남짓한 좁은 공간에 흰 티셔츠를 입은 3명과, 검은 티셔츠를 입은 3명을 동시에 투입했다. 같은 티셔츠를 입은 이들은 한 팀이 돼 좁은 공간에서 농구공을 자기 팀원들에게 쉴 새 없이 패스한다. 그리고 그 모습을 1분짜리 동영상에 담았다. 좁은 공간 안에서 여섯 명이 농구공 두 개를 계속 주고받기 때문에 동영상은 매우 북적거리는 모습이었다.

그런데 23초 후 갑자기 고릴라 복장을 한 사람이 동영상에 난입을 한다. 고릴라는 태연히 공간 한가운데로 들어온 뒤 가슴을 쿵쾅쿵쾅 치고 슬며시 빠져나간다. 고릴라가 좁은 공간에 난입해 무대 중앙을 점거했기 때문에 보통 상황이라면 절대로 이 고릴라를 못 볼 수가 없다.

실험팀은 동영상을 사람들에게 보여주면서 "검은 티셔츠를 입은 팀의 패스는 무시하고, 흰 티셔츠를 입은 팀의 패스 횟수를 세 주세요"라고 요구한다. 북적거리는 공간에서 이뤄지는 패스이기 때문에 정확한 숫자를 세는 것이 쉽지만은 않다. 연구팀에 따

르면 흰 티셔츠 팀의 총 패스 횟수는 34
회라고 한다.

하지만 패스 횟수가 얼마인지는 중요
하지 않다. 실험팀이 진짜로 확인하고
싶은 것은 따로 있었다. 실험에 참가한
이들이 답을 적어내자 실험팀은 "선수
들 말고 혹시 눈에 띄는 누군가는 없던가
요?"라고 물었다. 그런데 놀랍게도 많은

크리스토퍼 차브리스 ⓒAgaton Strom for PopTech

이들이 "없었다"고 답을 했다. 응? 고릴라를 못 봤다고?

그래서 "혹시 고릴라를 못 보셨나요?"라고 구체적으로 물었다. 그런데도 그들은
"네? 고릴라요? 무슨 소리이신지?"라는 반응을 보였다. 고릴라가 난입해 9초 동안 가
슴을 쿵쾅거렸는데 그걸 못 봤다는 게 말이 되나? 하지만 연구팀이 이 실험을 반복한
결과 응답자의 무려 절반이 고릴라의 존재를 알아채지 못했다. 자신이 보고 싶은 것에
집중하는 순간, 다른 진실을 보지 못한 것이다.

더 놀라운 사실이 있다. 이 실험 이후 다양한 후속 실험이 진행됐는데 하이델베르크
대학교의 스포츠 과학자 대니얼 메머트(Daniel Memmert)는 시선을 추적하는 기계
를 동원해 "고릴라를 못 봤다"고 주장하는 사람의 시선 움직임을 살펴봤다. 그런데 놀
랍게도 못 봤다는 사람들의 시선이 1초가량 분명히 고릴라에 머물렀다는 사실이 밝혀
졌다. 이 말은 과학적으로 그 사람들이 분명히 고릴라를 봤다는 것을 뜻한다. 하지만
그들은 여전히 고릴라를 보지 못했다고 주장한다. 이것이 바로 보고도 못 보는 현상,
즉 주의력 착각이다.

차브리스는 저서 「보이지 않는 고릴라」에서 "워들 중령도 주의력 착각에 빠졌을 확률이 높다"고 진단했다. 사람은 보려는 것만 보는 실수를 자주 저지른다. 그래서 예상하지 못했던 게 눈 앞에 나타나면, 눈으로는 봤는데도 뇌가 인지를 못 하는 황당한 일이 생긴다. 워들 중령도 배를 떠올리기 전 잠망경을 이리저리 돌리면서 수면 위를 살폈을 것이다. 다만 그는 설마 그 넓은 바다에 무언가가 있을 것이라고 생각하지 않았던 것 같다. 그래서 분명히 잠망경으로 일본 어선을 봤는데도 못 보는 현상이 나타난 것이다.

자, 이제 내가 저지른 교통사고도 설명이 된다. 나도 분명히 백미러를 봤다. 진짜로 봤다! 그런데 설마 뒤에 뭐가 있을 것이라고 생각을 못 했던 거다. 그래서 보고도 못 보는 경험을 한 것이다. 얼마나 훌륭하게 설명이 되나? 웃기지 말라고? 죄송합니다.

기억력 착각과 자신감 착각

연구팀의 저서 「보이지 않는 고릴라」에는 다른 착각이 다섯 가지 더 나온다. 그중에는 '기억력 착각'이라는 것도 있다. 세월이 지나면 사람들의 기억력은 무뎌진다. 그래서 기억하고 싶은 것만 기억하거나, 기억 자체를 왜곡하는 경향이 생긴다.

존 F. 케네디(John Fitzgerald Kennedy) 대통령이 암살을 당했을 때, 미국 국민들은 큰 슬픔에 빠졌다. 그런데 이때 실시한 여론조사에서 미국 국민의 무려 3분의 2가 "나는 지난 선거에서 케네디를 찍었다"고 주장했다.

하지만 1960년 선거에서 케네디가 얻은 총 득표율은 고작 49.7%였고, 상대방이었던 공화당 리처드 닉슨(Richard Nixon) 후보가 얻은 득표율은 49.6%였다. 케네디가 이기기는 했어도 고작 0.1%p 더 얻었을 뿐인 박빙의 선거였다. 그런데도 국민의 70%

가 케네디를 찍었다고 기억하는 현실, 이것 또한 기억하고 싶은 것만 기억하는 인간의 한 단면이다.

우리는 앞 장에서 윤석열 검찰총장이 "MB 때가 쿨했다"며 현실을 왜곡한 이유를 추정해봤다. 여기서 한 걸음 더 나아가보자.

나는 주의력 착각도 윤 총장의 기억을 왜곡하는 데 큰 영향을 미쳤다고 생각한다. 이명박 시절 윤 총장은 검찰이 저지른 악행에 고통 받는 수많은 민중들의 모습을 보았을 것이다. 제 발로 출두하겠다는 PD들마저 가족 앞에서 끌고 간 게 검찰 아니었나?

하지만 그는 그 사실을 보고도 보지 못했다. 왜냐고? 그것을 보려 하지 않았기 때문이다. 농구공 패스를 세는 데에만 집중하는 사람이 고릴라를 보지 못하는 것처럼, 윤 총장 같은 검찰주의자들은 검찰의 장점을 보는 데에만 집중한다. 그러니 검찰에게 당한 사람들의 호소는 보이지 않는다.

이런 종류의 착각은 누구에게나 흔히 일어난다. 그래서 나는 윤 총장도 그런 착각을 할 수 있다고 생각한다. 문제는 그게 아니다. 주의력 착각을 겪은 사람에게 진실을 알려줬을 때 당사자가 어떤 태도를 보이느냐는 것이 진짜로 중요한 문제다.

투명 고릴라 실험 이후 실험팀은 "고릴라를 보지 못했다"고 주장하는 사람들에게 같은 동영상을 다시 보여줬다. 이때는 당연히 고릴라가 보인다. 고릴라가 대놓고 버젓이 무대 중앙으로 9초 동안이나 난입을 했는데 그게 안 보일 수가 없다.

진실을 알게 된 응답자의 반응이 두 가지로 나뉜다. 첫 번째 부류의 반응은 충격이다. "와, 내가 저걸 못 봤다고요? 미쳤나봐! 눈이 잘못됐나?"라며 믿을 수 없다는 반응을 보인다. 이런 사람들에게 주의력 착각 개념을 설명해주면 고개를 끄덕인다. 그리고 자신의 오류를 인정한다.

문제는 두 번째 부류다. 이 부류의 반응은 부인이다. "장난해요? 이게 아까 내가 본 동영상이라고요? 지금 조작하는 거죠?"라며 자신의 오류를 인정하지 않는다. 이런 사람들은 주의력 착각에 대해 아무리 설명해줘도 상대가 자신을 속인다고만 생각한 다. 이런 사람들은 진실을 보지 못하고 영원히 보고 싶은 것만 보며, 기억하고 싶은 것 만 기억하고 살아간다.

나는 윤 총장에게 이걸 묻고 싶다. 당신도 사람이기에 여러 이유로 착각을 할 수 있 다. 하지만 "MB 때가 쿨했다"는 당신의 기억은 심각한 현실 왜곡이다. 그래서 우리는 당신에게 진실을 보여줬다.

자, 윤 총장은 어떤 반응을 보일 것인가? 자신의 오류에 충격을 받고 새로운 진실을 받아들일 것인가? 아니면 진실을 보여주는 우리에게 "웃기고 있네. 당신들 나를 속이 는 거지? MB 때 그랬을 리가 없어"라며 현실을 부정할 것인가?

나는 윤 총장의 국정감사장 발언보다도 이후 내놓은 해명이라는 것에 더 큰 실망을 했다. "나의 발언으로 상처를 입은 국민들에게 죄송하다"는 말을 왜 하지 않는가? 자 존심 때문에? 아니면 진짜로 아직도 MB 때가 쿨했다고 믿어서?

이건 고릴라 동영상을 다시 보고도 믿지 못하는 행동이다. 이런 사람은 다음에 오류 를 저질러도 반성을 하지 않는다. 그런 사람이 무소불위의 권력을 가진 검찰의 수장이 라면 이 사회는 진짜로 무서운 사회가 된다.

윤 총장은 지금이라도 답을 해야 한다. 우리가 당신에게 고릴라를 보여줬다. 지금도 "MB 때가 쿨했다"고 믿는가? 이 답을 하지 않는다면 윤 총장은 여전히 고릴라의 존재 를 부정하는 사람이라고밖에 볼 수 없다. 그리고 최소한 나는 이런 사람이 대한민국의 검찰총장으로 적절한 인물이라고 생각하지 못하겠다.

언론개혁이
반드시 필요한 이유

가용성 휴리스틱

인간은 선택을 할 때 그다지 정교한 계산을 하는 동물이 아니다. 냉정하게 말해서 인간은 대부분의 선택을 '대충 찍어서' 한다.

비슷해 보이는 물건인데도 가격이 다를 때, 우리는 제품과 가격을 꼼꼼히 비교한 뒤 사지 않는다. "싼 게 비지떡이야"라는 속담만 믿고 비싼 걸 덜컥 집는다. 아니면 "싼 게 장땡이지"라는 소신으로 싼 걸 덜컥 집거나!

찍는 것을 무조건 나쁘다고만 생각할 일은 아니다. 인간은 원래 복잡하게 생각하기 싫어하는 동물이다. 생각을 하는 데에는 에너지가 들기 때문이다. 그리고 뇌는 언제나 최소한의 에너지를 써서 효율을 높이고자 한다. 세상만사를 판단할 때 늘 뇌를 풀 가동하면 피곤해서 살아갈 수가 없다. 복잡한 생각을 접고 대충 찍는 것이야말로 어쩌면 인간의 뇌가 살아남는 효율적인 비법일 수도 있다.

행동경제학에서는 이런 찍는 기술을 휴리스틱(heuristic)이라고 부른다. 생각 과정을 최소화해 찍어버리는 뇌의 습관을 뜻한다. 그리고 휴리스틱 중 대표적인 것이 이번 장의 주제인 '가용성 휴리스틱(availability heuristic)'이다.

가용성 휴리스틱 : 자주 접한 것을 판단 기준으로 삼는다

가용성 휴리스틱이란 내가 자주 본 것, 내 가까이에 있어서 쉽게 사용할 수 있는 것, 최근에 인상 깊게 경험한 것 등을 기준으로 찍어버리는 행동을 뜻한다. 이런 것들이 머리에 가장 진하게 남아있기 때문이다.

부부에게 "당신은 가사노동에 몇 %쯤 기여하나요?"라고 물어보라. 남편과 아내가 답한 수치를 합하면 무조건 100%가 넘는다. 남편은 "내가 한 50% 정도 해요"라고 답하고, 아내는 "내가 한 80% 하죠"라고 답한다. 합이 130%다. 30%는 도대체 누가 한 건가?

룸메이트에게 "누가 더 청소를 자주 하나요?"라고 물어도 마찬가지다. 양쪽 다 한 목소리로 "당연히 내가 더 자주하죠"라고 목청을 높인다.

이 문제에 대한 정확한 답을 알기 위해서는 숫자를 꼼꼼히 세야 한다. 남편과 아내의 가사노동 시간을 측정하거나, 두 룸메이트가 최근 1년 동안 청소한 횟수를 기록해야 알 수 있는 것이다.

그런데 많은 사람들은 그렇게 하지 않고 대충 찍어서 이야기를 한다. 찍는 기준이 뭘까? 자기 머리에 남은 기억이 그 기준이다. 그리고 사람은 백발백중 자기가 청소한 일을 훨씬 더 잘 기억한다. 그러니 다들 자기가 더 청소를 많이 했다고 주장하는 것이다.

문제는 이런 휴리스틱이 위험을 감지할 때 심각한 오류를 유발한다는 데 있다. 우리는 언제 화재보험에 많이 가입할까? 화재 위험을 계산한 뒤 내야 하는 보험금과, 화재가 났을 때 받는 보상금을 비교해서? 천만의 말씀! 다시 한 번 강조하지만 인간은 그렇게 정교한 동물이 아니다.

화재보험에 가입해야겠다는 결심이 서는 때는 삼촌 집에서 불이 났거나 고등학교 동창 집에서 불이 났을 때, 혹은 우리 동네에서 불이 났을 때이다. 통계를 기반으로 결정하는 것이 아니라 접촉하기 쉬운 지인이 화재를 겪었을 때 위협을 느끼는 것이다.

9.11 테러 당시 월드트레이드센터의 모습
©Robert on Flickr

2001년 미국이 9.11테러를 당했을 때에도 비슷한 일이 벌어졌다. 항공기가 월드트레이드센터를 들이받는 충격적인 장면을 목격한 미국 국민들은 항공기 이용을 극도로 피하기 시작했다. 대신 그 넓은 미국 대륙을 자동차로 이동했다.

그런데 통계적으로 보면 이건 정말 바보같은 짓이다. 항공기 사고로 사망할 확률보다 자동차 사고로 사망할 확률이 훨씬 높기 때문이다. 하지만 인간은 이런 통계를 무시하고 기꺼이 자동차 운전을 선택한다. 직접 목격한 초대형 항공기 사고가 뇌에 더 강하게 남았기 때문이다.

휴리스틱에 큰 영향을 주는 것은 언론

한국 사회가 비정규직 노동자의 죽음을 대하는 태도도 비슷하다. 2018년 12월 태안화력발전소에서 김용균 노동자가 세상을 떠나자 한국 사회는 비정규직 노동자가 처한 위험에 엄청난 관심을 보였다. 당연한 일이고 옳은 일이다.

하지만 그 옳은 일이 왜 하필이면 2018년 12월에야 시작됐을까? 한국은 매년 1900여 명의 노동자가 산재 사고로 목숨을 잃는 나라다. 게다가 그들 대부분이 김용균 노동자와 마찬가지로 비정규직이었다.

그런데도 위험의 외주화에 대해 2018년에야 관심이 쏟아진 이유는 단 하나다. 그 사고가 언론에 크게 보도됐기 때문이다. 가용성 휴리스틱에 따르면 사람의 판단은 최근에 접한 것, 자주 접한 것, 인상 깊게 접한 것에 훨씬 큰 영향을 받는다.

즉 가용성 휴리스틱에 매우 큰 영향을 미치는 것은 언론이라는 이야기다. 대부분의 국민들이 언론을 통해 뉴스를 접하기 때문이다. 100여 곳의 언론이 주구장창 경제위기론을 들먹이면, 사람의 머리에는 "경제가 진짜 문제이긴 한가보다"라는 공포가 생긴다. 반면 언론이 비정규직 노동자의 처우 개선에 대해 줄기차게 이야기하면 사람들은 "위험의 외주화야말로 당장 막아야 하는 시급한 과제다"라는 진보적 신념을 갖는다. 이에 대해 독일 포르츠하임 대학교 경제학과 하노 베크(Hanno Beck) 교수는 저서 『사고의 오류』에서 이렇게 지적한다.

"예를 들어 사람들은 특정 죽음의 위험성을 평가할 때, 언론에 자주 보도된 것일수록 발생 가능성을 더 높게 평가한다. 언론도 우리의 기억을 각인시키는 데 한 몫을 한다. 언론은 높은 빈도가 아니라 관심을 끄는 사안을 보도하며, 이에 따라 우리는 내 아이가 개에 물릴 수도 있다는 가능성 때문에 불안해진다. 언론이 위험하다고 여겨 빈번한 보도로 대중의 인식을 키우면 대중은 위험하다고 생각한다. 그리고 이런 대중의 판단이 다시 보도로 이어지면서 결국 리스크 측면에서 모기만한 사건은 보도매체의 행위로 코끼리처럼 확대된다."

사람들은 언론이 더 크게, 더 자주 떠드는 사안을 더 위험하다고 생각한다. 경제 위기로 죽을 위험이 높으냐, 위험의 외주화로 죽을 위험이 높으냐를 판단할 때 결정적 영향을 미치는 것이 언론 보도의 양이다.

"나는 절대로 기레기들의 헛소리에 넘어가지 않아"라고 방심해서는 안 된다. 이 글을 읽는 독자분들은 넘어가지 않을 수 있는데, 다른 사람들은 꽤 많이 넘어간다. 많이 보고 많이 접한 것의 발생 가능성을 높게 생각하는 가용성 휴리스틱의 위력은 생각보다 강력하다.

그래서 언론 개혁은 미룰 수 없는 중요한 과제다. 조중동의 위력이 예전 같지 않다고 얕잡아볼 때가 아니다. 과거에는 조중동 셋이 난장을 피웠다면, 지금은 이름도 모르는 언론사까지 100여 개 언론이 동시에 난장을 부린다. 이 지형을 바꾸지 않는다면 수많은 민중들이 가용성 휴리스틱으로 인해 진실을 보지 못하는 일을 피할 수 없다.

그래서 말인데, 대한민국에서 민중으로 산다는 것은 참 피곤한 일이긴 하다. 정치 개혁도 해야 하고, 검찰개혁도 해야 하고, 언론개혁까지 해야 한다! 뭐 이렇게 해야 할 일이 많은지, 가끔 성질이 나기도 한다.

하지만 어차피 해야 할 일이고 가야 할 길이라면 웃으면서 가자. 언론을 바꾸지 못하면 지속 가능한 복지국가의 꿈은 이뤄지지 않는다. 그리고 우리가 하지 않으면 그 일은 누구도 대신해 주지 않는다.

악마의 평판도
강력한 무기가 된다

조중동과 평판게임

20세기 초 미국을 장악한 범죄조직 마피아들에게는 독특한 전통이 있었다. 새 조직원을 받아들일 때 오메르타(omerta)라는 맹세를 하는 것이다. 마피아들은 혈서를 쓰며 '마피아 십계명'이라는 것을 암송한다.

십계명 내용은 대충 "우리는 우리가 몸담은 조직에 대해서 어떠한 이야기도 경찰에 발설하지 않는다. 어떠한 경우에도 개인적인 불만을 이유로 당국에 도움을 청하지 않는다. 어떤 상황에서도 동료들의 범죄 사실을 당국에 알리지 않는다. 억울하게 잡혔더라도 경찰에게 어떠한 사실도 말하지 않고 감옥에 간힌다. 라이벌 조직의 범죄에 대해서도 경찰에 불지 않는다. 만약 내 조직이건 라이벌 조직이건 마피아의 범죄를 경찰에 밀고하면 반드시 죽음으로 응징한다" 등이다.

1920년부터 1940년대까지 살인주식회사(Murder, Inc)라는 마피아 조직에서 일했던 에이브 렐리스(Abe Reles)라는 갱스터가 있었다. 그는 아주 잔인한 범죄자여서 사람을 산 채로 묻어버리거나, 송곳으로 사람의 귀를 찔러서 죽이는 일도 서슴지 않았다.

각고의 노력 끝에 경찰이 1941년 렐리스를 체포했다. 사람들의 관심은 렐리스가 과연 동료 마피아들의 범죄를 불 것인가에 모아졌다. 많은 사람들은 "마피아 십계명을 암송한 거물급 마피아가 설마 밀고를 하지는 않을 것이다"는 쪽으로 모아졌다.

그런데 이게 웬일? 경찰이 "범죄를 불면 감형을 시켜주겠다"고 유혹하자마자 렐리스는 무려 85건의 조직범죄 사실을 술술 불었다. 렐리스의 자백 덕에 경찰은 해리 메이온(Harry Maione), 마틴 골드스타인(Martin Goldstein) 등 거물급 마피아들을 체포할 수 있었다. 그리고 이들 중 상당수가 전기의자에서 사형을 당했다.

그런데 더 놀라운 일이 벌어졌다. 경찰이 마피아를 이렇게 초토화시키면, 웬만한 조직은 겁을 먹고 몸을 사리는 게 정상이다. 하지만 뉴욕 마피아는 그렇지 않았다. 그들은 즉시 렐리스의 머리에 10만 달러의 현상금을 내걸었다. 공개적으로 살인 청부를 한 것이다.

결국 렐리스는 재판 당일 호텔에서 살해를 당했다. 그를 죽인 살인 증거는 나오지 않았다. 마피아는 동료를 배신한 렐리스를 단죄(?)하는 데 성공했다. 이때 마피아 사회에서 나돌았던 말이 이것이었다.

"카나리아는 경찰 앞에서 재잘재잘 입을 놀려 먹이를 얻을 수 있어. 하지만 분명한 사실은, 그 카나리아가 절대로 새장 밖으로 나올 수 없다는 거야."

강력한 무기인 '악마의 평판'

이 이야기는 평판 전문가 데이비드 월러(David Waller)가 쓴 책 「평판게임」에 소개된 내용이다. 이 책은 마케팅과 비즈니스 전략에 관한 책이다. '기업이 장사를 잘 하려면 평판을 잘 관리하는 게 중요하다'는 것이 책의 요지다.

그런데 윌러는 마피아의 이야기를 소개하면서 매우 독특하면서도 탁월한 견해를 제시한다. 사람들은 '좋은 평판을 얻는 것이 중요하다'라고 쉽게 생각한다. 하지만 나쁜 평판, 즉 악마의 평판이라도 일관성을 갖는다면 그 평판은 강력한 위력을 가진다.

마피아의 예가 그것이다. 마피아들은 어떤 상황에서도 "경찰에게 협조하면 반드시 응징한다"는 악마의 평판을 유지했다. 이 일관성이 유지되면 그 어떤 마피아도 체포됐을 때 경찰에 협조할 생각을 감히 하지 못한다.

윌러가 든 또 다른 예는 고대 북유럽에서 악명을 떨쳤던 바이킹 베르세르크 (berserker)들이다. 이들은 전쟁을 할 때 늑대 가죽을 뒤집어쓰고 싸웠는데 "베르세르크는 갑옷도 입지 않고 앞으로 돌격하여, 마치 미친개나 늑대처럼 방패를 물어뜯었으며, 그 힘이 곰이나 들소와 같고, 사람을 단 일격으로 죽였으며, 불도 쇠도 그들에게는 통하지 않았다"고 기록됐을 정도로 강력함을 자랑했다.

그런데 이런 베르세르크들이 반드시 지켰던 원칙이 있었다. 자신들에게 도전하는 부족은 반드시 절반 이상을 몰살시키는 것이 그 원칙이었다. 그렇게까지 할 필요가 없는 전투에서조차 그들은 상대의 절반을 무참히 살해했다.

이것 역시 악마의 평판을 유지하기 위한 베르세르크의 전략이었다. "우리가 세상에서 제일 잔인하다. 그러니 우리에게 감히 도전하지 말라"는 평판을 위해 이 일관성을 유지한 것이다.

고대 북유럽의 악명 높았던 바이킹 베르세르크

월러는 "이런 악마의 평판 덕에 베르세르크는 평화를 표방하는 집단보다 훨씬 더 많은 부(富)와 영토를 확보할 수 있었고 더 오랫동안 부귀영화를 누렸다"고 평가했다.

조중동은 악마의 평판의 위력을 알고 있다

이 이야기를 한국 사회로 가져와보자. 한국에서 악마의 평판을 가장 잘 활용하는 곳이 어디일까? 조중동으로 대표되는 한국의 보수언론이다.

조중동의 위력이 과거와 달리 많이 약화됐다는 사실은 부인할 수 없다. 그런데 특정 영역에서 이들의 위력은 여전히 강력하다. 언론의 힘으로 누군가를 죽이는 영역이 바로 그것이다.

이들은 "저 자는 꼭 죽여야 한다"고 마음을 먹으면 반드시 죽인다. 그리고 타깃이 정해지면 조중동이 마치 합체라도 한 듯 그 타깃에 집중포화를 가한다.

이들의 실력을 과소평가해서는 안 된다. 우리가 기레기라고 부르며 폄훼하지만 내 경험상 칼 휘두르는 실력으로만 보면 이들은 절대 무시할 수 없는 우리나라 최고의 칼잡이들이다. 게다가 이들이 보유한 사회적 네트워크도 매우 강력하다. 이들이 공급받는 정보의 양도 상당하다. 이런 강력한 네트워크에 나름대로 실력 있는 칼잡이들이 대거 투입되면 사람 하나 죽이는 일은 매우 손쉬운 현실이 된다.

더 큰 문제가 있다. 조중동은 이 짓이 자신들의 지위를 유지하는 강력한 힘이라는 사실을 잘 안다. 그래서 사람들이 겁을 먹는다. 사람들 마음속에 '내가 조중동 덕을 볼 일은 없지만 최소한 쟤들하고 원수가 되지는 말아야겠다'는 생각이 슬며시 자리를 잡는다. 조중동을 향한 비판의 칼날이 무뎌질 수밖에 없는 이유다.

그래서 나는 이 악마의 평판을 무너뜨리는 일이야말로 언론 개혁의 중요한 단초가 될 것이라 믿는다. 그들이 죽이려는 사람을 보호하는 것, 누군가가 그들이 던진 돌을 맞을 때 그 누군가를 지키는 것, 나는 그것이 조중동에 대항하는 우리의 방식이라고 믿는다.

내가 이런 말을 하면 "같은 편이면 아무리 큰 잘못을 저질러도 봐주자는 것이냐?"라는 반론이 나온다. 솔직히 말하면, 나는 그러자는 쪽이다. 물론 그 '아무리 큰 잘못'이 '같은 편'으로 보기에 심각하게 어려운 것이고, 그가 그 잘못을 반성하지 않는다면 이야기는 좀 달라진다.

하지만 적어도 우리가 같은 편이라면 나는 조중동이 같은 편을 향해 칼을 휘두를 때 그 옆에 있어줘야 한다고 생각한다. 〈민중의소리〉에서 함께 일하는 벗 이정무 실장이 2012년 '김용민을 위한 변명'이라는 칼럼에 이런 글을 남긴 적이 있다.

"만약 그의 잘못이 더 이상 같은 편이 될 수 없는 수준이라면, 그러면 같은 편이 아니니까 봐줄 필요도 없다. 반대로 그가 자신의 잘못에도 불구하고, 그것을 고백함으로써 같은 편에 남아 있을 수 있다면, 그렇다면 지금 내리는 비는 같이 맞을 수밖에 없다. 우리는 서로의 약점을 보완하면서 먼 길을 함께 가야 한다."

나도 동의한다. 우리는 동료의 약점을 들춰내 그들을 제거하는 방식으로는 결코 먼 길을 갈 수 없다. 서로 그 약점을 보완하며 다독여야 이 힘든 길을 함께 갈 수 있다. 상대가 악마의 평판을 이용해 우리 중 누군가를 계속 죽이려 하는 판국이라면 더더욱 그렇다. 우리가 가야할 길은 생각보다 멀고 험하다.

한국 법조기자들은
기자의 사명을 잘못 이해하고 있다

그린하우스 효과

종합일간지에서 일하던 시절의 일화. 사회부에서 5년 넘게 경찰 기자를 한 덕에 바로 옆 팀에서 일하던 법조 기자들의 분위기를 엿볼 기회가 종종 있었다. 내가 일했던 그 신문에는 '압도적인 에이스'라 불렸던 법조의 전설이 있었다. 특종을 밥 먹듯 집어와 그 선배에 대한 회사의 신뢰가 상상할 수 없을 정도로 컸다.

술자리에서 그 전설의 가르침을 들을 기회가 있었다. 그 선배는 단호하게 말했다.

"특종을 잘 하려면 무조건 검사들에게 신뢰를 얻어야 해!"

이것이 대한민국 법조 기자들의 일반 정서다. 법조 기자의 특종이란 검찰이 흘리는 수사 내용을 남들보다 조금이라도 빨리 보도하는 것이다. 그러기 위해 필요한 것은 단연 검사와 '짜고 치기'를 잘 하는 능력이다.

그 선배는 그 기술을 "검사들에게 신뢰를 얻는 것"이라고 부드럽게 표현했지만, 결국 그 말은 기자가 검사들에게 잘 보여야 한다는 뜻이기도 하다.

특종에 대한 잘못된 이해

경제부 증권기자 시절에는 이런 일도 경험했다. 데스크였던 차장이 "완배 너는 앞으로 석 달 안에 무조건 골프를 배워라"라는 특명을 내린 것이다. 나는 한 때 타이거 우즈가 '호랑이가 사는 나무 숲'인줄 알았을 정도로 골프에 문외한이었다. 당연히 쳐본 적도 없고, 그게 재미있다고 느낀 적도 없다.

그런데 그런 강요를 받으니 기분이 좋을 리가 없었다. 시큰둥한 표정으로 대답을 하지 않고 버티니까 그 차장은 "골프를 해야 금융권의 높은 사람을 만나고, 그 사람들을 만나야 특종을 하는 거야. 다 취재를 위해서 하는 말이니 싫어도 무조건 골프를 배워"라며 눈을 부릅떴다.

그러면서 그는 자기가 한 특종들을 자랑했는데, 대부분이 '[단독]○○증권 차기 사장, 아무개 씨 내정'이나 '[단독]□□증권, 다음달 새 온라인 거래 시스템 출시' 같은 것들이었다.

자, 냉정하게 생각해보자. 이게 무슨 의미가 있는 특종인가? 단지 남들보다 조금 빨리 보도했다는 건데 그게 뭘 어쨌다는 거냐고? 그 차장이 단독으로 보도하지 않았다면 ○○증권 차기 사장이 아무개 씨에서 아싸리 씨로 바뀌는 게 아니지 않나?

다른 예를 들어보자. 〈중앙일보〉가 지금까지도 자랑스러워하는 특종이 있다. 1997년 2월 중국의 지도자 덩샤오핑(鄧小平) 사망을 단독으로 보도한 특종이다.

〈중앙일보〉는 "우리가 덩샤오핑 사망을 세계에서 가장 먼저 알렸다"며 그 기사를 '세계적 대특종'이라고 뿌듯해한다. 〈중앙일보〉 특파원이 새벽 1시쯤 덩샤오핑 사망 소식을 접한 뒤 편집국에 보고를 했단다. 편집국에서는 이미 인쇄에 돌입한 윤전기를 과감하게 멈추고 기사를 급히 추가했다는 것이다. 윤전기를 멈추는 바람에 다음날 신문의 배포가 상당히 늦어졌고, 이미 인쇄가 된 일부 신문에는 덩샤오핑 사망 소식이 실리지 않기도 했다.

논란도 있었다. 〈중앙일보〉는 다음날 새벽 5시쯤 배포가 됐다. 그런데 홍콩 케이블 TV 〈CTN〉은 우리 시각으로 새벽 2시 18분(현지시각 1시 18분)에 이미 덩샤오핑 사망 소식을 전 세계에 전했다. 〈중앙일보〉보다 세 시간이나 빠른 보도였다. 그런데도 〈중앙일보〉는 "〈CTN〉은 TV여서 그 시각에 보도를 한 것이고 우리는 신문이라 인쇄하는데 시간이 걸렸다. 사망 사실을 알기는 우리가 먼저 알았으므로 특종도 우리의 것이다"라고 주장했다.

이게 얼마나 웃기는 주장인가? 속보 경쟁은 '누가 먼저 알았느냐'가 아니라 '누가 먼저 보도했느냐'가 기준이다. 이 기준으로 덩샤오핑의 죽음을 가장 먼저 보도한 매체는 당연히 〈CTN〉이다.

"우리는 신문이어서 한계가 있잖아"라는 반론도 황당하다. 〈중앙일보〉가 신문인 거 잘 안다. 그런데 그게 뭐 어쨌다는 거냐? 신문이면 방송보다 늦게 보도해도 더 빨리 보도한 것으로 치는 웃기는 기준이 있다는 거냐?

그런데 진짜 문제는 그게 아니다. 내가 정말로 이런 논쟁을 어이없다고 생각하는 이유는, 설혹 〈중앙일보〉가 덩샤오핑의 죽음을 몇 시간 빨리 보도했다 한들 그게 무슨 의미가 있느냐는 생각 때문이다.

나는 남들보다 빨리 보도하는 게 아니라 내가 보도하지 않았다면 세상에 알려지지 않았을 일을 보도하는 것이 의미 있는 특종이라고 믿는다. 그런데 〈중앙일보〉가 보도하지 않으면 죽은 덩샤오핑이 살아나기라도 하나? 아니면 중국 정부가 덩샤오핑의 죽음을 숨기기라도 했겠나? 어차피 이 소식은 다음날 다 알려질 것이었다. 그걸 두 시간 빨리 보도한 게 역사에 무슨 의미가 있냐는 질문을 하는 것이다.

속보 경쟁이 망친 한국 기자 생태계

내가 "검사들에게 신뢰를 얻어야 특종을 많이 한다"거나 "골프를 쳐야 금융권 고위직으로부터 단독을 얻는다"는 등의 이야기에 전혀 동의하지 않는 이유도 그런 것이다. 이 이야기는 검사가 흘려주는 이야기를 남들보다 빨리 받아서 적는 게 특종의 비결이라는 이야기다.

그런데 생각해보라. 검찰이 하기 싫어하는 이야기를 보도해야 특종이지, 검찰이 하고 싶어하는 이야기를 받아 적는 게 왜 특종인가?

골프장에서 특종을 얻는다고? 내가 골프를 쳐 본 적은 없지만, 골프 좀 친다는 선배들이 물어온 특종을 보고 확신하는 게 있다. 골프장에서 물어왔다는 특종은 전부 다 걔들이 홍보하고 싶은 것들이다. 걔들이 숨기려 하는 걸 보도해야 특종이지, 골프장에서 자랑하듯 하는 이야기가 왜 특종이냔 말이다.

골프를 열심히 치면 걔들이 가끔 은밀한 이야기도 들려준다고? 웃기지 마라. 골프장에서 자기 조직의 치부를 털어놓을 정도면, 걔는 금융권 고위직에 오를 자격이 없는 자다. 금융권 고위직은 멍청해야 오르는 자리가 아니다.

이런 극단적 속보 경쟁은 대한민국 기자들, 특히 법조 기자들의 생태계를 엉망진창으로 만들었다. 남들보다 검사로부터 조금 더 일찍 귀띔을 들었던 자들이 고속 승진을 한다. 그들이 데스크가 되면 후배들에게 똑같은 짓을 강요한다.

특종의 압박을 받은 기자들은 황망한 짓까지 서슴지 않는다. 1990년대 후반 〈국민일보〉 소속 한 기자가 북부지청 검사실에서 수사 자료를 훔치다 적발된 일이 있었다.

수사 자료를 훔쳐서라도 남들보다 빨리 뭔가를 알아내야 한다는 압박감이 기자를 절도범으로 만든 것이다.

경제학에는 셀러스 마켓(seller's market)이라는 용어가 있다. 공급자(seller)가 압도적인 힘을 갖는 시장을 뜻한다. 시장을 독점한 사업자가 있을 때 셀러스 마켓이 형성된다. 물건을 파는 곳이 그곳 하나뿐이니 공급자가 큰 소리를 칠 수 있는 것이다.

미국 제약 회사들이 주도하는 제약 시장이 대표적인 셀러스 마켓이다. 미국 제약 회사들은 약을 개발한 뒤 특허를 걸어 그 약을 생산할 권한을 독점한다. 환자 입장에서는 목숨이 걸린 일이니 그 약을 안 살 수가 없다. 원가 200원짜리 약 한 알이 수천 만 원에 팔리는 이유가 여기에 있다.

지금 한국의 법조 기자 생태계가 전형적인 셀러스 마켓이다. 검찰이 정보를 독점하고 있기에 기자들은 검사에게 잘 보여 떡고물이라도 받아먹으려 혈안이 돼 있다. 검사들은 기자들의 그런 속성을 이용해 마음껏 낚시질을 한다. 필요한 여론을 조성하기 위해 정보를 슬쩍 흘리기만 하면 기자들은 '[단독]'을 붙여 대문짝만하게 보도한다.

한 언론사에만 정보를 줬다고 다른 언론사들이 항의하지도 못한다. 항의는커녕, 단독을 빼앗긴 타사 기자들이 검사에게 달라붙어 "저한테도 하나 주셔야죠. 저 이대로 회사 들어가면 죽어요"라며 우는 소리를 한다. 셀러스 마켓의 주인공인 검사는 마음껏 여론을 주무르며 그것을 즐긴다.

기자의 실력이 바이어스 마켓을 만든다

셀러스 마켓에 대비되는 용어가 바이어스 마켓(buyer's market)이다. 셀러스 마켓과 달리 수요자, 즉 소비자들이 압도적 힘을 갖는 시장을 뜻한다.

기업들 간 경쟁이 치열한 시장이 그렇다. 소비자들은 물건을 어디서나 구입할 수 있기 때문에 공급자에게 휘둘리지 않는다. 되레 공급자가 수요자들에게 잘 보이려 온 힘을 다한다. 말 그대로 '고객이 왕'인 시장이다.

물론 검찰과 언론의 관계에서 바이어스 마켓이 형성되기는 쉽지 않다. 검찰이 정보를 독점하기 때문이다.

하지만 결코 불가능한 일도 아니다. 미국에는 법조 기자의 전설로 불리는 린다 그린하우스(Linda Greenhouse, 1947~)라는 기자가 있다. 1978년부터 2008년까지 무려 30년 동안이나 연방 대법원을 출입했던 기자다. 그의 영향력이 얼마나 대단했는지 그린하우스 효과(Greenhouse effect)라는 미디어 이론이 탄생했을 정도다.

이 이론의 요지는 미국 연방 대법관들이 그린하우스 기자로부터 칭찬을 받고 싶은 욕망에 판결을 바꾼다는 것이다. 실로 놀랍지 않은가?

미국 연방 대법관 제도는 종신제로 운영된다. 즉 한번 임명되면 죽을 때까지 대법관으로 지낸다는 이야기다. 대법관들로 하여금 그 누구의 눈치도 보지 않고 소신을 바탕으로 판결을 하라고 만든 제도다. 이 때문에 미국 대법관들의 자부심은 상상을 초월한다.

그런데 그 대법관들이 그린하우스라는 법조 기자의 눈치를 보며 그에게 칭찬을 받고 싶어 판결 내용을 바꾼다는 것이다. 그린하우스의 한마디가 대법관의 판결을 바꾸고 세상을 바꾼다. 이것이야말로 진정한

미국 법조 기자계의 전설 린다 그린하우스
©Edmond J. Safra Center for Ethics

바이어스 마켓이다.

그린하우스는 1시간 빠른 특종, 하루 빠른 단독으로 명성을 얻은 기자가 아니다. 1998년 그린하우스가 퓰리처상을 받은 이유는 "대법원 판결에 대한 심도 깊은 분석"이었다.

그린하우스는 속보 경쟁을 거들떠보지도 않았다. 대신 판결문을 그야말로 심층적이고 다각도로 분석해 논평했다. 기사의 수준이 너무나 높아 대법관들조차 기사 내용에 승복하지 않을 수 없었다고 한다.

바로 이런 것이다. 기자는 정보를 쥐고 있는 취재원에 종속돼서는 안 된다. 더구나 그 취재원이 권력기관이라면 더더욱 그래서는 안 된다. 정보 몇 조각에 굽실대는 순간 한국의 검찰처럼 정보를 쥐고 있는 곳은 피의사실을 적절히 흘리며 기자들을 꼭두각시로 만든다.

반면 그린하우스처럼 취재원이 꼼짝 못할 수준의 취재와 공부로 무장하면 되레 취재원이 기자의 눈치를 본다. 검사들이 너무나 아파할 정곡을 찌를 능력이 있어야 한다는 이야기다.

세상을 바꾸는 언론의 힘은 이런 대목에서 나온다. 이런 사명감이 기자에게 있어야 한다. 검찰이 흘려주는 정보 얻어듣고 '[단독]' 붙이는 게 무슨 기자의 사명이란 말인가?

2019년 법조 기자와 검찰의 유착이 유독 부각돼서 그렇지, 내가 알기로 이런 관행은 수십 년 째 이어져온 구태였다. 이제 제발 이 한심한 짓을 멈춰야 한다. 기자가 국민 편에 서서 검찰을 두려워하게 만들어야지, 기자가 검찰 편에 서서 꼭두각시 노릇을 해야 되겠나?

그들의 자신감은
어디서 나올까?

더닝-크루거 효과

2019년 9월 조국 법무부 장관 후보자가 기자 간담회를 열었다. 이때 한 주간지 기자가 이준석 바른미래당 최고위원의 SNS에 댓글을 달아 "무슨 질문을 하면 좋겠냐?"라고 물어 화제가 됐다. 이 기자는 실제 이준석 최고위원이 답한 내용을 그대로 질문했다.

미리 말하지만 나는 그 주간지 기자를 공격하고픈 생각이 조금도 없다. 기자가 특정 정치인과 그런 식의 의사소통을 한 것에 대해 호불호는 있지만, 그것을 굳이 들춰 비판하고 싶지 않다.

그런데 그 일이 이슈가 되면서 우연히 그 기자의 SNS를 볼 기회가 생겼다. 그 기자가 남긴 글을 쭉 훑어보니 보수적 성향의 기자임을 쉽게 알 수 있었다. 이것 역시 비판의 대상이 아니다. 나도 한쪽 성향이 뚜렷한 기자다. 그리고 기자라는 직업의 특성상 당파성을 갖는 것은 어쩔 수 없는 일이기도 하다.

그런데도 굳이 이 이야기를 꺼내는 이유가 있다. 그 기자가 남긴 SNS의 글 중 이런 대목이 있었다.

얼마 전 한국당 조경태 최고위원님과 식사를 함께 했다. 경제가 이렇게 폭망하고 있는데 여당이 지지율 1위를 유지하고 있는 것은 야당이 무능해서라고 말씀드렸다. 그럼 어찌해야하느냐고 물으셨다. 나는 총선 때까지 한국당 현수막에 다른 내용은 일체 쓰지 말고 경제지표만 나열해보시라고 조언 드렸다. 문재인 정부 들어 박살난 경제지표가 한두 가지가 아니니 현수막에 내걸 문구는 무궁무진할 거다. …(중략) 식사자리에서는 박수치시면서 격하게 공감하셨는데 앞으로 반영될지는 모르겠다.

이 대목에서 웃음이 새어 나왔다. 기자의 생각이 웃겼던 게 아니라, 정치인과 자신의 관계를 과신하는 듯한 그 태도가 나를 미소 짓게 한 것이다. 그 기자가 느끼기에는 조경태 의원이 자신의 말에 박수까지 치며 격하게 공감한 듯 보였던 모양이다. 그런데 내 경험상 기자들의 이런 생각은 대부분 아둔한 착각이다.

특별한 반감이 없는 한 높은 사람들은 웬만하면 기자를 만나준다. 그래서 기자들은 자기가 권력자들과 매우 친하다고 생각(이라고 쓰고 '착각'이라고 읽어야 함)한다. 그게 자신의 능력이라고 과신하는 이들도 있다.

그런데 그 높은 사람들, 내 경험상 기자가 뭐라고 떠들면 대부분 맞장구를 쳐준다. 나 역시 "당신은 왜 그렇게 멍청한 소리를 하고 있어요?"라고 딴죽을 건 취재원을 한 번도 만나지 못했다. 그런 맞장구는 진심이 1도 들어 있지 않은 영혼 없는 리액션이다. 그게 기자를 대하는 권력자들의 속

2019년 9월 2일 조국 법무부 장관 후보자의 기자간담회에서 보수 유튜버 〈신의 한 수〉 제작진이 퇴장 조치를 당하는 모습.

성이다. 그런 리액션에 속아서 자기가 권력자에게 뭔가 영향을 끼치는 존재가 된 것처럼 착각을 하면 그 기자의 삶이 불행해진다.

1999년과 2000년 정보기술(IT) 벤처 붐이 불었을 때 회사를 그만 두고 사업을 시작하는 기자들도 여럿 있었다. 그 사람들 전부 내 앞에서 "두고 봐라. 나는 무조건 성공한다. 내 인적 네트워크가 얼마나 풍부한데"라고 장담했다.

그런데 정작 기자 그만두는 순간 그들이 자랑하는 네트워크는 사흘 안에 다 박살난다. 당신이 기자니까 당신보고 "기자님. 제가 도와드리겠습니다" 그러지, 기자를 그만뒀는데 그 사람들이 왜 도와주겠냐고?

무능한데 무능하다는 걸 모를 때

행동경제학에서는 이를 자신감 착각(illusion confidence)이라고 부르고, 심리학에서는 더닝-크루거 효과(Dunning-Kruger effect)라는 이론으로 이를 설명한다. 이 이론은 미시간대학교 심리학과 교수인 데이비드 더닝(David Dunning)과 뉴욕대학교 스턴 경영대학 심리학과 교수인 저스틴 크루거(Justin Kruger)의 공동 작품이다.

두 학자는 실험 대상자들을 상대로 독해와 문법 능력, 운동 능력, 자동차 운전 실력, 남을 웃기는 유머 능력 등 다양한 영역의 테스트를 실시했다. 각 영역에서 뛰어난 자들과 그렇지 못한 자들이 구분됐다.

그리고 그들에게 "당신의 능력은 전체 참여자 중 어디쯤에 위치할 것 같습니까?"를 물었다. 그런데 모든 영역에서 유능한 사람들과 무능한 사람들의 답에는 일관된 특징이 드러났다.

무능한 사람일수록 자기가 유능하다고 자신을 과대평가하는 반면, 유능한 사람일수록 자기가 무능하다고 자신의 능력을 과소평가한 것이다. 실험 결과 하위 25%에 속하는 사람들 중 상당수가 "나는 상위 40% 안에 들 거야"라고 답을 했고, 상위 25%에 드는 사람들 중 상당수는 "나는 상위 30%에 못 들 거야"라고 자신을 걱정했다. 실로 심각한 부조화가 아닌가?

더닝과 크루거는 이 부조화에 대해 "무능력한 사람일수록 자기가 무능력하다는 사실을 몰라서 사태파악을 더 못하므로 더 무능력해진다. 반면에 유능한 사람들도 자기가 유능하다는 사실을 몰라서 더 많은 일을 할 수 있는데 하지 못한다"라고 설명한다.

이 이론이 주는 의미는 실로 심오하다. 원래 세상은 유능한 사람과 무능한 사람이 섞여서 사는 곳이다. 그런데 무능한 사람이 자신이 무능하다는 사실을 알면, 웬만하면 큰 사고를 치지 않는다. 언제 큰 사고가 나느냐? 무능한 사람이 자신이 무능하다는 걸 모를 때 사고가 난다.

운전 거칠게 하는 사람들이 그런 거다. 차선 넘나들고, 신호 위반하고, 운전하면서 욕설을 내뱉고…. 이건 운전을 잘 하는 게 아니다. 열라 못하는 거지! 그런데 이런 사람들은 자기가 운전을 매우 잘 한다고 착각을 한다. 그래서 거칠게 운전을 하다가 사고를 낸다.

더닝 교수는 이 연구 결과를 발표한 논문의 앞머리에 영국의 철학자 버트런드 러셀(Bertrand Russell, 1872~1970)의 명언을 인용했다.

"이 시대의 아픔 중 하나는 자신감이 있는 사람은 무지한데, 상상력과 이해력이 있는 사람은 의심하고 주저한다는 것이다."

유능한데 유능하다는 걸 모를 때

더닝-크루거 효과의 반전이 바로 이 대목이다. 무능한데 자신이 무능한 걸 모르는 사람은 그렇다 치고, 유능한 사람조차 자신이 유능하다는 사실을 몰라서 사회가 효율적으로 굴러가지 않는다. 러셀의 이야기대로 "상상력과 이해력이 있는 사람은 의심하고 주저"하기 때문이다.

나는 한국 기자 사회에 이 현상이 만연해 있다고 생각한다. 내 경험상 한국의 기자들은 사람을 죽이는 영역을 빼고 대부분 영역에서 그다지 유능한 사람들이 아니다. 오히려 무능한 쪽에 가깝다.

그런데 이 사람들 중 상당수가 자기가 무능하다는 사실을 모른다. 그러니 높은 사람들이 몇 번 만나주고 맞장구를 쳐주면 자기의 한마디가 나라를 움직인다고 착각을 한다. 무능하면 무능하다는 사실을 알고 좀 자제해야 하는데, 그걸 모르니 기자들과 민중들의 정서가 괴리된다.

반대의 경우도 부지기수다. 누군가가 나에게 "우리나라에서 가장 뛰어난 기자가 누구냐?"고 묻는다면 나는 별 주저 없이 〈시사인〉의 천관율 기자를 최고 중 하나로 꼽는다. 개인적으로는 일면식도 없는 기자지만, 나는 천 기자의 기사를 볼 때마다 그의 직관과 통찰력에 혀를 내두른다. 그런데 천 기자의 책 「천관율의 줌아웃」 서문에 그는 자신을 이렇게 묘사했다.

"의사소통 도구 중에 그나마 멀쩡하게 다루는 도구가 글이다. 영상이 지배하는 시대에도 활자의 매력은 사라지지 않는다고 주장하고 다닌다. 할 줄 아는 게 그거 하나라 예측이라기보다는 염원에 가깝다. 기자라고 믿을 수 없을 만큼 디테일에 약하다. 턱밑까지 파고드는 인파이터도 못 된다."

지나치게 겸손한 것 아닌가? 하지만 천 기자는 자기가 겸손한 줄도 모르는 것 같다. 이게 바로 더닝-크루거 효과다. 내가 보기에 '저 기자는 공부를 진짜 좀 더 해야겠다' 싶은 사람은 자기가 세상을 움직이는 줄 아는데, 압도적인 능력을 가진 천관율 기자 같은 사람은 자신을 "기자라고 믿을 수 없을 만큼 디테일에 약하다"고 표현한다. 천 기자의 기사를 보면 그가 디테일에 약하다는 말이 얼마나 어처구니없는 주장인지 다 알 텐데도 정작 본인은 그 사실을 모른다.

위대한 철학자 소크라테스(Socrates)는 "나는 다른 사람보다 절대로 뛰어나지 않다. 하지만 내가 다른 사람보다 한 가지 나은 점이 있다면, 나는 적어도 내가 모른다는 사실을 알고 있다는 점이다"라는 말을 남겼다.

세상에나, 소크라테스 선생님. 선생님 같은 분이 "나는 다른 사람보다 절대로 뛰어나지 않다"고 말하면 우리는 뭐가 됩니까? 하지만 소크라테스는 진심으로 이렇게 생각했다. 압도적으로 뛰어난 이가 자신을 남들보다 뛰어나지 않다고 생각하는 것, 이건 놀라운 일이기도 하면서 좀 슬픈 일이기도 하다.

하지만 소크라테스의 말 중에는 정말로 곱씹어볼 대목이 있다. 소크라테스는 "나는 적어도 내가 모른다는 사실을 알고 있다는 점이 남들보다 뛰어나다"고 자각했다는 것이다. 더닝-크루거 효과의 가르침도 이것이다. 무능하면 무능하다는 점을 좀 알아야 한다. 그게 바로 배움의 첫 걸음이다.

한국 기자 사회는 오래 전부터 과도한 오만에 빠졌다. 이 오만으로부터 벗어나는 것이 기레기 소리를 듣지 않는 첫걸음이다. 나를 포함해서 우리 모두 솔직히 인정하자.

한국 기자 사회는 그다지 유능한 집단이 아니다. 이 사실을 아는 것과 모르는 것은 천지차이다.

　높은 사람들의 맞장구에 나 잘났다는 생각이 들기 시작하면, 그때가 바로 기자를 그만둬야 할 때다. 권력자들의 목소리가 크게 들리면 민중들의 목소리가 들리지 않는다. 그리고 기자는 권력자의 맞장구가 아니라 민중들의 외침을 듣는 직업이다.

극우 목사의 선동과
"아멘"이라는 화답

집단동조화 현상

나는 어렸을 때 꽤 신실한 기독교 신자였다. 고등학생 시절 순복음교회를 지지하는 한 목사의 설교를 들은 적이 있었다. 그 목사는 "죄인들은 참회하라! 지금부터 아플 때까지 가슴을 쳐라. 눈물이 나오지 않으면 기독교인이 아니야!"라며 목소리를 높였다 (진짜 그렇게 반말로 설교했다). 여기저기서 "아멘"과 "할렐루야"가 터져 나왔고 참회의 대성통곡이 시작됐다.

뒤이어 목사가 외쳤다. "지금부터 건축헌금 받겠다. 눈 감은 채로 손을 들어라. 건축헌금 100만 원 할 사람!" 곳곳에서 "아멘"이 터졌다. "200만 원 할 사람!", "아멘." "300만 원 할 사람", "아멘."

액수는 조금씩 올라가더니 급기야 "1000만 원 할 사람!"까지 상승했다. 눈을 감아서 확인할 수는 없었지만 분명히 누군가 1000만 원에서 "아멘"을 외쳤다. 경제학을 공부하기 전 나는 교회에서 경매의 원리를 배운 셈이다.

대학에서 경매를 정식으로 배웠지만(경제학에서는 경매를 희소성의 원리와 공급의 가격탄력성 등의 용어로 매우 복잡하게 설명한다) 그때 교회에서 실전으로 배운 경매의 원리가 지금도 훨씬 더 기억에 남는다.

기독교, 한국 사회의 중심으로 떠오르다

최근 보수 기독교가 한국 사회의 화두로 떠올랐다. 일부 목사들의 그릇된 선동이 도를 넘어선 것이다. 대전중문교회 장경동 목사는 "전쟁 나면 북한 사람 2,000만 명을 죽이자"라고 설교한 사실이 밝혀졌다. 이 이야기는 6부에서 자세히 다룰 예정이니 여기서는 일단 생략하자.

장 목사를 뛰어넘어 이 시대 아이콘(응?)으로 떠오른 이가 한국기독교총연합회 대표회장인 전광훈 목사다. 좌충우돌, 전 목사의 어록은 셀 수 없을 정도인데 몇 가지만 살펴보자. 2018년 12월 경기도 광주시 한 수양관에서 그는 순교를 강요하는 설교를 했다. 이게 그 설교의 내용이다.

"앞으로 청와대 진격할 때 사모님들을 제가 앞세우겠다. 그것도 나이가 60세 이상 사모님들만. 60세 이상 사모님들이 치고나가서 먼저 순교하면, 앞으로 나이 순서별로 청와대 순서를 세우겠다. 경호원이 총 쏘면 어떻게 해요? 아 죽는다고? 총 쏘면 죽을 용기 있는 사람 손 들어봐요. 두 손 들어봐요!"

아니, 60세 이상이면 60세 이상이지 60세 이상 사모님은 뭐냐? 평소에는 성차별을 입에 달고 살더니(전 목사는 2019년 11월 한 집회에서 "여자가 하는 말 중에 절반은 사탄의 말"이라는 망언을 했다) 먼저 죽을 용기는 없었던 거냐? 참고로 전 목사는 1956년 생으로 저 발언을 할 당시 환갑을 넘었다. 그냥 "60세 이상"이라고 하면 누군가가 "당신부터 순교하세요"라고 할까봐 겁을 먹고 그런 거야? 그런 거냐고?

말 나온 김에 한 가지 더 살펴보자. 2018년 3월 1일 서울 광화문에서 열린 공산주의 어쩌고 대회(이름도 제대로 기억이 안 난다)에서의 전 목사 발언이다.

"독일의 아돌프 히틀러가 미쳐서 유럽을 피바다로 만들려고 할 때에, 신학자 존 웨퍼가 나타나서 '미친놈에게 운전대를 맡길 수 없다. 미친놈이 운전대를 잡으면 사살해야 한다'고 말했다. 제가 지금, 내 마음의 심경이 존 웨퍼와 같다."

그런데 궁금한 것 하나. 존 웨퍼는 도대체 누구신지? 아무리 검색해도 그런 사람은 안 나오던데? 혹시 독일의 신학자이자 반(反) 나치 운동가 디트리히 본회퍼(Dietrich Bonhoeffer, 1906~1945)를 말하는 거라면, 목사님, 연설하기 전에 사람 이름 정도는 검색 좀 합시다.

왜 "아멘"으로 화답할까?

이 사람들이야 선동이 업이니 그렇다 치자. 궁금증은 이것이다. 종교를 믿는 교인들이 사람의 생명을 헌신짝처럼 버리자는 선동에 대해 왜 "아멘"과 "할렐루야"로 화답하느냐가 우리의 질문이다.

행동경제학에서는 집단동조화라는 이론으로 이런 현상을 설명한다. 2017년 노벨 경제학상을 받은 리처드 탈러(Richard Thaler)는 저서 「넛지」에서 "인간은 떼를 지어 몰려다닌다"라는 문장으로 이 상황을 요약한다.

탈러에 따르면 사람은 주변 사람들의 생각에 나도 모르게 동조하는 경향이 있다. 홀로 반대 의견을 내세웠을 때 동료들로부터 받는 비난이 두렵기 때문이다. 심지어 그 의견이 "사람을 죽이자"는 끔찍한 것이라도 사람들은 동료들의 비난을 피하기 위해 그 의견을 수용한다.

관련한 실험도 여럿 있다. 6명의 참가자들에게 개 사진을 보여주고 "이게 무슨 동물일까요?"를 묻는다. 너무 쉬운 문제다. 그런데 미리 짠 5명의 참가자들이 전부 "고양이 사진입니다"라고 오답을 말하면, 나머지 한 사람도 엉겁결에 "고양이입니다"라고 답을 한다.

"에이, 무슨 말도 안 되는 소리를?"이라고 의심해서는 안 된다. 이 실험은 독일, 일본, 프랑스, 노르웨이, 레바논, 쿠웨이트 등 무려 17개 나라에서 실시됐다. 그런데 개 사진을 보고 고양이라고 답하는 사람의 비율이 무려 20~40%나 됐다. 이건 절대 낮은 비율이 아니다. 왜냐하면 개 사진을 보고 고양이라고 답하는 건 미친 짓이기 때문이다. 그런데 이 미친 짓을 하는 사람이 10명 중 2~4명이나 된다.

도대체 왜 이런 일이 벌어질까? 주변 사람들이 모두 다 개를 보고 고양이라고 답을 했기 때문이다. 주변사람들 빼고 그 사람에게 단독으로 물어보면 응답자의 100%가 정답을 말한다. 그런데 주위에서 모두 개를 고양이라고 답을 하면, 남들이 틀렸다고 생각하는 게 아니라 '내가 따돌림을 당할 것 같다'는 두려움부터 생긴다. 탈러는 이 심리를 "사람은 본능적으로 동료들의 압력과 집단의 비난을 마주하지 않으려 한다"고 설명한다.

동조화의 위험, 존스타운 대학살 사건

탈러는 "존스타운 대학살 사건도 이런 식으로 벌어졌다"고 설명한다. 존스타운 대학살 사건이란 1978년 사이비 교단 목사였던 짐 존스(Jim Jones, 1931~1978)가 가이아나에 해방촌을 건설한 뒤, 신도 909명과 함께 청산가리를 마시고 집단 자살한 사건을 말한다.

존스 목사는 "곧 전쟁이 난다. 미국 정부는 폭격기를 동원해 우리를 죽이고 아이들을 고문할 것이다. 지금 우리의 선택지는 하나뿐이다. 같이 자살하자. 죽음으로 평화를 얻자"고 선동했다. 900명이 넘는 신도들은 그 말에 따라 자발적으로 청산가리를 마시고 생을 마쳤다. 이 사건은 지금도 미국 현대사에서 가장 끔찍한 기억 중 하나로 남아있다.

그런데 이게 남의 일이 아니라는 게 문제다. 기독교 목사가 "60세 이상 사모님들은 청와대로 진격해 순교하라"고 부추기는 게 우리 눈앞에서 벌어지는 현실이다. 그 설교를 듣고 "아멘"과 "할렐루야"를 외친 사람들 중 "진심으로 그 일을 하자"고 하면 그들은 과연 그 제안을 거절할 것인가?

이거, 정말로 쉽게 장담할 문제가 아니다. 인간은 생각보다 이성적인 동물이 아니다. 때로는 어떤 이유로 짐승보다 못한 행동에 가담하기도 한다. 탈러의 설명을 들어보자.

"대부분의 사람들은 타인들로부터 배움을 얻는다. 물론 이것은 대개의 경우 유익한 일이다. 그러나 문제는 우리가 가진 가장 잘못된 생각들의 상당수도 타인으로부터 배운 것이라는 점에 있다. 인간은 쥐와 다르다. 쥐보다 우월하다고 믿는다. 당연히 인간은 쥐보다 우월하다. 그런데 쥐들은 차례차례 바다에 뛰어들어 집단 자살을 하지 않는다. 반면 존스타운의 집단 자살 이야기는 결코 전설이 아니다."

앞에서 언급한 동조화 실험에서 말하지 않았던 중요한 교훈이 하나 더 있다. 여섯 명의 참가자 중 다섯 명의 연기자가 개를 보고 고양이라고 답하면 나머지 한 명도 개를 고양이라고 답한다고 했다.

그런데 이 다섯 명 중 네 명만 "고양이입니다"라고 거짓말을 하고, 한 명은 "에이, 무슨 소리예요? 저건 개죠"라고 진실을 말하면 실험 결과가 완전히 달라진다. 20~40%에 이르렀던 오답률이 급락하는 것이다. 모두가 오답을 말하면 동조될 가능성이 높지만, 그중 한 명이라도 정답을 말하면 나머지 사람들도 이성을 찾는다.

그래서 이성적인 기독교인들에게 간절히 호소한다. 저런 헛소리를 하는 목사의 설교에 대해 단 몇 명이라도 반발을 시작해야 한다. 교인들이 지금 해야 할 일은 "아멘"의 화답이 아니라 "당장 죽음의 선동을 멈추라"는 반발이다. 극우 기독교 목사들의 광기가 불러올 참사는, 정의로운 교인들의 상식으로 충분히 막을 수 있다는 이야기다.

신의 뜻을
참칭하는 자들

밀그램의 복종 실험

2019년 초겨울, 군대 갑질로 이름을 떨쳤던 박찬주 열풍(?)이 갑자기 다시 한국 사회를 덮쳤다. 사실 그 일이 벌어지기 직전까지 나는 자유한국당 황교안 대표가 왜 박찬주 같은 삐리한 사람에게 집착했는지 이해가 가지 않았다. 적폐청산의 이른바 '희생자'가 한 둘이 아닐 텐데 그 많은 적폐 중 왜 하필이면 박찬주가 영입 1호였단 말인가? 그런데 그 해 11월 6일 〈서울신문〉에 나온 기사를 보고 의문이 풀렸다. 이게 그 기사 내용이다.

일각에서는 독실한 기독교 신자인 황 대표가 같은 기독교도라서 박 전 대표를 영입하려 했다는 얘기도 나온다. 실제 전광훈 목사는 한국당이 박 전 대장을 1차 영입 명단에서 제외하자 한국당을 비난하는 성명을 발표했다. 정치권 관계자는 "박 전 대장뿐 아니라 이번에 영입된 인사의 상당수가 기독교인이라는 얘기도 있다"고 했다.

아 그렇구나! 마침 나도 비슷한 이야기를 들은 바 있었다. 검찰에 오래 출입했던 한 선배는 "고건 씨나 반기문 씨처럼 공직 생활을 오래 한 사람들은 대선이라는 혹독한 검증 절차를 이기지 못한다. 하지만 황교안 씨는 다르다. 검사 시절 그는 기독교 왕국 건설에 매우 강한 소신이 있는 사람이었다. 지금쯤 황교안 대표는 '내가 대통령이 되는 것은 하나님의 뜻이고, 대한민국을 하나님의 나라로 만들어야 한다'는 사명감에 가득 차 있을지도 모른다"고 말했다.

그래, 그럴 수 있다. 종교적 사명감이 넘치는 사람은 포기를 모른다. 자신이 겪는 어려움은 '신이 내린 고난'이라고 생각하고 견딘다. 신의 뜻을 참칭하는 자들이 무서운 이유가 여기에 있다.

기독교 제국주의의 처참한 역사

종교 제국주의, 특히 기독교 제국주의가 위험한 이유가 여기에 있다. 그들은 인륜에 어긋나는 온갖 짓을 하면서도 "이건 신의 뜻이다"라는 한마디로 모든 설명을 대신하려 했다.

15~17세기 유럽 백인들이 아프리카와 아시아, 아메리카를 대거 침략했던 때가 있었다. 침략의 문을 연 인물은 '항해왕'으로 불리는 포르투갈의 왕자 엔히크(Henrique O Navegador, 1394~1460)였다.

항해왕으로 불렸던 엔히크 왕자의 초상화

그런데 당시 유럽인들은 "아시아와 아프리카 어느 곳에 유토피아에 가까운 기독교 왕국이 존재한다"는 신화를 믿었다. 왕국의 통치자는 동방박사 중 한 명의 후손인 '사제왕 요한(Presbyter

Johannes)'이라는 가상의 인물이었다. 유럽인들은 이 터무니없는 이야기를 진지하게 믿었다. 그리고 그들은 아프리카의 에티오피아가 바로 그 전설의 기독교 왕국일 것이라 제멋대로 짐작했다.

엔히크 왕자는 이 신화를 활용했다. "에티오피아의 기독교 왕국과 연합해 아프리카에서 이교도 무리들을 무찌르겠다"는 명분을 내세웠다. 그의 군대 이름이 '그리스도 기사단'이었던 이유도 여기에 있었다.

물론 엔히크의 진짜 목적은 따로 있었다. 그는 인도로 향하는 새 항로를 개척하고 싶었고, 아프리카의 막대한 자원을 탈취하고 싶었다. 이 침략으로 사람을 노예로 사고파는 처참한 노예무역이 활성화됐다.

이게 신의 뜻일 리 만무하다. 하지만 엔히크는 "이 모든 것이 신의 뜻이다"라며 신을 참칭했다. 나약한 민중들은 왜곡된 신의 권위에 복종했다.

일본 제국주의도 마찬가지다. 일본 왕이 신(神)이라는 게 말이 되나? 그런데 왕을 신이라 믿었던 일본의 젊은이들은 "이건 신의 뜻이다" 한마디에 기꺼이 가미카제(神風)가 되어 목숨을 던졌다.

'팬티 목사(?)'로 널리 알려진 전광훈 씨의 선동은 어떤가? 냉정히 말해 하나님이 진짜로 전광훈 씨와 직접 소통하실 것 같은가? 내가 보기에 하나님은 "내가 어쩌다가 저런 놈을 창조해서…"라며 후회하실 것 같은데?

전광훈 씨도 자기가 신과 대화하지 못한다는 사실을 잘 알고 있을 것이다. 그런데도 그는 신의 뜻을 참칭한다. 신의 뜻을 두려워하는 신도들은 그에게 복종한다. "빤쓰를 내려라!"에 "아멘~"으로 화답하는 그로테스크한 장면이 연출되는 이유가 여기에 있다.

밀그램의 복종 실험

1961년 심리학 역사상 가장 충격적인 실험으로 평가받는 '밀그램의 복종 실험'이 실시됐다. 예일 대학교 심리학과 조교수 스탠리 밀그램(Stanley Milgram, 1933~1984)의 작품이었다.

실험 개요는 이렇다. 일당 4.5달러를 주고 참가자 40명을 모은 뒤 이들을 교사 그룹과 학생 그룹으로 나눴다. 그런데 사실 이들 중 학생 그룹 20명은 사전에 짜고 고용된 배우들이었다. 실험팀은 학생(미리 고용한 배우들)의 몸에 전기충격 장치를 연결했다. 그리고 교사들에게 전기충격을 가하는 버튼을 누르라고 지시했다.

문제는 전기충격의 강도가 점점 강해진다는 데 있었다. 처음에는 15볼트, 그 다음은 30볼트, 그 다음은 45볼트…. 이런 식으로 강도를 높인 전기 충격 버튼은 무려 450볼트까지 올릴 수 있었다. 미리 짠 배우들은 충격의 강도가 더해질 때마다 엄청난 고통을 겪는 것처럼 연기를 했다. 하지만 교사는 그게 연기인 줄 모른다. 과연 교사들은 몇 볼트까지 강도를 높였을까?

실험 직전 밀그램 팀은 "450볼트까지 높이는 사람은 0.1%도 나오지 않을 것이다. 300볼트까지 올리는 사람도 3%에 그칠 것이다"라며 인간에 대한 신뢰를 보였다.

하지만 실험 결과 무려 참가자의 65%가 450볼트 버튼을 눌렀다. 눈앞에서 상대가 고통으로 몸부림을 치는데도, 살려달라고 애원을 하는데도, 그들은 450볼트 버튼을 눌렀다. 밀그램의 이 충격적 실험 결과는 1974년 「권위에 대한 복종(Obedience to Authority)」이라는 제목으로 세상에 발표됐다.

물론 교사들 중 이 처참한 짓에 저항하는 이들도 있었다. 150볼트쯤에서 "더 이상 못 하겠어요"라고 말한 이들도 있었고, 300볼트쯤에서 "저러다 저 사람 죽는 거 아닙니까?"라며 걱정하는 이들도 있었다. 하지만 그때마다 밀그램 팀은 "안전합니다. 걱정하지 마세요. 우리가 책임집니다. 계속 버튼을 누르세요"라며 이들의 악행을 독려했다.

예일 대학교 실험팀이라는 권위, "실험팀이 책임진다"는 말에 대한 신뢰, 나에게 4.5달러의 일당을 주는 고용주에 대한 복종이 복합적으로 작용했다. 그래서 교사의 65%가 눈앞에서 고통으로 몸부림치는 사람에게 450볼트의 충격을 가한 것이다.

이것이 권위에 대한 복종의 무서운 점이다. 이 실험이 남긴 충격적인 결론은, 악마란 선천적인 괴물이 아니라는 점이다. 평범한 사람도 권위에 복종하기 시작하면 "사람을 죽여라"는 부당한 명령에 살인을 저지른다.

고작 예일 대학교라는 권위에, 4.5달러를 일당으로 주는 고용주의 권위에도 사람은 타인을 죽인다. 그런데 누군가가 만약 신의 권위를 참칭한다면 얼마나 끔찍한 일이 벌어지겠나? 젊은이들이 '신의 바람(神風)'을 자처하면서 전투기에 몸을 싣고 기꺼이 자살 특공대가 된다. "동방박사 후손과 연대하자"는 말도 안 되는 헛소리에 유럽 백인들은 아프리카 민중들을 대량으로 학살한다. "빤스를 내려라!"에 "아멘~"으로 화답하는 그로테스크한 장면은 악몽의 전초전일 뿐이다. 진정한 호러 영화는 아직 개봉하지도 않았다.

만약 누군가가 진심으로 기독교 왕국 건설에 확신이 있고, 그가 진심으로 대통령이 되려 한다면, 지금부터 한국 사회는 상상을 초월하는 악마와 싸워야 할지도 모른다.

바야흐로 이성의 시대가 열린 지 300년이 지났다. 신의 권위를 참칭하는 자들이 인류를 죽음과 증오의 늪으로 빠뜨리는 참혹한 일을 막아야 한다. 그 일이 우리의 조국 대한민국에서 벌어지는 것은 더더욱 막아야 한다.

VI부

통계와 숫자

사람의 목숨 값은 얼마인가? - 그러시 사운비 보고서

1인당 국민소득 3만 달러 시대? - GDP는 틀렸다

악마는 어떻게 통계를 왜곡하나? - 텍사스 명사수의 오류

사람은 산수의 대상이 아니다 - 피코 스코어

사람의 목숨 값은
얼마인가?

그러시 사운비 보고서

우리가 사는 대한민국에서 사람 한 명의 목숨 값은 얼마인가? 질문이 너무 잔인하다고? 알고 있다. 하지만 이 잔인한 질문을 던지지 않을 수 없다. 우리는 이 질문을 외면하지 말아야 한다. 다시 한 번 묻는다. 이 땅에서 사람 한 명의 목숨 값은 도대체 얼마로 쳐주는가?

1977년에 적군파가 일본 여객기를 납치해 승객을 인질로 잡았을 때, 후쿠다 다케오 (福田赳夫) 당시 일본 총리는 "인명은 지구보다 중요하다"며 몸값 600만 달러를 지불한 일이 있었다.

테러와 타협해야 하느냐, 말아야 하느냐라는 논쟁을 하려는 게 아니다. 적어도 그 허접한 일본 보수 정부조차 사람 한 명의 목숨이 지구보다도 중요하다고 선언을 했다. 그런데 대한민국에서 사람 한 명의 생명은, 특히 비정규직 노동자 한 명의 목숨은 효율이라는 이름 아래 언제나 돈으로 환산된다.

2018년 추운 겨울, 한국서부발전 소속 태안화력발전소에서 24세 꽃다운 노동자 김용균 씨가 목숨을 잃었다. 그런데 더 충격적인 것은 이미 이 발전소에서 지난 9년 동안 무려 12명의 노동자가 생명을 잃었다는 사실이다. 사람을 사람으로 대하는 공장이라면, 적어도 한 사람의 생명이 사라졌을 때 최소한의 대책이라는 것을 세운다. 하지만 이곳은 그러지 않았다. 12명의 노동자가 목숨을 잃는 동안 이들은 효율이라는 이름의 돈벌이를 멈추지 않았다.

사람의 목숨 값을 계산하는 자본주의

목숨 값 운운하는 것이 몹시도 잔인하게 들릴 수 있지만, 사실 이는 자본주의가 공식적으로 채택한 전략이기도 하다. 믿을 수 없지만 미국 연방정부는 1973년 공식적으로 생명의 가치를 매긴 적이 있었다.

미국고속도로안전협회(National Highway Traffic Safety Association)에서 한 사람의 사망이 사회에 끼치는 비용으로 20만 달러를 제시한 것이다. 이들은 한 사람이 목숨을 잃으면 그가 살아서 사회에서 창출할 수 있는 부가가치가 사라졌다고 보고, 그 가치를 20만 달러로 환산했다.

"뭐, 그런 걸 계산해 볼 수 있는 것 아니냐?"고 반론해도 좋다. 그런데 연방정부의 이 공식적인 계산은 실로 충격적인 결과를 불러 일으켰다.

1970년대 초반 미국의 자동차 회사인 GM(제너럴 모터스)이 생산한 차량에서 각종 결함이 발견됐다. 크리스마스 예배를 마친 한 가족은 GM의 셰보레-말리부 차량을 타고 가다 엔진이 폭발해 끔찍한 화상을 입기도 했다.

충격적인 사실은 GM이 차량 결함을 미리 알고 있었다는 점이다. 그렇다면 GM은 왜 리콜 등을 통해 차량 결함을 고치지 않았을까? GM은 1973년 엔지니어인 에드워드 이베이에게 이 문제를 해결해 보라는 지시를 내렸다. 이때 이베이가 내린 결론은 이것이었다.

① 차량 화재로 500명의 사망자가 발생한다면, GM은 한 사람 당 손해배상금 20만 달러를 물어야 한다.

② 이미 판매된 자동차가 4,100만 대이므로 500명 사망자 배상금을 4,100만 대로 나누면 차량 한대 당 손실액은 2달러 40센트다.

③ 그런데 4,100만 대를 모두 리콜해 수리를 할 경우 차량 한대 당 수리비용은 8달러 59센트로 계산된다.

④ 엔진 결함이 있는 차를 수리하기보다 그냥 놔두고 사망자에게 배상금을 물어주는 것이 차량 한대 당 6달러 19센트, 총 2억 5,379만 달러를 절약할 수 있다.

⑤ 따라서 GM은 사람이 죽건 말건 수리를 피하고 2억 5,379만 달러를 절약하는 것이 현명한 행동이다.

실로 놀랍지 않은가? 농담이 아니다. GM은 진짜로 이 길을 선택했다.

그런데 이게 GM만의 일일 것 같은가? 천만의 말씀이다. GM에 버금가는 영향력을 가진 미국 자동차 회사 포드는 1973년 그 악명 높은 그러시-사운비 보고서(Grush-Saunby Report)라는 것을 작성했다. 이 보고서는 그러시(E. S. Grush)와 사운비(C. S. Saunby)라는 두 엔지니어의 작품이었다.

당시 포드가 생산했던 핀토 모델은 안전성 측면에서 심각한 위험이 있다는 문제제기가 빗발치던 상태였다. 그런데 포드는 이 문제를 그러시-사운비 보고서에 의해 다음과 같이 처리했다.

① 차량 결함으로 예상되는 사망자와 화상 피해자는 각각 180명씩. 여기에 1인당 사망 보상비 20만 달러와 화상 보상비 6만 7,000달러를 각각 곱하고 사고차량 보상비(2,100대×700달러)를 더하면 4,953만 달러가 소요된다.

② 반면 핀토 모델 등 문제가 있는 차량 1,250만 대를 리콜해 수리할 경우 드는 비용은 1억 3,700만 달러로 계산된다.

③ 따라서 차량을 수리하는 것보다 그냥 놔두고 피해자에게 보상금을 무는 것이 총 8,747만 달러를 절약할 수 있다.

사람이 죽어도 그 값이 계산돼 있으니 돈으로 물어주는 것이 더 이익이라는 판단, 이것이 바로 우리가 사는 자본주의의 본모습이다. 아니라고 부인해도 소용이 없다. 후쿠다 다케오 총리의 순진한 생각과 달리 자본은 인명을 절대로 지구보다 중요하다고 생각하지 않는다. 그들은 사람의 목숨 값에 대해 이미 계산을 마쳤고, 이익이 되지 않는다면 기꺼이 사람을 죽이는 선택을 한다.

광기를 멈춰야 한다

우리나라라고 다른가? 천만의 말씀이다. 2018년에 사고가 난 태안화력발전소는 이미 죽음의 공장으로 악명을 떨쳤던 곳이다.

2010년 1월 22일, 이곳에서 창고 신축공사를 하다가 줄이 끊어지는 바람에 한 명의 하청 노동자가 목숨을 잃었다. 그런데 딱 9개월 뒤인 9월 20일에 또다시 추락 사고가 벌어져 하청 노동자 한 명이 세상을 떠났다.

2년 뒤인 2012년 3월 안전 가시설 하나가 와르르 무너지는 바람에 두 명의 하청 노

동자가 목숨을 잃었다. 이때 부상자도 11명이나 나왔다. 그런데 고작 한 달 뒤 또다시 안전 가시설이 무너져서 한 명의 하청 노동자가 목숨을 잃고 네 명이 크게 다쳤다.

2010년에는 추락 사고로 두 명이, 2012년에는 비계라고 불리는 안전 가시설이 무너져 다시 3명의 하청 노동자가 세상을 떠났다.

아직 끝이 아니다. 그로부터 다시 딱 한 달 뒤, 또 한 명의 하청노동자가 설비공사장에서 떨어지는 망치에 맞아 목숨을 잃었다. 그로부터 1년 뒤인 2013년 크레인 해체작업을 하다가 한 명의 하청 노동자가 추락 사고로 목숨을 잃었다.

이듬해인 2014년 한 명의 하청노동자가 냉각수 저장소 안으로 추락해서 목숨을 잃었다. 2년 뒤인 2016년 두 명의 하청노동자가 똑같은 추락 사고로 세상을 떠났다.

아직 끝나지 않았다. 이번에 숨진 김용균 노동자는 컨베이어 벨트에 끼여서 숨졌다. 그런데 딱 1년 전인 2017년 11월, 똑같은 사고로 한 명의 하청 노동자가 목숨을 잃었다. 같은 사고가 1년 새 반복된 것이다.

여기를 공장이라고 불러야 하나? 아니면 연쇄살인마라고 불러야 하나? 사람이 빠가사리가 아닌 한, 사고가 반복되면 조치를 취하는 것이 상식이다. 그런데 한국서부발전은 아무 조치도 취하지 않았다. 그러니 사람이 연이어 죽는 것이다.

정녕 한국서부발전이 빠가사리여서 조치를 생략했을까? 천만의 말씀이다. 그렇게 죽여 놓고 보상을 하는 것이, 위험의 외주화를 멈추고 안전을 강화하는 것보다 훨씬 싸게 먹혔기 때문이다. 그렇게 해서 돈을 많이 벌면 공공기관 경영평가에서 좋은 점수를 받고, 간부들도 승진할 수 있었기 때문이다.

그래서 한국서부발전은 답해야 한다. 당신들이 책정한 하청 노동자들의 생명 값은 도대체 얼마냐? 이 짓을 해서 도대체 얼마를 벌었기에, 9년 동안 12명의 목숨을 헌신짝처럼 던졌느냐는 말이다.

이 미친 짓을 멈춰야 하겠나? 아니면 이것을 효율이라고 부르며 칭찬해야 하겠나? "인명이 지구보다도 중요하다"는 생각까지는 바라지도 않는다. 적어도 한 사람의 생명을 돈으로 환산해놓고, 돈을 절약하기 위해 사람을 죽여도 된다는 이 광기(狂氣)를 멈춰야 한다. 그게 살아남은 사람들의 임무이고, 한국사회의 책무다.

1인당
국민소득 3만 달러 시대?

GDP는 틀렸다

2008년 프랑스에서는 니콜라 사르코지(Nicolas Sarkozy) 대통령 주도로 '스티글리츠-센-피투시 위원회'라는 것이 출범했다. 정식 명칭은 '경제실적과 사회진보 측정을 위한 위원회'이지만 사람들은 모두 이 위원회를 '스티글리츠-센-피투시 위원회'라고 불렀다.

이유는 이 별칭이 진보를 꿈꾸는 경제학도들의 가슴을 뛰게 만들었기 때문이다. 스티글리츠는 2001년 노벨경제학상을 받은 조지프 스티글리츠(Joseph Stiglitz)를 뜻하고, 센은 1998년 아시아인으로는 최초로 노벨경제학상을 받은 아마르티아 센(Amartya Kumar Sen)을 지칭한다. 피투시는 프랑스 진보 경제학의 거장인 장-폴 피투시(Jean-Paul Fitoussi)를 말한다.

진보 경제학계에서 이 세 사람을 한 데 묶은 건, 축구로 치면 펠레-마라도나-메시를 한 팀에 넣은 격이고, 농구로 치면 마이클 조던-매직 존슨-코비 브라이언트를 한 팀에 포함시킨 격이다.

노벨경제학상은 진보 경제학자들에게 매우 인색한 상이다. 이 상이 만들어진 이후

조지프 스티글리츠   아마르티아 센

진보경제학자라고 불릴만한 사람은 2008년 기준으로 스티글리츠와 센, 그리고 군나르 뮈르달(Gunnar Myrdal) 등 세 명 뿐이었다. 물론 2019년 노벨경제학상을 공동수상한 부부 에스테르 뒤플로(Esther Duflo)와 아비지트 바네르지(Abhijit Banerjee)가 진보경제학자의 노벨경제학상 수상이라는 명맥을 잇기는 했지만 '스티글리츠-센-피투시 위원회'가 만들어진 지 11년 뒤의 일이었다.

이 중 뮈르달은 이미 세상을 떠났으니 2008년 당시 진보적 시각으로 노벨경제학상을 받았던 수상자는 두 명이 남아있었다. 그런데 이 두 명이 한 팀에 들어간 것이다. 여기에 프랑스를 대표하는 피투시까지 포함됐으니 이 위원회는 말 그대로 진보 경제학계의 드림팀이었다.

위원회는 18개월 동안 회의를 연 끝에 2009년 결과물을 내놓았다. 보고서의 제목은 「우리 삶을 잘못 측정하고 있는 것 : 왜 GDP는 앞뒤가 맞지 않는가?(Mismeasuring Our Lives : Why GDP Doesn't Add Up)」였고, 이 보고서의 국내 번역본 제목은 「GDP는 틀렸다」였다.

1인당 국민소득 3만 달러? 잘 모르겠는데!

대한민국의 1인당 국민소득이 2018년 마침내 3만 달러를 넘어섰다. 한국은행의 발표에 따르면 2018년 한국의 1인당 국민소득은 3만 1,349달러, 우리 돈으로 약 3,500만 원 정도로 집계됐다.

인구가 5,000만 명이 넘는 국가 중 1인당 국민소득 3만 달러를 넘어선 나라는 일곱 개밖에 없다. 한국 외에 '인구 5,000만 명 이상 + 1인당 국민소득 3만 달러 이상'을 달성한 나라는 미국, 영국, 독일, 프랑스, 이탈리아, 일본뿐이다. 얼핏 봐도 세계를 선도하는 선진국들이다. 한국이 마침내 쟁쟁한 선진국 대열에 들어선 것이다.

하지만 이 수치가 실감이 날까? 전혀 그렇지 않다. 1인당 국민소득 3,500만 원이면 4인 가구 기준으로 연평균 소득이 1억 4,000만 원이다. 우선 이 수치부터 현실성이 없다.

국민소득 중 기업과 정부 몫을 뗀 가계소득만 집계해도 마찬가지다. 한국은 GDP에서 가계소득이 차지하는 비중이 약 60% 수준인 나라다. 70%를 넘기는 주요 선진국에 비해 가계의 몫이 매우 작다.

게다가 가계의 몫만 계산해도 4인 가구 기준 연평균 소득은 8,400만 원이나 된다. 이게 평균이라고? 대기업 현장 노동자들이 1년에 8,000만 원 받으면 보수 언론은 귀족노조라고 난장을 부리던데? 뭔 놈의 귀족이 평균소득에도 못 미치느냐 말이다. 그러니 "연소득 8,400만 원이 평균"이라는 말도 당최 실감이 나지 않는다.

GDP의 결정적 오류는 그것이 민중들의 삶을 나타내는 지표가 아니라 평균값을 적어놓았다는 데 있다. 통계학에서는 이것을 '평균의 오류'라고 부른다. 반 평균이 70점이라고 그 반 학생들이 대충 70점 언저리를 맞는 게 아니라는 뜻이다.

대한민국의 경우 소득불균등 정도가 경제협력개발기구(OECD) 국가들 중 칠레, 멕시코 다음으로 나쁘다. 이러니 평균값이 의미를 지닐 수가 없다. 부자들은 저 위에 있고, 민중들은 여전히 가난하다. 국민소득 3만 달러가 실감나지 않는 첫 번째 이유다.

삶의 지표를 전혀 측정하지 못하는 GDP

'스티글리츠-센-피투시 위원회'가 지적하는 GDP의 두 번째 문제점은 측정 방법이 엉망진창이라는 점에 있다. GDP는 나라에서 새로 생긴 소득을 모조리 통계에 포함한다.

그렇다면 4대강을 열심히 파헤치면 어떻게 될까? 당연히 여기에 든 돈 대부분이 GDP로 잡힌다. 전직 대통령 이명박이 4대강에 집착한 이유가 여기에 있다. "경제성장률 7%를 달성하겠다"는 황당한 공약으로 당선된 이명박은 어떻게 해서든 GDP 수치를 마사지하고 싶었다. 그래서 멀쩡히 잘 흐르는 강을 파헤쳐 녹조라떼로 만든 것이다.

더 웃긴 문제가 남아있다. 이명박이 망가뜨린 그 4대강, 복구를 해야 할 것 아닌가? 그런데 복구할 때 드는 공사비용도 대부분 GDP로 잡힌다. 그러니까 망가뜨리는 것도 GDP, 복구하는 것도 GDP다. 그래서 우스갯소리로 "GDP를 높이는 제일 좋은 방법은 멀쩡한 건물 때려 부쉈다가 다시 짓고, 다시 때려 부쉈다가 다시 짓는 것"이라는 말까지 있다.

플라스틱 사용은 어떤가? 뜻있는 시민들이 1회용 플라스틱 제품 사용을 줄이는 운동에 적극 나서는 중이다. 지구 환경을 위해서는 매우 옳은 일이다.

하지만 GDP의 시각으로 보면 이 일은 절대 해서는 안 된다. 1회용 플라스틱 제품을 많이 써야 GDP가 높아지기 때문이다. 게다가 그 쓰레기더미를 처리하는 데 또 돈이 든다. 그 돈도 당연히 GDP에 포함된다. 환경을 오염했다가 정화하고, 또 오염했다가 정화하면 GDP가 좋아진다는 이야기다.

사실 GDP는 민중들의 삶이 불편해질수록 높아지는 경향마저 있다. 왜냐고? 출퇴근 거리가 멀어질수록 교통비가 늘어나기 때문이다. 늘어난 교통비는 모두 GDP에 잡힌다.

국민들의 건강이 악화돼도 병원과 제약회사 매출이 늘어 GDP가 좋아진다. 감기에 걸리면 감기약 매출이 GDP를 높이고, 우울증 환자가 늘어나면 우울증 치료제 매출이 또 GDP를 높인다.

한국 경제의 발목을 잡고 있는 가계부채도 GDP를 높이는 데 일조한다. 2018년 은행권이 사상 최대의 이자수익을 거둔 바 있는데, 이 수익도 모두 GDP에 잡혔다.

이 수치가 진정 민중들의 삶을 측정할 수 있다는 말인가? 웃기는 이야기다. 그래서 '스티글리츠-센-피투시 위원회'는 "GDP는 틀렸다"고 단언한다.

민중들에게 1인당 국민소득 3만 달러 돌파는 사실 별 의미가 없다. 이명박은 GDP 7% 성장을, 박근혜는 4% 성장을 공약으로 내걸고 그거 달성하겠다며 한국 경제에 오만 패악질을 부리고 떠났다. 하지만 다행히도 현 정부는 GDP 성장률에 집착하지 않겠다고 공언했다. 당연한 일이고 옳은 일이다. 스티글리츠-센-피투시 위원회가 내린 담대한 결론처럼 결국 GDP는 틀렸기 때문이다.

1인당 국민소득 3만 달러가 중요한 것이 아니다. 대국병(大國病)도 버려야 한다. 국민이 가난한 대국(大國)은 아무 짝에도 쓸 모가 없다. 경제의 목표가 이런 허황된 숫자가 아니라, 민중들의 삶 그 자체여야 한다는 이야기다.

악마는 어떻게
통계를 왜곡하나?

텍사스 명사수의 오류

"거짓말에는 그냥 거짓말, 새빨간 거짓말, 그리고 통계학이 있다."

19세기 영국 수상을 지낸 벤자민 디즈레일리(Benjamin Disraeli)의 말이다. 지금으로부터 무려 150년 전의 이야기지만, 디즈레일리의 일갈은 마치 요즘 한국 보수언론과 자유한국당의 모습을 빗댄 듯하다.

2019년 "현 정부 들어와서 이민자가 폭증했느냐?"는 논란이 사회를 뜨겁게 달군 일이 있었다. 사건의 발단은 황교안 자유한국당 대표가 페이스북에 "한국을 떠나는 국민이 급증하고 있다는 언론보도가 있었습니다. 해외이주 신고자 숫자가 문재인 정권 2년 만에 약 5배나 늘어나 금융위기 후 최대라고 합니다"라는 글을 올리면서 시작됐다.

황 대표가 인용한 언론보도는 〈조선일보〉 1면에 실린 '한국 떠나는 국민, 금융위기 후 최다'라는 제목의 기사였다. 〈조선일보〉가 인용한 외교부 통계에 따르면 2018년 해외 이주 신고자 수는 2,200명. 이는 2년 전이었던 2016년 455명에 비해 다섯 배에 이른다는 게 〈조선일보〉의 주장이다. 그러면서 〈조선일보〉는 "경제가 회복될 것 같지 않고, 가진 사람을 적대시하는 현 정권이 교체될 것 같지도 않다"는 시민의 목소리를 담아 이민 폭증이 현 정부 탓임을 암시했다.

숫자를 악의적으로 왜곡하다

그렇다면 2년 전에 비해 2019년 해외이주 신고자가 다섯 배로 늘어났다는 통계는 사실일까? 사실이다! 〈조선일보〉가 인용한 통계는 외교부 공식 자료였다.

그렇다면 그들이 전하고자 하는 메시지는 사실일까? 전~혀 사실이 아니다. 왜냐하면 이는 2017년 12월에 해외이주법이 개정되면서 벌어진 매우 사소한 일이었기 때문이다.

법 개정 전까지 해외에 살던 동포들 중 일부에게는 거주여권이라는 것을 줬다. 그래서 동포들이 그 나라 영주권을 받아도, 한국 정부는 이들을 정식 해외 이주민으로 보지 않았다. 여권을 가지고 잠시 외국에 나간 사람 취급을 한 것이다.

하지만 이것이 부당하기에 법이 개정됐다. 거주여권 제도를 폐지하고, 영주권을 받은 사람들은 정식으로 해외 이주민으로 신고토록 한 것이다. 그래서 각국 대사관들은 2017년 12월 이를 집중적으로 동포들에게 홍보했다.

"해외이주법 개정에 따라 2017년 12월 21일부터 해외 이주자에 대한 거주여권(PR) 제도를 폐지합니다. 따라서 현지 이주자(외국에서 체류 중 영주권을 취득하는 사람)들은 새롭게 해외이주신고 대상에 포함됩니다. 기존 거주여권 보유자들은 지금부터 정식으로 해외이주 신고를 재외공관에서 마친 뒤 '해외이주신고 확인서'를 발급받아야 합니다"는 것이 홍보 내용이었다.

그러니까 2018년 갑자기 해외 이주자 신고가 늘어난 것은 그 해에 이주자가 증가했기 때문이 아니라 법이 바뀌는 바람에 오래 전부터 해외에 살던 동포들이 새로 신고를 했기 때문이다. 숫자만 놓고 보면 〈조선일보〉가 인용한 통계는 사실이지만, 그들이 주장하는 내용은 결국 멍멍이 소리라는 이야기다.

통계의 의미 왜곡, 그 전형적인 수법

〈조선일보〉가 이런 짓을 한두 번 한 것도 아닌데 굳이 이 책에서 이 기사를 다루는 이유가 있다. 사실 이는 국내외를 막론하고 언론들이 사용하는 통계 조작의 전형적 수법이기 때문이다. 자기들 입맛에 맞는 숫자가 어디선가 하나라도 나오면, 그들은 그 숫자가 무엇을 의미하는지는 전혀 상관하지 않는다. 그 숫자를 대문짝만하게 확대해 사람들의 시선을 끈 뒤, 케이스 몇 개를 붙여 뚝딱뚝딱 기사를 완성한다.

독일 막스플랑크협회 인간개발연구소 소장인 게르트 기거렌처(Gerd Gigerenzer) 박사는 언론의 이런 통계 조작을 연구한 학자다. 그는 저서 「통계의 함정 : 조작된 통계, 불량통계의 위험과 부작용」을 통해 언론의 통계 왜곡을 신랄하게 비판했다.

기거렌처 소장이 든 예를 살펴보자. 독일의 뉴스포털인 〈포쿠스 온라인〉이 내보낸 기사 제목은 '상어 공격 : 2010년에 비해 2배나 증가'였다. 당연히 바닷가에서 휴가를 보내려던 독일인들이 큰 충격에 빠졌다.

그렇다면 이 통계는 사실일까? 사실이다! 전세계적으로 2011년에 상어 공격으로 사망한 사

게르트 기거렌처

람 숫자는 분명히 2010년에 비해 갑절로 늘었다.

그런데 독일 국민들이 그 기사를 읽고 느꼈던 공포감은 진실일까? 전~혀 진실이 아니다. 왜냐하면 2010년 전 세계에서 상어에게 목숨을 잃은 사망자는 고작 6명이었고, 갑절로 늘었다는 2011년 사망자는 겨우 12명이었기 때문이다.

숫자만 보면 갑절로 늘어난 게 맞기는 맞다. 하지만 드넓은 지구에는 무려 70억 명이 살고 있다. 그런데 그들 중 상어 공격으로 죽은 사람이 6명이었다가 12명으로 증가한 게 도대체 어떤 의미가 있나? 당연히 아무 의미가 없다.

하지만 독일의 〈포쿠스 온라인〉은 '상어 공격 갑절 증가'라는 제목으로 숫자의 의미를 왜곡해 사람들을 공포로 내몰았다. 숫자는 틀리지 않았는데, 그들이 전달하려는 의미는 사기에 가깝다.

2008년 미국 공중파 〈NBC〉 5시 뉴스의 앵커 앨리슨 로저티(Allison Rosati)는 "요즘이 살기 힘든 시절이라는 새 통계가 나왔는데요. 시카고 범죄가 늘어나고 있습니다. 올해 전체적으로 절도와 강도, 주택 침입이 17%나 증가했습니다"라는 뉴스를 전했다. 시청자들은 범죄가 무려 17%나 증가했다는 사실에 경악했다.

그렇다면 이 통계는 사실일까? 사실이다! 그런데 전달된 의미는 진실일까? 전~혀 아니다. 왜냐하면 실제 통계는 절도와 강도, 주택 침입이 평균 17% 늘어난 게 아니라, 절도는 3%, 강도는 9%, 주택침입은 5% 각각 늘어난 것이기 때문이다.

셋을 합치면 17%니까 로저티 앵커가 말한 숫자가 틀리지는 않았다. 하지만 전달하려는 의미는 한 편의 사기극이 돼버렸다. 전년에 비해 쌀 5%, 보리 5%, 옥수수 6%, 밀 4%씩 수확량이 늘었는데 그걸 가지고 "올해 풍년이 들어 쌀, 보리, 옥수수, 밀의 수확량이 작년에 비해 20%(5+5+6+4%)나 증가했습니다"라고 말하지 않는 것과 마찬가지다.

텍사스 명사수의 오류

이처럼 언론은 자신이 말하고자 하는 결론을 미리 정하고, 숫자를 끼워 맞추는 식으로 무슨 짓이든 해버린다. 기거렌처 박사는 이를 '텍사스 명사수의 오류'라는 경제학 용어로 설명한다.

전해오는 이야기에 따르면 텍사스에 사는 한 카우보이가 백발백중의 사격 솜씨를 자랑했다고 한다. 그는 주로 자신의 사격 솜씨를 과시하기 위해 벽에다 대고 총을 쐈는데, 카우보이가 쏜 총알 자국이 모두 동그란 과녁 중앙에 딱 박혀 있었다는 거다. 얼마나 사격 솜씨가 뛰어났으면 쏘는 족족 과녁 중앙에 맞췄을까?

그런데 어느 날 명사수의 비밀이 밝혀졌다. 동네 주민이 우연히 명사수의 사격 장면을 훔쳐봤는데 카우보이가 일단 벽에다 총을 한 발 갈기더란다. 그리고 총알이 벽 어디쯤 박히면 그제야 쪼르르 벽으로 뛰어가 총알이 박힌 곳에 동그란 과녁을 그리더란다.

이러니 백발백중일 수밖에 없다. 과녁을 그리고 총을 쏘는 게 아니라, 총을 먼저 쏘고 과녁을 그리는데 어떻게 안 맞을 수가 있나? 사실 이 카우보이는 명사수가 아니라 그냥 사기꾼이었다는 이야기다.

〈조선일보〉가 하는 짓이 바로 이런 거다. 이들은 통계를 보고 기사를 작성하지 않는다. 어떤 기사를 쓸지 결론을 낸 뒤 그에 맞는 통계를 끼워맞출 뿐이다. 그러니 통계가 틀리지는 않는데, 그 기사는 진실과 영원히 결별한다.

"아무리 정부가 미워도 숫자 가지고 장난치지는 말자"는 호소가 이들에게 먹힐 리가 없다. 이들은 이미 언론의 상도덕을 땅바닥에 내던진 지 오래다. 그런데 〈조선일보〉야 워낙 삐리리한 신문이니 그렇다 치고, 그걸 떡 하니 페이스북에 올린 제1야당 대표는 뭐 하는 사람인가? 진실에는 관심이 없고 정치적 이익에만 몰두하는 자들이야 말로 디즈레일리의 일갈처럼 통계를 이용하는 악마들이다.

사람은
산수의 대상이 아니다

피코 스코어

TV 곳곳에 얼굴을 들이밀며 이른바 스타 목사(응?)로 알려진 장경동 씨(대전중문교회 담임 목사)가 설교에서 희대의 헛소리를 한 모양이다. 2019년 5월 장 씨의 사퇴를 촉구한 개혁적 기독교 시민운동 단체 평화나무에 따르면 장 씨는 과거 몇몇 설교에서 "북한이 쳐들어왔다고 하자. 그것은 말도 안 된다. 왜? 그쪽은 2,000만이고 우리는 5,000만이니까 한 놈씩만 안고 죽으면, 2,000만만 희생하면 나머지 3,000만이 (살아남게) 되고, 아기는 금방 낳으면 된다"라고 주장했다는 이야기다.

이런 헛소리를 들으면 기분이 새삼 더러워지는데, 이 문제를 '똥 밟았다 치고' 넘길 수 없는 이유가 있다. 이런 주장은 한 정신 나간 목사의 헛소리만이 아니다. 이는 모든 것을 숫자로 환산하는 이른바 '통계 자본주의'의 진심이다.

자본주의 사회에서는 세상 모든 일에 돈으로 가치를 매긴다. 이게 그 유명한 '화폐의 가치 척도 기능'이라는 것이다.

경제학 교과서에서는 화폐에 세 가지 기능이 있다고 가르친다. 첫째, 돈을 가져가면 필요한 물건을 내어주는 기능, 즉 교환의 기능이다. 둘째, 화폐를 모아두고 미래를 대

그러니까 한 놈씩만 안고 죽으면
2천만만 희생하면
나머지 3천만이... 아기는 금방 낳아버리면 돼
"북한 주민 2000만명 죽이자"

0:35 / 1:25

©평화나무

비하는 기능, 즉 가치 저장의 기능이다. 마지막이 물건의 가치를 화폐 단위로 측정토록 하는 가치 척도의 기능이다.

그런데 이 가치 척도의 기능이라는 놈이 매우 고약하기 짝이 없다. 진열장에 전시돼있는 핸드폰의 가치는 얼마인가? 가치라는 것은 매우 주관적이어서 사람마다 느끼는 수준이 다를 수밖에 없다. 하지만 화폐가 등장한 이후 모든 상품의 가치가 화폐 단위로 표시되다보니 주관적 가치가 모조리 하나의 숫자로 환산된다. 즉 핸드폰 한 개의 가치는 100만 원으로 '계산'이 돼버리는 것이다.

이까지는 물건을 대상으로 한 것이니 그럴 수 있다고 치겠다. 문제는 이놈의 가치 척도 기능이 사람에게도 그대로 적용된다는 데 있다. 사람의 노동력을 상품처럼 시장에서 거래하다보니 자본주의는 사람의 값을 돈으로 환산하는 일에 재미를 붙였다. 앞에서 살펴본 그러시-사운비 보고서 같은 처참한 일이 벌어지는 이유가 여기에 있다.

이런 일은 우리 일상생활에서도 비일비재하게 벌어진다. 사람을 사람 그 자체로 보지 않고 '연봉 얼마짜리'로 보는 시각이 그런 것이다.

사람을 '얼마짜리'로 환산을 하기 시작하면 비정규직 노동자의 삶은 연봉 2,000만 원짜리가 되고 이재용의 삶은 자산 규모 9조 원짜리가 된다. 그래서 사고라도 나면 9조 원짜리 이재용은 온 사회가 운명을 걸고 구해야 하는데, 2,000만 원짜리 비정규직 노동자는 매년 2,000명이 산업재해로 죽어도 별 상관이 없는 세상이 된다.

피코 스코어가 결정하는 민중들의 삶

한 걸음 더 나아가보자. 미국 금융기관들이 가장 신뢰하는 지표 중 피코 스코어 (FICO score)라는 것이 있다. 피코는 미국 국민들의 신용 점수를 매기는 회사다. 이 기관이 매긴 신용 점수에 따라 미국 민중들의 삶이 결정된다. 피코 스코어의 평균이 대략 700점 정도인데 이에 못 미치는 사람은 미국에서 대출도 받지 못한다.

가끔 탐욕에 찌든 월가 자본이 이 스코어를 좀 낮춰주기도 한다. 2000년대 중반 미국 금융기관들이 대출 하한선을 피코 스코어 660점까지 낮춰준 적이 있었다(어이쿠, 감사합니다!). 이 덕에 많은 민중들이 대출을 받아 집을 샀지만 결국 이는 부실대출로 이어져 2007년 글로벌 금융위기의 원인이 됐다. 민중들은 애써 장만한 집을 도로 토해내고 말았다.

지금도 미국에서는 피코 스코어 700점 이하의 국민들은 인간 대접을 못 받는다. '대출도 못 받는 자들이 인간은 무슨 인간이란 말인가?'라는 이야기다.

여담이지만 피코의 창업자 윌리엄 페어(William Fair)와 얼 아이작(Earl Isaac)은 군사 작전 전문가들이었다. 심지어 아이작은 미국 해군사관학교 장교 출신이다. 군사 작전 하던 자들이 사람의 신용에 점수를 매기니 그 철학이 얼마나 잔인했겠나? 이들에게 인간은 목숨을 지켜야 할 소중한 존재가 아니라, 승리를 위해 얼마든지 죽여도 되는 병사들이었을 뿐이다.

이 피코 스코어가 현대 자본주의의 근간이다. 전세 대출을 받아도, 자동차를 한 대 사도, 이미 신용기관은 우리의 점수를 모두 계산해 놓았다. 보험회사들은 사람이 죽으면 그 가격도 액수로 환산했다. 내가 얼마짜리 인간인지 알아보려면 신용등급 조회에 10분만 투입하면 된다. 그들이 낸 점수에 따라 나는 얼마짜리 자동차를 탈 자격이 있는지, 얼마짜리 전세에서 살 위치에 있는지, 즉 얼마짜리 인간인지가 결정이 된다.

사람의 생명은 산수의 대상이 아니다

장경동의 발언은 이런 사고를 철저히 대변한다. 사람의 생명을 산수로 계산하는 것이다. 장경동은 "멍청한 놈들. 산수 못해? 5,000만 빼기 2,000만은 3,000만, 우리가 3,000만 이익이야!"라고 말한다. 이건 농담이 아니라 그들의 본질적 세계관이다.

하지만 장경동의 산수에는 빠진 것이 있다. 그가 태연히 죽어도 괜찮다고 규정한 4,000만 남북 민중들에게는 삶이 있고, 사랑이 있고, 생명이 있고, 스토리가 있다. 그 스토리는 절대 숫자로 환산되지 않는다. 장경동 따위가 "죽어도 괜찮다"고 말할 수 있는 것이 절대 아니다.

필립 로스코(Philip Roscoe) 세인트앤드루스 대학교 경영대학원 교수는 자신의 저서 「차가운 계산기 : 경제학이 만드는 디스토피아」에서 모든 것을 숫자로 환산하는 경제학에 대해 이렇게 질타한 바 있다.

때로는 우리는 아마 경제학을 완전히 잊고 살아야 할 것이다. 사랑, 돌봄, 그리고 예

술에서도 우리는 아끼려고 계산하는 따위의 짓은 하지 말아야 한다. 남을 위하는 마음과 시민으로서의 미덕, 사랑과 돌봄 등은 연습해야만 자라난다. 이런 것들은 아껴야 할 희소한 자원 같은 것이 결코 아니다. …… 나는 감히 주장하고자 한다. 우리의 인생에서 경제학은 끼어들 자리가 없다. 너그러운 인생을 살자. 사람들에게 베풀며 함께 웃으며 살자. 삶에 사랑과 기쁨이 넘치도록 하자. 그렇게 더 부유해지자.

장경동 씨, 그래서 말인데 사람에 숫자를 매기고 "이 정도는 죽어도 괜찮아!"라고 주장할 요량이면 먼저 본인이 시범을 보이시길 권한다. 보아하니 장경동 씨는 사람의 삶 속에 녹아있는 스토리도, 사랑도 별로 중요하게 생각하지 않는 것 같으니 말이다.

아, 오해할까봐 덧붙이자면 생명과 사람의 스토리를 중시하는 나는 당연히 장경동 씨가 북한 민중 한 명 껴안고 죽겠다고 나섰을 때 그를 말릴 것이다. 그런데 4,000만 명쯤은 쉽게 죽어도 된다고 생각하는 장경동 씨의 의지가 너무나 확고해 보이니 잘 말릴 자신은 없다.

마지막으로 나의 작은 경험담 하나를 추가하면서 「경제의 속살 3」을 마친다. 2019년 여름 경북 지역에 있는 한 특수학교에 강연을 간 적이 있었다. 장애가 있는 아이들과 청소년들이 그곳에서 공부를 한다.

당일 컨디션이 좀 좋지 않아 상당히 고생했던 기억이 난다. 겨우 경북지역 터미널에 도착해 시내버스를 타고 외진 곳에 도착했다. 강의 전까지 시간이 좀 있었다. 어디 앉아서 쉬고 싶은 마음이 굴뚝같았다.

그런데 초청한 교사 한 분이 밝은 표정으로 "아직 강연까지 시간이 좀 있으니 기자님이 우리 아이들 하교하는 것 좀 도와주세요"라는 부탁을 했다. 아이들 하교에 일손

이 더 필요해서가 아니었을 것이다. 아이들의 모습을 있는 그대로 나에게 보여주고 싶었던 마음이었으리라 짐작한다.

그렇지 않아도 나는 아이들을 보면 눈에서 하트가 쏟아질 정도로 아이들을 좋아한다. 그런데 정말 그 학교에서 아이들을 보는 순간, 모든 피로가 봄 눈 녹듯이 사라지는 놀라운 일을 경험했다. 몸 어딘가가 불편한 아이들인데, 그들 모두 밤하늘에 총총 박힌 샛별처럼 아름다웠다. 15분이라는 짧은 시간 동안 아이들과 눈을 맞추고, 내 딴에는 농담도 하고(아이들은 속으로 '저 아저씨 뭐야?' 했겠지만), 깔깔거리며 행복한 시간을 보냈다.

강연장에 들어섰더니 특수학교에서 일하는 70, 80명의 교사들이 청중으로 앉아있었다. 그 선생님들을 바라보니 고마움이 왈칵 밀려들었다. 그분들의 존재가 나에게 그렇게 힐링이 될 수 없었다. 그래서 그분들에게 이런 이야기를 드렸다.

"선생님들, 하나만 여쭤보겠습니다. 사람을 상품으로 사고파는 시장경제에서 선생님들께서 그토록 소중하게 대하는 아이들은 어떤 상품으로 취급받을까요. 잔인하게 이야기하자면, 불량품 취급을 받습니다. 이제 우리는 '그게 온당합니까?'라는 질문을 이 사회에 던져야 합니다. 우리 아이들이 정말로 불량품입니까?

하나만 더 여쭤보겠습니다. 선생님들께서는 말도 서툴고 몸도 불편한 아이들과 일일이 눈을 맞추고 사랑으로 대화를 나눕니다. 그들의 마음을 읽고, 가슴으로 이야기를 주고받습니다. 그러면 그 아름다운 노동은 얼마짜리입니까?

자본주의는 수요곡선과 공급곡선 두 개 딸랑 그려놓고 우리의 노동을 돈으로 계산합니다. 그게 노동의 합당한 값어치라고 주장합니다. 하지만 그런가요? 선생님들의 노동은 과연 선생님들의 연봉만큼만 값어치 있는 노동인가요?

결코 그렇지 않습니다. 우리의 노동은, 우리가 나누는 눈빛은, 우리가 교환하는 마음은 수요와 공급곡선에 그려지지 않습니다. 그래서 선생님들의 노동은 결코 연봉 몇 천만 원짜리가 아닙니다.

부디 자부심을 가지시기 바랍니다. 선생님들의 노동은 자본주의가 감히 계산할 수 없는 영역의 것이고, 우리가 결코 버릴 수 없는 것이기도 합니다. 저는 오늘 이 자리에서 너무나 큰 힐링을 받고 갑니다. 이 힐링은 수억 원을 주고도 얻을 수 없는 것입니다. 저에게 따뜻한 위로를 주신 선생님들께 진심으로 감사를 드립니다."

경제의 속살

3